U0369592

破碎化视角下传统文化
景观的空间保护机制

郭　娜　著

南闭大學出版社

天　津

图书在版编目(CIP)数据

破碎化视角下传统文化景观的空间保护机制 / 郭娜
著. —天津：南开大学出版社，2021.2
ISBN 978-7-310-06028-3

Ⅰ.①破… Ⅱ.①郭… Ⅲ.①传统文化－景观保护－
研究－中国 Ⅳ.①G12

中国版本图书馆 CIP 数据核字(2020)第 272948 号

破碎化视角下传统文化景观的空间保护机制
POSUIHUA SHIJIAOXIA CHUANTONG WENHUA
JINGGUAN DE KONGJIAN BAOHU JIZHI

南开大学出版社出版发行
出版人：陈　敬
地址：天津市南开区卫津路 94 号　　邮政编码：300071
营销部电话：(022)23508339　营销部传真：(022)23508542
http://www.nkup.com.cn

北京明恒达印务有限公司印刷　全国各地新华书店经销
2021 年 2 月第 1 版　　2021 年 2 月第 1 次印刷
230×170 毫米　16 开本　21 印张　385 千字
定价：68.00 元

如遇图书印装质量问题,请与本社营销部联系调换,电话:(022)23508339

前　言

本书是国家自然科学基金项目"传统文化景观空间破碎化与孤岛化现象及形成机理——以沪宁杭地区为例"（50878162/2009—2012）研究的一个组成部分。传统文化地域是承载我国几千年文化传统与多样化发展的重要空间，是地域整体人文生态系统中文化生态部分的精华所在。沪宁杭地区一般泛指江南的上海、江苏及浙江一带区域，这一地区的传统文化景观底蕴深厚，而江南水乡城镇是其典型的传统文化景观载体。但近年来，快速城市化及城乡一体化使这一地区的传统文化景观破碎化非常严重。

本书选取有代表性的沪宁杭地区的一系列乡镇（扬州市平山乡、南京市双闸街道、诸暨市直埠镇、无锡市钱桥镇、昆山市千灯镇）为研究单元，依托整体人文生态系统理论、人文地理学理论、景观生态规划理论等相关理论，借助文献分析、问卷调查、GIS 分析等多种研究方法，分析了传统文化景观破碎化空间特征及存在问题、破碎化因素及作用机理，最后提出了传统文化景观的保护机制与空间规划途径。

通过分析研究，本书得出的主要结论是：

（1）构建了传统文化景观空间破碎化的生态效应评价指标体系，并建立了破碎度与空间破碎化生态效应关系曲线。随着破碎度的升高，生态效应值是先增高后降低的过程，在零破碎化紧邻低破碎化的区段存在一个区间，生态效应值比零破碎化空间的生态效应值高，且该区间生态效应值最高，该区间即为空间破碎化的适中状态 $[1.4 \times 10^{-4}, 1 \times 10^{-3}]$。

（2）对于传统文化景观空间破碎化存在问题的分析主要从廊道（以人工廊道——道路）、典型斑块和斑块群组之间的关系三方面进行研究。不同程度的破碎化空间存在共同的问题，但程度不同——低、中、高破碎化空间存在问题的严重性依次升高，从而造成了破碎度的依次升高。主要存在的问题为：①人工廊道——道路的分割加剧传统文化景观的破碎化，对自然生态本底产生冲击。②典型斑块——传统建筑分布分散，影响斑块个体间的联系程度，景观连续性受到冲击。③斑块群组关系——现代景观冲击传统景观，两者之间的缓冲空间与共生协调性受到冲击。

（3）传统文化景观空间破碎化现象比较普遍且严重，城市化、工业化、现代化、商业化的冲击是文化景观破碎化的直接因素，保护与发展政策的不完善是影响文化景观破碎化的间接因素。这些因素的综合作用导致了传统文化景观空间破碎化。

（4）提出了传统文化景观空间保护的系统机制：①空间优化与整合机制：通过严格土地利用规划，协调整体景观的连续性和有效性；制定相关政策，实施规划与管理的一体化途径；形成多方参与的综合保护方法来实施。②文化传承与利益补偿机制：通过建立和完善财政转移支付制度，设立传统文化保护补偿专项基金，建立民间保护基金；彻底转变传统文化景观空间所在地区的经济发展方式，增加对传统地域及其非物质文化遗产项目保护的考核指标等；建立公平的收益机制，使作为主人翁的原住民也享有收益分配的权利。③政府引导与公众参与决策机制：通过增加公众参与的组织形式、增强公众参与的法律保障、丰富公众参与的实施方式、完善公众参与的监督体系来实施。④新型工业化与新型城镇化并行机制：建立严格的企业准入制度，提高项目准入门槛；加强工业排污监管，提高废水污染治理水平和园区大气污染治理水平；加大基础设施建设力度，改善村民等原住民的居住和生活条件，使大量的原住民自愿留在古镇；城镇化过程中对古镇、古村落的改造，加强城镇风貌引导，延续传统文化景观风貌。

（5）提出了传统文化景观空间保护的规划途径：①分类保护与圈层保护：按保护对象的脆弱程度和保护力度可以划分为敏感区域（核心保护区）、次敏感区域（过渡缓冲区）和非敏感区域（现代景观区），采取不

同的保护措施进行保护。②景观遗产廊道与传统文化景观空间网络：通过
建立景观遗产廊道与传统文化景观空间网络，将传统文化景观资源保存较
好的古村落、古镇进行串联，以线路本身的景观特征为基础，达到传统文
化景观整体性、连续性的保护目的。③生态空间与自然生态网络规划：通
过区域自然生态网络的构建，减缓和改善快速城镇化地区内处于破碎状态
的自然生态要素，对其进行整合，形成以生物多样性保护和自然景观整体
性恢复为目的的具有重要生态功能的网络体系，构建传统文化景观赖以生
存的载体——生态大本底，并强化传统文化景观与生态大本底的耦合关
系。④综合性居民地与聚落规划：综合性居民地规划，构成"大集中与小
分散"规划格局，降低现代建筑景观对传统景观的冲击；工业用地集中布
置，引导向现代工业园集聚区发展，降低景观破碎化。⑤传统文化景观复
合网络系统规划：将圈层保护分区、聚落规划、传统文化景观网络与自然
生态网络规划成果叠合，通过构建复合网络系统的方式实现四大网络系统
的有机耦合，最终实现对传统文化景观的整体保护。规划后重新计算了景
观空间的破碎度为 0.00099，达到了破碎的适中状态（根据第四章破碎度
的适中状态为破碎度 $\in [1.4 \times 10^{-4}, 1 \times 10^{-3}]$），验证了空间规划途径的
可行性。

目　　录

第一章 绪论

第一节 研究的背景、目的及意义

一 研究背景

传统地域是人类居住、生活、生产活动的载体，综合体现地理环境、地域文化、乡土特色和独特的生活方式，是区域整体人文生态系统特征的凝聚。基于传统地域的城市、聚落、建筑与周围的山水环境的构图关系，构成了具有浓郁传统地域性的"文化景观"。传统地域承载了我国几千年文化的传承，这些不同地理环境空间上形成的带有不同地域特色的文化景观具有丰富多彩的文化类型，是传统文化传承的重要载体，具有重要的历史、文化和科研价值。而且传统文化景观空间也成为近年来地理学、社会学、景观学和建筑学等领域的重要研究对象。在快速工业化的冲击下传统文化景观空间的保护与传承成为不可回避的重要问题。

（一）关注并保护传统文化景观空间的时代要求

在弘扬历史文化和构建和谐社会的时代背景下，传统文化景观空间的继承和保护问题备受瞩目。

随着经济的发展，中国的传统地域文化在近年来经历了数千年未有的社会变革。现代化、城市化、工业化、商业化以及时尚化导致地方文化景观缺失和文化景观趋同，形成我国不仅"千城一面"，而且"千村一面"的建设格局。面对历史的辉煌，其早已不堪重负显出颓势，不由发人深思：在这经历了深刻改变的、文化呈多元化发展的现代社会中，对传统地域文化的继承和发展是不可回避的历史使命，民族化的个性必须保持和发扬。尤其在当前坚持科学发展观、构建和谐社会的战略框架中，传承历史文化、继承地域文脉必将成为我国社会全面进步、城乡协调发展和构建和谐社会的重要课题。

对传统文化景观空间特别是传统文化景观空间保护机制和途径的研究是指导我国可持续发展、景观建设和地域文化保护的重要依据，是科学发展观的重要体现，业已引起广泛关注。所以该研究符合我国当前经济社会发展的要求，具有较强的应用价值，并承载着一定的时代使命。

（二）城市化发展进程中传统文化景观空间保护存在的现实问题

城市化发展过程中传统文化景观空间演变产生的新问题，严重威胁地域文化景观持续发展和传统地域文化传承。

我国正处于快速城市化发展阶段，城市化过程对我国传统地域文化特色与历史遗存产生巨大的冲击。一方面，城市化、工业化所带来的现代化、时尚化元素不断嵌入传统文化景观空间系统中，导致千村一面，原有的传统文化景观空间特色严重丧失；另一方面，城市发展过程中的不规范和无序扩张，使乡村完整的地域文化景观被逐步分割和破碎化，景观"破碎化"现象凸显。城市化发展的外部影响，加上传统村镇内部自下而上的现代化追求，使传统文化景观空间的整体性、连续性特征遭到破坏，传统文化村落的保护面临巨大挑战。因此，必须针对目前传统文化景观空间演变出现的新问题，探求有效解决途径。

（三）基于传统文化景观空间破碎化视角的研究较少

相对于传统文化景观空间的快速发展变化及其出现的一系列新情况、新问题，针对传统文化景观空间破碎化的研究视角较少，亟须针对性地深入研究。虽然近年来，我国在传统文化景观研究方面有不少进展，但相对于其不断发展变化出现的新情况新问题，相关研究在许多方面还存在欠缺：（1）在社会快速变革的过程中，缺乏对传统文化景观空间破碎化空间特征刻画、形成机理及空间破碎化生态效应的系统研究；（2）针对传统文化景观空间中出现的危机，实践中，常常以对建筑、遗址的保护取代对传统文化景观空间的整体保护，以对单个村落的保护取代对整个乡村区域的保护，缺乏整体性、系统性的解决方案。

上述问题，不仅没能有效解决城市化发展背景下传统文化景观空间出现的众多问题，局部的保护与局部的开发反而更加强化了传统文化景观空间的时空割裂特征，使传统文化景观空间的保护问题愈加严重。为此，深入解析传统文化景观空间破碎化空间特征、形成机理及空间破碎化生态效应，积极构建传统文化景观空间整合与保护的一体化途径，对推动传统文化景观空间资源可持续利用和地域文化景观的保护具有重要意义。

二　研究目的

沪宁杭地区是我国东部城市群特征和快速城市化最为典型的区域，同时又是我国传统文化景观空间具有地方性的特色区域，该区域传统文化景观空间破碎化的空间特征、形成机理及保护机制与途径具有很大的研究价值。而在现代经济冲击下，地域传统文化特征逐步削弱，地域文化景观典型地区范围与数量不断缩减。在这样严峻的形势下，我们应该采取什么样的措施和途径来应对这些变化，积极保护并促进传统文化景观的良性发展和可持续利用、传承地方文化等一系列问题都值得深入研究。为此，本书以传统文化景观空间特征突出的沪宁杭地区为例，针对以上问题，对沪宁杭地区文化景观破碎化的空间特征、作用机理及空间破碎化的生态效应进行了系统研究，以获得普适性的结论和解释，用于指导传统文化景观空间保护和发展的实践。

研究目的包括四个部分：（1）借鉴国外传统文化景观空间传承与创新的经验，探讨我国传统文化景观可持续发展途径和模式；（2）探寻我国传统文化景观空间破碎化生态效应评价体系；（3）研究基于破碎化分析的传统文化景观空间可持续发展途径；（4）将典型区域规划研究成果进行推广，为传统文化景观空间的保护及城乡建设发展提供平衡点和正确的出发点。

三　研究意义

（一）理论意义

"传统文化景观空间保护机制与途径研究"是解决传统景观整体保护

和地域文化景观传承的关键，其理论意义主要集中在以下几个方面。

（1）与国际研究接轨，推动文化景观资源合理利用。以比较优势为基础，促进城乡统筹与可持续发展理论应用研究。

（2）依托新人文主义思想，研究传统文化景观环境、行为与心理，探讨地方性及整体人文生态系统的和谐有机性和快速城市化地区人地共生的新人文观和新模式。

（3）以人居环境为中心，以文化景观为切入点，改善人居环境，推动具有良好生态环境和突出地方特色的城乡一体化整合空间形成；立足区域层面，探讨文化景观地方性保护、治理与恢复，传统文化景观空间延续和整体人文生态系统与区域景观的整体性整合途径。

（4）针对快速城市化过程中出现的不规范发展和盲目发展所形成的地域文化景观"破碎化""孤岛化"现象，探讨快速城市化地区在新人文变革潮流下可持续发展的理论基础。

（二）现实意义

"传统文化景观空间保护机制与途径研究"是立足沪宁杭地区独特的传统文化景观空间现实问题进行的。其现实意义主要表现在以下三方面。

（1）探讨我国城市化地区传统文化景观空间"破碎化"现象形成机理及文化景观空间破碎化的生态效应，寻求传统文化景观空间完整性、连续性和整体性保护的途径。

（2）探讨挖掘地方人文精神并进行地域文化景观规划与风貌塑造研究，指导区域性、地方性景观的形成、继承与保护，构建地方性特色景观，成为城乡统筹发展的重要途径。

（3）在城乡发展实现两个转型的新时期，传统文化景观空间是新农村和生态文明建设的重要基础研究领域，将理论与规划管理技术和政策结合，突出理论研究创新和推进新农村和生态文明建设的实践。

第二节 研究的主要内容、技术路线与方法

一 研究主要内容

本书由三部分内容构成一个逻辑体系：第一部分为研究基础，包括第一章至第三章。从传统文化景观空间破碎化的内涵及诱因、中国乡村城市化的快速推进出发引导出研究主题，构建起研究思路和框架。同时回顾与评价国内外传统文化景观空间研究现状、取得的经验、发现存在问题等。

第二部分为主要研究内容，包括第四章至第七章。第四章确定了传统文化景观的空间破碎化及破碎化生态效应评价方法，并理论推导出空间破碎化的适中状态；第五章是对传统文化景观空间的破碎化空间特征及其存在问题的研究，结合实际案例分析了沪宁杭地区文化景观不同破碎度空间的破碎化空间特征及存在问题；第六章分析了传统文化景观空间破碎化影响因素及作用机理；第七章根据第五章破碎化空间特征及存在问题的分析提出了传统文化景观空间保护的空间规划途径，在第六章破碎化机理的分析基础上提出了文化景观空间保护的系统机制，并以千灯镇为例验证了文化景观保护的空间规划途径的可行性。

第三部分为结论部分，包括第八章。对全书的研究进行总结，指出本书研究的理论、创新点以及今后的努力方向。

二 研究技术路线（图1-1）

三 研究方法

（一）定性与定量相结合的分析方法

在实地调查和资料分析的基础上，重视理论分析和实证研究相结合，定性分析和定量分析相结合，以 ArcViewGIS 为平台，充分利用 Excel 和 SPSS 等统计分析软件对相关数据进行处理，利用 AutoCAD、Photoshop 等

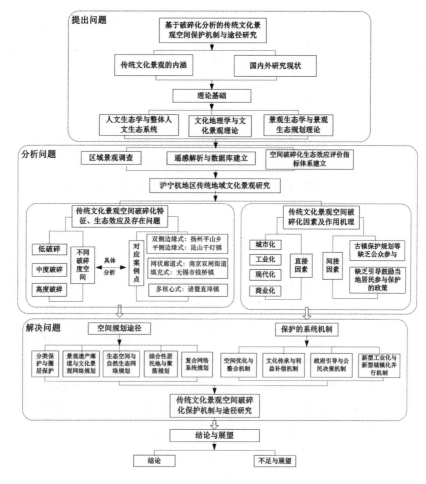

图1-1 研究技术路线

制图软件绘制专题图，尽可能地使本书的分析具有科学性，结论具有可靠性。

（二）文献分析法

参考国内外大量相关研究文献，并对其进行归纳总结，为本书的实证研究打下坚实的理论基础，提供了实地调查的方法依据。

（三）区域调查与典型区域对比研究相结合的方法

区域调查（问卷调查、图片解析、现场访谈等）是景观研究最重要的方法之一,通过区域调查获得区域整体、空间模式和村落景观三个层面的景观数据和资料;并通过典型区域动态研究和对比研究,针对性研究传统景观"破碎化"现象及形成机理。为了确保研究资料的真实性、科学性、准确性,采用了实地调查法进行资料的收集。

(四) 空间数据解析与空间规划管理相结合的方法

应用卫星影像对快速城市化的沪宁杭地区传统文化景观"破碎化"现象特征进行分析研究,运用 ArcGIS9.0 软件绘制研究区域景观要素图,建立传统文化景观空间景观要素资源库,并完成传统文化景观空间模式、空间规划管理、地域文化景观保护等景观发展战略和区域空间整合方案。

第三节 案例地选择与现场调研

一 案例地的选择

(一) 案例地的选取原则

本书旨在通过研究传统文化景观空间破碎化在空间上的特征及空间破碎化产生的影响,总结传统文化景观在现代化经济发展影响下的演变规律,从而为传统文化景观空间与现代化经济建设的和谐发展提供规划依据。

造成传统文化景观空间呈现破碎化的主要原因是现代城市化的发展与传统景观保护缺乏协调,这一现状尤其在地理条件优越、交通发达、经济快速发展的地区表现得非常明显。同时,不同的经济发展模式也会使传统文化景观空间呈现不同的形式,需要在研究中加以详细的讨论。

合适的地域是本书的起点和基础,在本书中其选取策略的出发点如下:(1) 所选地点必须具有悠久的历史,从而积累足够的文化底蕴,形成过或仍保存着具有一定体系和规模的传统文化景观;(2) 所选地点在经济建设和城市化进程方面应取得了相对明显的成就,因而可以对传统景观形成影响;(3) 所选地区的地理条件和交通条件应明显优越,经济发展呈多样性；（4）所选地区的相应数据尽量比较容易获得，以便于深入分析和处理。

基于以上几点考虑，本书在沪宁杭地区范围内确定了如下五个案例地：江苏省无锡市钱桥镇、江苏省昆山市千灯镇、江苏省扬州市平山乡、江苏省南京市双闸街道、浙江省诸暨市直埠镇。

（二）案例地的空间范围界定

所选案例地的行政级别均为乡镇级，一方面便于横向进行比较，另一方面乡镇行政级别的区域也是传统文化景观的主要载体。基于这两方面考虑选择案例地以得出有代表性的传统文化景观空间模式。

二 现场调研

（一）调查的形式

本书对案例地的现场调研主要包括以下几方面的工作：（1）实地走访考察、拍照等；（2）在调查区域内发放问卷、与当地居民进行访谈等；（3）与当地乡镇政府管理部门进行访谈和对话，了解具体情况。

（二）调查问题的设计

此次问卷调查设计问题共18个，访问对象主要是当地居民，从被访者基本信息、被访者日常生活情况以及被访者对社会经济发展对传统文化地域景观影响所持态度三个方面出发，其中个人基本信息7个、日常生活情况5个、被访者个人看法6个（调查问卷见附录A）。

（三）问卷发放情况

整个调研期间共发放问卷524份，回收482份，有效问卷共463份。其中江苏省无锡市钱桥镇135份、江苏省昆山市千灯镇193份、浙江省诸暨市直埠镇34份、江苏省扬州市平山乡56份、江苏省南京市双闸街道45份（见表1-1）。

表 1 - 1　　　　　　　　　**调查问卷发放情况**

调研地点	调研时间	调研内容	问卷数量	问卷回收	有效问卷
钱桥镇	2009.7	走访收集历史资料、政府报告、规划文本 统计资料：发放居民调查问卷 针对政府官员、居民进行深入访谈	135	135	135
千灯镇	2009.7		250	208	193
直埠镇	2009.7		34	34	34
平山乡	2010.7		60	60	56
双闸街道	2010.7		45	45	45
合计	—	—	524	482	463

第二章　基本概念界定与
相关研究进展

第一节　基本概念界定

一　文化景观与地域文化景观

文化景观（Cultural Landscape）的概念由来已久。苏尔（Sauer C. O.）在《景观的形态》（The Morphology of Landscape）一文中指出，"文化景观是任何特定时期内形成的构成某一地域特征的自然与人文因素的综合体，它随人类活动的作用而不断变化"。"文化景观"概念的普遍应用始于20世纪90年代，世界遗产委员会在1992年首次使用"文化景观"的概念，认为文化景观"包含了自然和人类相互作用的极其丰富的内涵"，是人类与自然紧密结合的共同杰作；它"代表某个明确划分的文化地理区域，同时亦是能够阐明这一地域基本而独特文化要素的例证"。文化景观可以存在于城市、郊区、乡村或荒野地等构成的连续的时空中（图2-1）。

地域文化景观（Territory Cultural Landscape）是存在于特定的地域范围内的文化景观类型，它是在特定的地域文化背景下形成并留存至今，是人类活动历史的记录和文化传承的载体，具有重要的历史、文化价值；并且，地域文化景观与特定的地理环境相适应而产生和发展，其显著的特点是保存了大量的物质形态历史景观和非物质形态传统习俗，形成较为完整的传统文化景观体系，主要体现在聚落景观、建筑景观和土

地利用景观三大方面。马克·恩托普（Marc Antrop）指出存在于地域的
传统文化景观有助于维持多样性和可持续发展的景观体系，使文化景观
具有更好的识别性。凯利（Kelly R.）在阐述欧洲地域文化景观时指
出，"居住在特定地域的人们与邻里、农场、林地、河流、建筑等方面
都和地方居民休戚相关，具有深远的意义。这些地方性特点具有多样性
和细节化以及与之相关的传统和记忆正是欧洲景观丰富性和独特性的根
本所在"。

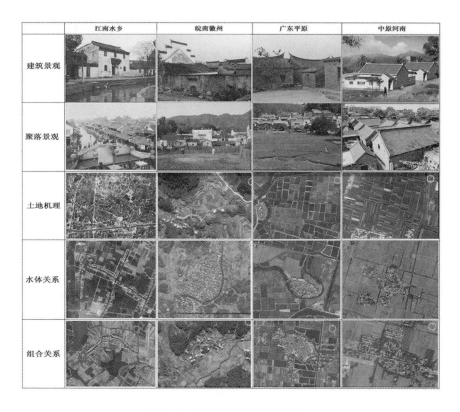

图 2-1　地域文化景观图示语言

二　传统文化景观

"传统文化景观"，主要是指那些具有悠久发展历史、保留了较完整的

传统文化特色的景观，旨在反映景观的历史延续性和文化传承性。

它的内涵界定如下：首先，强调文化景观的地域性——存在于特定的地域范围内，具有相对封闭、完整的区域环境；其次，强调历史、文化价值——在特定的历史发展过程中形成并留存至今，是人类活动历史的记录和文化传承的载体，具有重要的历史、文化价值；再次，景观特征具有地域典型性和代表性——与特定的地理环境相适应而产生和发展，地域文化特征与自然环境高度融合，形成具有地域典型性和代表性的景观特征；最后，传统文化景观体系较为完整——保存了大量的物质形态历史景观和非物质形态传统习俗，与其所依存的景观环境以及人们综合感知而形成的景观意向，共同形成较为完整的传统文化景观体（图2－1）。

"传统性"界定。文化景观的传统性相对于景观的现代性而言，传统是立足于历史过程及景观的认知、感受和判断，是未来景观发展的重要源泉。虽然文化景观传统性评价涉及的因素众多，但文化景观空间传统性评价是对文化景观物质空间特征的评价。因此，根据传统地域文化景观空间分类体系（见本书第四章第一节和图第一节），选取若干有代表性的特征进行评价，选择直接反映生产空间、居住与生活空间以及生态空间的综合特征评价指标，并在此基础上选择出每个空间类型的典型特征作为传统性评价的指标。① 居住与生活空间主要体现在建筑空间、庭院空间、村镇公共空间以及由这些所组成的聚落整体特征；② 生产空间主要由农业用地、工业用地、商业用地、旅游用地及主要动力交通方式组成；③ 生态空间主要表现在林地、水系、草地、湿地构成的自然生态空间、人工生态空间和人与自然环境的关系等几个方面（见表2－1）。

表 2 - 1　　　　　　　　　　文化景观传统性评价指标体系

目标层	基准层	指标层		标准层		
				高	中	低
文化景观传统性评价指标体系	生产空间	农业	耕作技术	凭借直接经验从事农业生产、自然肥料	传统耕作技术与实验科学指导结合	生态农业、基因农业、工厂化农业
			生产工具	铁、木农具	传统农具与机械化结合	工业技术装备
			耕作方式	手工耕作	半机械化	机械化
		工业	生产效率	不集中、低效	相对集中、有一定的生产效率	集约、高效
			生产工艺	传统小手工艺	手工＋少量机器	机械化、自动化
		商业	商业规模	个体	家族式	规模较大，超出家族范畴
			销售方式	传统小商店形式	中等规模的商店	大型超市、密集销售网点
		旅游	原真性	乡土文化与民间艺术原真保留	有一定程度的商业化和现代艺术现象	商业化和艺术化整体包装
		动力	动力与能源类型	人力、畜力、水力、风力	人力、畜力、水力、风力＋动力机械	电力、燃油燃气动力
		交通		采用自然材料、联通度低、可达性不强	有一定可达性，物流、人流比较畅通	形成网络，交通四通八达
	居住与生活空间	建筑	建筑历史的悠久性：年代	明清前	民国时期	改革开放后
			建筑风格的典型性：风格	时代和地域特征明显	时代和地域特征比较明显	时代和地域特征不明显
			建筑样式的地方性：样式	典型性	比较典型	不典型
		院落	庭院空间的园林化	园林化处理	少量的修饰	没有庭院、或没有园林化
			住宅间距空间	自然生长机理	比较规则但间距大	规则、等距、间距小
		聚落	村镇公共空间	位于村子的中心、村子出入口或核心部位，往往与祠堂、庙宇前广场相结合	公共空间并不处于核心位置	几乎没有公共空间，或者位于政府办公楼前
			聚落形态的完整性	历史形态完整保留	聚落局部扩张，改变历史形态	历史形态被现代聚落替代
	生态空间	自然生态空间	自然性特征	原始的或次生的自然景观环境	半自然的农田景观环境	人工生态环境取代自然环境
		人工生态空间与自然环境的关系	动植物的本土性	地方性动植物景观占据主体	部分引种和养殖非地方性动植物	大量引种和养殖地方性动植物
			水利用方式	生产、生活对水的利用能体现地域特征	生产生活对水的利用少有地域特征	生产生活对水的利用没有地域特征
			生态连接度	生态网络完整	廊道局部破坏	廊道破坏严重
			环境污染	无污染或轻度污染	中度污染	污染严重

本书结合传统性评价，对传统建筑用地、传统公共空间用地、传统农业用地、传统商业用地、传统工业用地进行了界定（见表2-2）。

表2-2 沪宁杭地区主要传统文化景观用地传统性界定

景观用地类型	指标	传统性界定
传统建筑用地	建筑历史的悠久性：年代	新中国成立前
	建筑风格的典型性：风格	时代和地域特征比较明显
	建筑样式的地方性：样式	比较典型
传统公共空间用地	位置	位于村子的中心、村子出入口或核心部位，往往与祠堂、庙宇前的广场相结合
	周围建筑物历史悠久性	新中国成立前
传统农业用地	耕作技术	凭直接经验从事农业生产或传统耕作技术与实验科学指导结合
	生产工具	铁、木农具或传统农具与机械化结合
	耕作方式	手工耕作或半机械化
传统商业用地	规模	个体或家族式
	销售方式	传统小商店或中等规模的商店
传统工业用地	生产效率	不集中、低效或者相对集中，有一定生产效率
	生产工艺	传统小手工艺或手工＋少量机器

三 景观破碎化与生态效应

景观破碎化（landscape fragmentation）是指由于自然或人为因素的干扰所导致的景观由简单趋向于复杂的过程，即景观由单一、均质和连续的整体趋向于复杂、异质和不连续的斑块镶嵌体。随着城市化的快速推进和交通运输业等方面的迅速发展，加上全球气候变化的影响，景观破碎化成为全球日益突出的生态问题。它是人为因素与非人为因素长期协同作用的结果，反映了人类活动对景观影响的强弱程度。目前对景观破碎化的度量，景观生态学中用景观斑块破碎化指数来描述。该指数描述了景观被分割的破碎程度，反映景观空间结构的复杂性。F_i 为整个研究区的景观斑块数破碎化指数，N_t 为景观斑块总数，M_t 为研究区的总面积与最小斑块面积的比值；F_1 为某要素斑块类型斑块数破碎化指数，M_1 为整个研究区域的平均斑块面积，N_1 为某种类型的斑块数目。F_t 与 F_1 的值域都为（0，1），0 表示景观完全未被破坏即无生境破坏化的存在，1 表示给定性质的景观已完全破碎。公式为：

$$F_t = (N_t - 1)/M_t \qquad\qquad (2-1)$$

$$F_1 = (N_1 - 1)/M_1 \qquad\qquad (2-2)$$

生态效应（ecological effect）。本书的传统文化景观空间破碎化的生态效应评价，主要针对破碎化对文化景观空间产生的影响，带来的生态结果进行分析评价。文化景观空间格局产生了变化，生态效应也会发生改变，基于传统文化景观空间的角度，分析破碎化带来了哪些影响。破碎度不同会带来不同的生态效应，当某一范围内的破碎度其对应的生态效应值最高，即为最适中的破碎化空间。本书创建了传统文化景观空间破碎化的生态效应评价指标体系，分别从连通性、整体性、稳定性、传统保有率等四大方面对其评价，试图对空间破碎化的生态效应进行量化，并找到破碎度与生态效应的关系和适中破碎度（见本书第四章第三节）。

第二节 相关研究进展

一 传统文化景观特征及认知研究

传统文化景观空间的研究并没有形成全面而系统的体系，关于传统文化景观空间特征与认知，学者们纷纷从自己学科的角度出发对其进行研究。传统聚落，包括古镇、古村，是传统文化景观空间特征最明显，也是最容易把握的一种景观类型，关于这方面的研究居多。彭一刚指出传统聚落是在特定的自然地理条件以及人类历史发展的影响下逐渐形成的，其形态和景观特征是自然、地理和人文、历史等多因素综合作用的结果和外在反映，并由于和人们的生活保持最直接紧密的联系而激发人的美感；陆林对徽州古村落的景观特征进行研究后指出，徽州古村落的景观特征是宗法观念、文化氛围、园林情调的景观体现，古村落的形成是自然环境适应和社会文化影响的结果；张松通过江南水乡小桥流水人家的印象，对江南水乡古镇的文化景观进行解读。

以农业为主的生产景观也是反映传统文化景观空间特征的一个主要方面，特别是那些历史悠久、结构复杂的传统农业景观和农业耕作方式更是特定地域农耕文化的典型代表。例如，中国云南的哈尼梯田文化景观、浙江青田的"稻鱼共生"。

除此之外，申秀英等人借助考古学等多学科基本理论对中国传统聚落景观进行类型整理和区系划分，并引进生物学的"基因图谱"概念建立反映各个聚落景观区系演化过程和相互关联性的"景观基因图谱"。

二　景观空间破碎化研究

（一）　自然生态空间景观破碎化研究

自然生态空间景观破碎化研究主要集中在以景观类型为核心的景观破碎化、以植物为核心的景观破碎化、以动物为核心的景观破碎化和以景观综合为核心的景观破碎化四个方面的研究。

1. 以景观类型为核心的景观破碎化研究

自然生态空间是由不同类型的景观单元镶嵌而成的综合体。湿地景观破碎化重点揭示湿地的破碎化特征及破碎化对湿地景观和湿地生物多样性的影响，如谷东起等以莱州湾南岸滨海湿地为例，对滨海湿地景观特征及景观破碎化进行了分析，从景观生态学角度对莱州湾南岸滨海湿地退化进行了定量评价，提出合理调控人类干扰活动是改善莱州湾南岸滨海湿地环境的根本途径。刘红玉等对三江平原流域湿地景观破碎化过程进行了研究，系统分析了该区典型流域 50 年来湿地景观的破碎化过程，提出导致该区湿地景观破碎化的主导因素是大规模的农业开发。森林景观破碎化重点研究森林景观本身破碎化程度及其不同影响，揭示人类活动对该地区森林植被景观影响程度，为森林景观的生态规划与管理、生态环境建设及区域森林经营等提供科学理论指导。沙地景观破碎化主要研究景观要素流动在时间尺度上的变化趋势及其对沙漠化过程的响应。

2. 以植物为核心的景观破碎化研究

覃凤飞等做了景观破碎化对植物种群的影响研究，重点分析景观破碎化对植物种群的大小和灭绝速率、扩散和迁入、遗传和变异以及存活力等的影响，归纳出现阶段景观破碎化对植物种群影响的主要方法和模型。张韬等通过对东阿拉善—西鄂尔多斯地区特有濒危植物适生生境景观破碎化与优先保护序的相关分析研究，发现各物种适生生境景观破碎化的指标计算结果与物种的优先保护序之间存在着一定密切关系。王春叶等探讨了千岛湖区典型破碎化生境景观内归一化植被指数（$N_{D,V,I}$）的特征，发现该指数值与岛屿面积呈极显著正相关，与岛屿间的距离呈不显著负相关，对破碎化生境中植被保护和经营提供一定的理论依据。

3. 以动物为核心的景观破碎化研究

主要研究栖息地及生境破碎化对动物产生的影响，以期为动物保护及生态系统的保护提供参考。生境破碎化的过程引起栖息地内部食物、繁殖场所、局部小气候、边缘效应等生物和非生物条件的变化，从而影响植物种群的大小和灭绝速率、扩散和迁入、遗传和变异以及存活力等，影响动物种群的异质种群动态、适宜生境比例、灭绝阈值、种间关系等。如邓文洪做了栖息地破碎化与鸟类生存的研究，指出栖息地破碎化对鸟类的生态学效应主要体现在面积效应、隔离效应和边缘效应等。姜广顺等对黑龙江省完达山地区马鹿生境破碎化及其影响因子进行了研究，刘红玉等做了湿地景观破碎化对东方白鹳栖息地的影响的研究，曹长雷等对温带次生林破碎化对白眉姬鹟繁殖的影响做了研究，陈利顶等做了卧龙自然保护区大熊猫生境破碎化研究，肖宇、姜海瑞等对陕西凤县林麝生境破碎化及其景观指数评估等进行了研究。

4. 以景观综合为核心的景观破碎化研究

自然保护区是景观综合研究的典型空间，主要集中在自然保护区景观格局的整体性与破碎化特征的研究，为更有效地保护珍稀动植物，以及保护区的有效管理提供理论依据。如唐博雅做了辽宁双台河口自然保护区景观破碎化研究，王兆杰等做了格氏栲自然保护区景观格局分析及破碎化评价的研究。另外，自然保护区明显孤岛化的现象日趋严重，保护区外围的高度破碎化构成了对保护区内部的压力，自然保护区是保护生物多样性和珍稀物种的重要手段。吴计生等做了周边区域景观破碎化对铜鼓岭国家自然保护区的压力分析研究。

（二）半自然景观及人工景观破碎化研究

1. 以城市某种景观类型为核心的景观破碎化研究

城市绿地斑块破碎化的分析，采用绿地斑块面积谱、斑块数破碎化、斑块形状破碎化等斑块结构描述方法，分析了绿地斑块的破碎化程度。城市森林景观破碎化的分析，任引等定量研究了厦门市森林景观破碎化时空演变特征；刘常富等对不同建筑密度城市森林覆盖率梯度下景观破碎化趋势的响应进行了分析，结果表明城市森林景观破碎化状态受建筑物密度的影响较大；戎慧等基于不同年份的土地利用数据，采用破碎化模型及空间关联指数分析浙江省余杭区森林破碎化状态、趋势及干扰模式。对于 2008 年的森林破碎化模式，以乡镇为分析单位，建立了森林破碎度指数与城市化水平的统计关联。

2. 城市近郊区景观破碎化研究

王立红等选取景观平均斑块面积、斑块密度、边缘密度、斑块面积标准差、形状指数、面积加权分维数、相似邻接比指数和聚集度指数 8 个景观特征指数，基于主成分分析法，分析了济南市南部近郊区的 9 类景观生态类型的景观破碎化程度，揭示出研究区盲目的土地开发，造成耕地斑块破碎化严重，林地转为非林用地等破碎化程度的差异变化。

3. 城市整体景观空间破碎化的研究

仇江啸等以北京市五环内中心城区为例，采用移动窗口分析、梯度分析与景观指数相结合的方法研究了城市景观破碎化的空间分布格局和内部水平差异，并以此为基础，探究景观破碎化与城市化及社会经济发展水平的关系；张明娟等研究了景观破碎化过程中不同级别斑块数量的变化情况，指出斑块类型和大小对斑块的稳定性及变化趋势均有影响。

4. 土地景观格局破碎化的研究

主要集中在利用景观格局破碎化指数对不同时期或某一时期土地利用

景观格局破碎化进行分析，探讨土地镶嵌结构对景观结构的影响及土地景观格局破碎化演变特征；土地经营破碎化评价及驱动力分析，尝试为土地规模化经营提供科学依据等。

5. 工业区、油田开发区破碎化的研究

对工业区建设后景观破碎化程度进行预测，可获得景观变化信息，为生态保护措施制定提供依据。梁振明等对棋盘井工业区进行了景观破碎化程度评价与预测；李小利对黄土丘陵区燕沟流域景观进行了研究，对流域内油田开发土地占用及其与景观破碎化之间的关系进行了分析。

6. 道路路网与景观破碎化

刘佳妮等通过研究浙江省的干线公路网络对自然生态环境造成的影响，探讨了生态最优化的道路网络组织模式。运用 Forman 教授的道路网络理论分析了浙江省干线公路网络对森林景观的破碎化影响，并对浙江省公路网络的布局提出了 5 点调整建议。李双成等以 1∶25 万中国道路网矢量数据为基础，分析了不同级别道路网络与破碎化的关系，对定量表达破碎化特征对于道路及其周边生态系统管理做出了尝试。

7. 风景区景观破碎化研究

孙永萍等运用景观生态学原理和地理信息系统技术，选取景观多样性、分维数、破碎度等指数，分析了南宁市青秀山风景区不同景观类型的空间分布特征。何小弟等研究了扬州古运河风光带生态环境林景观，并对其景观破碎化程度进行了分析。

三　传统文化景观保护的研究

（一）国外研究现状及进展

在全球城市化、工业化和现代化快速发展的同时，全球掀起了广泛的文化景观保护运动。传统文化景观空间成为世界广泛关注的研究领域，更成为联合国教科文组织（UNESCO）、国际古迹遗址保护协会（ICOMOS）和各个国家关注的重点。

注重文化景观保护的美国，其文化景观体系包括历史景观、风土景观等，美国对历史景观的保护主要采取四种措施：保存（Preservation）、更新（Rehabilitation）、恢复（Restoration）、重建（Reconstruction）等，并有完整的历史景观保护管理体系和运作程序，风土景观保护措施包括：地方性保护措施、土地信托机构保护措施、国家公园管理局保护措施和遗产地区及走廊保护措施等。德国、法国、荷兰把文化景观的研究与保护与景观生态相结合，英国以传统文化环境与风景园林为研究重点成为现今景观保护、建设最为成功的国家。

　　研究的阶段性成果包括：（1）景观网络空间的保护与区域景观体系的建立。通过生态廊道、绿色空间、绿道等自然生态空间的保护与构建形成连续的景观网络空间，有效保护地域文化景观的连续性、完整性及区域景观的整体性，同时在乡村与城镇间形成具有广泛生态意义的过渡空间，构建以民居与聚落—土地与产业—网络与区域为核心的区域景观体系。（2）社区与聚落的多样性与地方性的保护。针对聚落的"趋同性"和乡村社区的"都市化"以及部分落后地区的"边缘化"趋势，通过提高可达性和自然生态空间连接性（accessible natural greens-pace），建设社区林地（community woodlands）和聚落自然生态空间，在保护景观地方性的同时降低都市化的影响，提高传统区域发展的公平机会。

（二）国内研究现状及进展

　　我国幅员辽阔，具有悠久的历史文化和璀璨的文明，地域文化景观明显，但对地域文化景观保护的研究近几十年才开始，从研究层面上分主要包括区域尺度、聚落尺度、街区—建筑尺度保护的研究。

　　1. 区域尺度

　　目前对于传统文化景观空间的保护，区域尺度的研究较少。王云才依托江南水乡文化遗存的区域景观整体的研究，探讨了古镇及区域景观体系保护与持续利用的内在机制，为传统文化景观空间在区域尺度的研究首开先河；朱强等提出了大尺度文化景观保护的新方法——遗产区域，并认为大尺度——区域尺度的研究对文化景观的保护更为重要，建议从具体遗产入手，探索适合我国国情的大尺度文化遗产保护体制。

2. 聚落尺度

以历史文化村镇为代表的聚落传统文化景观的保护研究较早，始于 20 世纪 80 年代，由城市规划领域的学者发起倡导，以阮仪三先生主持的江南水乡古镇调查与保护规划编制为代表。研究的热点主要有基于旅游开发与保护相结合的研究，阮仪三在周庄古镇保护规划中强调了旅游在古镇保护中的作用，提出必须坚持"可持续发展的原则"，必须"保护古镇风貌、整治历史环境、提高旅游质量、改善居住环境"。王云才指出保护传统村落整体人文生态系统的原真性是传统村落旅游开发利用的核心，并以北京门头沟为例探讨了山区传统村落保护与旅游开发利用模式，提出了传统村落保护的过滤与分离、适度与协调、保护与维护、培育与参与 4 个控制机制。朱桃杏结合西递古村落案例分析，认为传统村镇旅游地在发展过程中应坚持"修旧如旧"的原则，对少部分村落内居民进行迁居，同时坚持景区分区、建筑分类、游览分线、服务建区等规划与开发构想，考虑资源本体特征和游客需求等要素，在严格保护历史文化景观的前提下合理开发。

民族聚落文化景观保护的研究。民族传统文化是地域文化景观的重要组成部分。研究者就保持民族文化精华的传承和动态发展进行了不懈努力，先后尝试了民族博物馆、民族文化村等形式。马晓京认为建立民族生态村是民族文化地区保护性开发的新思路；杨振之提出了民族文化保护与开发的"前台、帷幕、后台"模式；蒋盈盈等建议应建立一个协调的机构和机制，使经济建设与民族村落文化景观的保护与利用相互促进，使村落文化景观实现可持续发展等，都是对民族文化保护的有效尝试。

3. 街区—建筑尺度

1996 年 6 月在屯溪召开了"历史街区保护（国际）研讨会"，确定了历史街区的保护原则、方法、标准并推荐屯溪历史街区保护管理经验。1997 年 8 月，建设部转发了《黄山市屯溪老街的保护管理办法》，对历史街区保护的原则方法给予行政法规的确认，也为各地制定历史街区管理办法提供了范例。在随后的研究中历史街区保护也取得了一定的成果。阮仪三以苏州平江历史街区保护规划为例，探讨了历史街区保护的战略思想；

谭佳音以实例为基础，分析比较了我国历史文化街区现有的三种动态保护模式："上海新天地"模式、"菊儿胡同"模式、"周庄"模式并对各模式进行概述和分析；另外，郑力鹏、袁奇峰等、张曦等、李和平以不同城市为例探讨了历史街区保护与更新、历史街区保护的危机与应对、历史街区的生活方式保护与文化传承、历史街区分类保护策略等，对我国历史街区的保护有重要的指导价值和意义。

传统文化景观空间保护在建筑尺度层面的研究主要集中在历史建筑保护的范畴，《历史文化名城保护规划规范 2005》中定义的历史建筑是指具有一定历史、科学、艺术价值的，反映城市历史风貌和地方特色的建（构）筑物。随着 20 世纪 90 年代经济体制的转轨和大规模的房地产开发的兴起，历史遗存的存在状态与生存模式日益受到关注，对于历史建筑保护的研究也随之增多。研究主要集中在历史建筑保护方式的探讨，顾红男结合实例，对旧城区改造中历史建筑的保护方式、新老建筑的结合手法做了探索与总结；吕海平等探讨了城市景观设计中对历史建筑保护和开发的模式；周彤做了历史建筑的有机保护的研究等。

此外，张松、潘一婷、李渌、吴美萍、朱光亚分别从建筑文化景观保护、历史建筑的保护再生设计、建筑遗产的预防性保护等方面做了研究，尤其在历史建筑的保护再生设计中尝试了把新元素导入传统元素中以增加新旧元素的整体协调性，为历史建筑保护的研究开拓了新的方向。

第三节　传统文化景观空间保护存在的问题及发展趋势

一　传统文化景观研究存在的问题

（一）传统文化景观空间破碎化研究存在的问题

传统文化景观空间破碎化的研究目前还缺乏一个系统的研究框架。首先，对景观破碎化虽然已经有了大量研究，但大多还只停留于自然生态领域尤其是生物多样性的研究层面上，破碎化是一个客观事实，研究传统文化景观空间破碎化的视角及描绘的方法没有被引入。目前，对于文化景观的研究则多集中于文化遗产的保护与利用，尤其是建筑单体层面，对于区域文化景观的研究还比较少。其次，快速城市化、工业化对传统地域的侵占及对传统文化景观的破坏缺乏一个系统的空间资料的整理，一些古镇的商业化及现代化现象显著，对传统文化景观空间的破碎程度也没有相对应的研究成果出现。最后，文化景观领域的空间分析技术使用很少，而空间模式及演变机理的研究是一个完整的景观生态规划不可缺少的一部分。

（二）传统文化景观空间保护研究存在的问题

（1）缺乏对传统文化景观空间保护在区域尺度上进行解决的方案。保护研究的层面仅仅局限在：文化景观单体、小场地和建筑空间的保护。尤为突出的是以建筑、遗址的保护取代对传统文化景观空间的整体性保护。对传统文化景观空间的孤立保护，以单个村落的保护取代对整个文化区域的保护和对地域文化景观的保护。

（2）目前缺乏破碎化现象对传统文化景观空间生态效应影响的研究，及基于破碎化分析的区域尺度上的传统文化景观空间保护机制与途径的研究。传统文化景观的保护角度较单一，缺乏从生态学的角度、整体人文生态系统的角度研究，很少关注传统文化景观在整体人文生态系统中的作用，仅仅从开发利用的角度对传统文化景观进行规划引导或从文物保护的角度探讨古村、古建的保护。城市圈经济冲击使景观格局与过程出现无序性，城市化过程中的不规范和盲目发展，使完整的区域景观被逐步分割，使传统文化景观空间呈现出"孤岛化"和"破碎化"现象，景观的连续性和有机性遭到破坏。

正是以上研究存在的问题，传统研究不仅没有解决传统文化景观空间"破碎化"与"孤岛化"的本质问题，反而局部的保护与局部的开发更加强化了传统文化景观"破碎化"与"孤岛化"的空间特征。单就国内研究而言，传统文化景观空间研究的内容和深度较为有限，呈现出个案规划研究多，区域整体性研究少；单体建筑研究多，景观环境研究少；规划设计实践多，理论研究提升少；表象描述多，深入分析少的格局。

二 传统文化景观保护的发展趋势

从目前的研究成果及景观生态学的发展方向来看，传统文化景观空间研究主要有以下几个发展方向：（1）建立传统文化景观空间传承与创新的理论与政策体系，构建地域文化景观保护一体化途径。推动景观资源可持续利用和区域景观整体性保护。传统文化景观空间"破碎化"与"孤岛化"现象就是既缺乏系统理论指导和规划管理标准，又缺乏明确政策与技术要求的结果。（2）空间破碎化生态效应的研究和基于破碎化分析的传统文化景观保护的研究。（3）建立区域尺度上传统文化景观空间整合模式与网络结构特征，建立区域景观的整体性与地方性保护示范基地。

传统文化景观空间研究的发展方向是多元化的，其目的都是为了更好地保护和发展，以促使人文景观的多样性。

第四节　小结

本章主要对基本概念进行界定、对相关研究进展进行综述，为本书之后的撰写打下基础。

一 对主要概念传统文化景观、景观破碎化与生态效应等进行界定

"传统文化景观"，主要是指那些具有悠久发展历史、保留了较完整的传统文化特色的景观，旨在反映景观的历史延续性和文化传承性。

景观破碎化是指由于自然或人为因素的干扰所导致的景观由简单趋向复杂的过程，即景观由单一、均质和连续的整体趋向复杂、异质和不连续的斑块镶嵌体。

本书的传统文化景观空间破碎化的生态效应评价，主要针对破碎化对文化景观空间产生的影响、带来的生态结果进行分析评价。文化景观空间

格局产生了变化，生态效应也会发生改变，基于传统文化景观空间的角度，分析破碎化带来了哪些影响。

二 相关研究进展

传统文化景观特征及认知研究，传统文化景观空间的研究并没有形成全面而系统的体系，主要集中在传统聚落，包括古镇、古村的研究，该方面研究最多。其次是对农业为主生态景观的研究及"景观基因图谱"（反映各个聚落景观区系演化过程和相互关联性）的研究。

景观空间破碎化研究，主要集中在自然生态空间景观破碎化研究、半自然景观及人工景观破碎化研究等方面。

传统文化景观保护的研究，国外研究主要集中在景观网络空间的保护与区域景观体系的研究、社区与聚落的多样性与地方性的保护等；国内研究现状，从研究层面上分主要包括区域尺度、聚落尺度、街区—建筑尺度保护的研究。

三 传统文化景观空间保护存在的问题及发展趋势

传统文化景观空间保护存在的问题：传统文化景观空间破碎化的研究目前还缺乏一个系统的研究框架；缺乏对传统文化景观空间保护在区域尺度上进行解决的方案；缺乏破碎化现象对传统文化景观空间生态效应影响的研究，及基于破碎化分析的区域尺度上的传统文化景观空间保护机制与途径的研究。

发展趋势：（1）建立传统文化景观空间传承与创新的理论与政策体系，构建地域文化景观保护一体化途径。（2）空间破碎化生态效应的研究和基于破碎化分析的传统文化景观保护的研究。（3）建立区域尺度上传统文化景观空间整合模式与网络结构特征，建立区域景观的整体性与地方性保护示范基地。

第三章　研究理论基础

　　景观学具有交叉性强、辐射面广的特点，涉及景观规划、城市规划、旅游学、生态学、地理学、社会学、美学等多学科和多领域。传统文化景观空间破碎化的空间特征及保护研究的过程中，理论基础不仅包括景观规划设计的基础理论，还包括区域景观规划、景观生态学等基本理论。本章主要论述这些基础理论的核心及其对本书的指导作用。

第一节　人文生态学与整体人文生态系统理论

一　人文生态学的概念和内涵

（一）人文生态学的含义

　　人文生态学是人伦哲学思想与生态学相结合的一门边缘学科。强调研究一系列诸如人类生命的优质化以及地球与宇宙生态系统的平衡问题时，要从人性思想与人伦行为入手。

（二）人文生态学的中心思想

　　人文生态学认为：生态学的研究将逐步转向以人为中心的生态系统，人类不仅仅是从自然环境摄取物质与能量，而且还应保护自然生态平衡。为此，人的自由意志、思想活动，必须像大自然那样大公无私；这就是中国人文哲学所指出的天德与人伦。此二者不能分离，其综合作用使全人类、大气层、水圈、陆圈与动植物都处于有序化的欣欣向荣状态，这就是人文生态学的中心思想。它是在自然生态学与社会生态学上发展起来的，以人为中心的生态学。

二　整体人文生态系统的概念和内涵

整体人文生态系统是人与自然环境协同演化发展形成的有机整体，人与自然环境相互融合，自然赋予人生存的智慧，人尊重自然并利用自然，取得人生存与发展的根本。自然生态系统的特征和过程是景观环境系统的重要特征；为生存对自然的合理利用方式和途径是经济景观形态的重要特征；在人与自然相互作用过程中，人地关系决定的环境伦理、价值伦理以及行为与观念形成社会系统的重要特征。因此，自然生态系统、社会文化系统、产业经济系统是三个不可分割的有机整体，构成整体人文生态系统的全部特征。由于景观环境存在着节律、恢复、容量等自然规律和生态系统阈限，使人类活动受到了限制，而不是无限满足人类的需求。

整体人文生态系统（Total Human Ecosystem）是指在人与自然相互作用过程中，人在特定自然环境中通过对自然的逐步深入认识，形成了以自然生态为核心，以自然过程为重点，以满足人的合理需求为根本的人—地技术体系、文化体系和价值伦理体系，并随对环境认识的深入而不断改进，寻求最适宜于人类存在的方式和自然生态保护的最佳途径，即人地最协调的共生模式，综合体现出协调的自然生态伦理、持续的生产价值伦理和和谐的生活伦理。其内涵包括如下几方面：

（1）整体人文生态系统是在景观形成的历史过程中，人与自然环境高度协调、统一发展的结果。

（2）在整体人文生态系统中，人与自然是平等的生态关系。既不是以人为中心的人本主义，也不是以自然生态为中心的环境主义，而是人地协调的生态价值伦理。

（3）在整体人文生态系统中，自然景观要素、自然生态过程与自然生态功能充分体现出地方性自然生态的特点，并得到持续的利用和延续，这种自然生态特征经历悠久的历史过程而小有变化，维持自然生态的稳定性。

（4）在整体人文生态系统中，人在认识自然、利用自然和改造自然的经济活动体系中所形成的产业体系控制在与自然环境相适宜的产业类型、生产规模和生产强度内。自给自足成为摆脱超负荷生产行为的根本，从而有效地建立起良好的产业体系，生产与自然环境产生最大的关联。

（5）在整体人文生态系统中，人类经历长期的历史发展，形成、累积和继承了大量的地方文化，并逐步形成了代表一个地方独具特色的文化体系，也是该地区人所共有的民俗文化。这种地方文化的形成是人与自然相互作用的过程中，人与自然、人与人不断交换自己的认知并逐步固定下来的自然崇拜、文化崇拜、人类崇拜以及相应的价值观念。地方文化是人类的文化，更是自然的文化。

（6）传统的整体人文生态系统是历史的和古典的，是农业社会的产物，已经成为现代社会中最为珍贵的文化遗产，保护与延续成为传统整体人文生态系统的主题。与此同时，社会是发展的，在新环境、新技术、新观念、新经济形态下，现代整体人文生态系统的发展则更具有现代社会的特征。面对更加脆弱的自然生态系统、更大规模的社会人口与消费、更加深入的干扰方式，技术与效率成为现代整体人文生态系统发展的核心。科学发展和可持续发展成为构建整体人文生态系统的根本。

三 对本书的指导意义

人文生态学强调了人类在生态系统中的作用，认为"人类不仅仅是从自然环境摄取物质与能量，而且还应保护自然生态平衡"。对于传统文化景观也是如此，人是传统文化景观的一部分，人类的出现和活动带来的传统文化景观的出现和发展，如何权衡人对传统文化景观的影响，可以从这个视角分析传统文化景观的保护。

整体人文生态系统着重于协调人与自然之间的关系，其人—地技术体系、文化体系和价值伦理体系为本书传统文化景观空间的整合提供了理论依据。整体人文生态系统有关地方性自然生态、地方性的文化的理论为地域文化景观的研究提供了理论基础。整体人文生态系统提倡保护珍贵的历史文化遗产，同时积极探索在新环境、新技术、新观念、新经济形态下的发展对传统文化景观空间孤岛化的整合保护具有启发作用。

第二节　文化地理学与文化景观理论

一　文化地理学

文化地理学是人文地理学的一个分支，它将人文现象视为人类的文化创造，进而研究这些文化现象的空间特点和空间规律。地理学以研究区域景观差异为重点，而文化现象是区域景观重要的构成要素。在一些地区，特定的居住形式、特殊的语言、特有的宗教等文化事象甚至成为区域景观的主导因素。因此，研究区域文化景观及其与地理环境的关系不仅是文化地理学而且是地理学的重要内容。通过文化地理学研究有助于人们全面、客观地认识文化与地理环境间的相互关系，树立正确的人地观，使人们的行为更加符合客观规律和人类生态环境持久的良性循环发展。文化是多种人文要素的综合体，文化地理学几乎涉及人文地理学的所有要素。通过文化景观、文化生态等研究，可以把人文地理学乃至地理学各分支综合成一门科学的整体，有助于更综合地进行区域开发。

索尔是20世纪最有影响的文化地理学家之一，也是强烈坚持把对景观的科学研究作为地理学核心的第一人。1925年他发表《地理景观形态论》（*The Morphology of Landscape*），详细阐述他的地理概念框架以及文化对景观的影响，并对地理学的研究领域、景观内容、形态学方法的应用，以及各种景观的形成和功能进行了重新评述，提出地理学研究的注意力应转向对"文化景观"的关注。

文化地理学对文化景观的研究不仅对文化景观的演变过程做了全面的分析，而且对景观的形态、构成、特征及其反映的文化特征进行了探讨，甚至还要探讨如何引导文化景观的建设，使之向和谐的方向发展。

二　文化景观

由于文化景观是地球表面各种文化现象所组成的统一体，它的构成非常复杂，既包括景观赖以存在的物质基础，又包括景观构成的主体，即人文因素。景观的物质外貌，如聚落的形态与格局、土地利用划分的现状与配置、建筑物的式样风格、人类活动的形式等，是表现文化景观的最重要因素。目前，国外大多数学者对文化景观的研究主要集中在三个方面，即聚落形式、土地利用类型和建筑。研究聚落形式时，文化地理学者描述并解释当地居民建造的房屋、道路及其他建筑物布局的空间差异。土地利用类型反映了人们划分土地的方式，人们把土地划分成经济用地和社会用地等。在文化景观中可以区分出两大类建筑，即民间建筑和职业建筑。前者指没有职业建筑师的帮助而建成的所有建筑物，其建筑风格和建筑方法来源于民间文化；后者则在不同的技术水平上反映了其文化特征，如职业建筑师设计的摩天大楼和大量的可移动房屋。

文化景观的经济价值和生态价值受到了相当的重视，在旅游开发、区域规划与城市规划、农业发展、环境保护等领域已经得到开发利用，取得了较好的经济效益和社会效益。国内外学者对文化景观的保护已经达成了共识，尤其是在城市规划中。我国著名生态学家马世骏等提出的复合生态系统及生态工程理论为城市景观规划提供了新的思路。宗跃光把文化景观论、景观生态应用于城市规划，认为城市景观规划将实现四种转变，即由物理规划向生态规划的转变，由土地利用规划向景观功能单元规划的转变，由点线规划向景观网络规划的转变，由静态规划向动态规划的转变。

三　对本书的指导意义

在 1885 年，温默（Wimmer，J.）在《历史景观学》一书中指出，应把注意力集中于景观的全貌。拉采尔（Ratzel，F.，1844—1904）在《人类地理学》《民族学》等著作中第一个系统地说明了文化景观概念（他较多地称为历史景观）。把景观作为地理概念在 1906 年以后就被普遍采用了。20 世纪 20 年代，"文化景观"一词在地理学中已经被广泛使用。经过 100 多年来的研究，在文化地理学领域里对文化景观的内容、构成、发展、分类、应用研究已经很成熟，其研究成果为本书传统文化景观空间的研究奠定了很好的理论基础。

第三节　景观生态学与景观生态规划理论

景观生态学研究景观单元的类型组成、空间配置以及生态学过程之间的相互作用，其结构与功能、过程与格局的基本原理为解决实际的环境和生态问题提供了一个更为合理、有效的概念构架，以研究水平过程与景观结构（格局）的关系和变化为特色。

一　景观生态学

（一）"斑块—廊道—基质"模式

斑块、廊道和基质是景观生态学用来解释景观结构的基本模式，普遍适用于各类景观，包括荒漠、森林、农业、草原、郊区和建成区景观，景观中任意一点或是落在某一斑块内，或是落在廊道内，或是在作为背景的基质内。这一模式成为比较和判别景观的空间结构、分析结构与功能的关系的一种可操作的语言。运用这一基本语言，景观生态学探讨地球表面的景观是怎样由斑块、廊道和基质所构成的，如何来定量、定性地描述这些基本景观元素的形状、大小、数目和空间关系，以及这些空间属性对景观中的运动和生态流有什么影响。

1. 斑块

（1）斑块尺度。大型自然植被斑块能够涵养水源，连接河流水系并维持其中的物种的安全和健康，庇护大型动物并使之保持一定种群数量，并允许自然干扰的交替发生。小型斑块虽然不利于物种多样性保护，不能维持大型动物的延续，但可以成为某些物种逃避天敌的避难所。同时，小型斑块占地小，可以出现在农田或建成区景观中，具有跳板作用。

（2）斑块数目。减少一个自然斑块，就意味着抹去一个栖息地，从而减少景观和物种的多样性以及某物种的种群数量。相反，增加一个自然斑块，则意味着增加一个可替代的避难所。

（3）斑块形状。一个能满足多种生态功能需要的斑块，其理想的形状应该包含一个较大的核心区和一些有导流作用并能与外界发生相互作用的边缘须和触角。

（4）斑块的位置。比起与种源相邻或相连的斑块，一个孤立的斑块中物种消亡的可能性要大得多。在选择某一斑块进行保护时，不仅要考察自身的属性，同时其在整体景观格局中的位置和作用也需要考察。

2. 廊道

（1）廊道的连续性。廊道是联系相对孤立的景观元素之间的线性结构，有利于物种的空间运动和原本孤立的斑块内物种的生存和延续。如今人类的活动使自然景观四分五裂，景观的功能流受阻，所以，加强孤立斑块之间，及斑块与种源之间的联系是现代景观规划的主要任务之一。

（2）廊道的构成。联系保护区斑块的廊道应由乡土植物成分组成，并尽量靠近要保护的斑块。

（3）廊道数目。对于有益于物种空间运动和维持的廊道，数目越多越有利于物种避免被截流和分割的风险。

（4）廊道的宽度。一般来说，廊道越宽越好。对于廊道的宽度究竟多少合适，没有一个衡量的标准，需具体问题具体分析。

3. 景观镶嵌体

（1）景观阻力。指景观对生态流速率的影响。不同性质的景观元素产生不同的景观阻力，如对动物空间运动来说，森林或草地比建成区的阻力要小。一般而言，景观镶嵌体的异质性越大，阻力也越大。

（2）质地的粗细。由于粗质地景观和细质地景观有各自的优点和缺点，需要两者在功能上互补。因此，一个理想的景观质地应该是粗纹理中夹杂一些细纹理，即景观既有大斑块，又有些小斑块。

（二）景观格局与生态过程

景观格局与生态过程是景观生态理论的重要内容，它为解决实际的环境生态问题提供了一个合理、有效的概念构架。所谓景观格局（景观空间结构）即斑块、廊道和基质这三种景观要素的数量、大小、类型、形状及在空间上的组合形式。过程则强调事件或现象的发生、发展的动态特征，如群落演替、干扰传播、物质循环、能量流动等。

过程产生格局，格局作用于过程。正确理解景观格局与生态过程的相互关系是景观生态规划的关键。由于景观格局的特征和空间关系可以通过一系列景观指数和空间分析方法加以定量化，因此，景观生态规划认识景观是从格局开始的。过程是动力机制，通过对动因的分析，最终规划对策也体现在对格局的调整上，达到的目标就是健康的生态过程。可以这样说，分析问题的切入点和解决问题的着眼点都是"格局"，但是规划的根本出发点和目的都是"过程"。

（三）景观破碎化与边缘效应

1. 景观破碎化

景观破碎化是目前存在的一种普遍现象，是由于自然或人文因素的干扰所导致的景观破碎分离，并由简单趋向复杂的过程，即景观由单一、均质和连续的整体趋向于复杂、异质和不连续的斑块镶嵌体的过程。它直接或间接影响着景观的结构、功能及其动态。

景观破碎化主要表现为斑块数量增加而面积缩小，斑块形状趋于不规则，内部生境面积缩小，廊道被截断以及斑块彼此隔离。景观的破碎化与人类活动紧密相关，与景观格局、功能与过程密切联系。随着科技的发展，人类对自然的干扰逐渐增强，导致破碎化程度加深，破碎度作为对景观空间破碎化的评价，能够为景观的管理提供依据。

2. 边缘效应

联合国人居署将"边缘效应"界定为缀块边缘部分由于受外围环境影响而表现出与缀块中心部分不同的生态学特征的现象。美国学者福尔曼·

戈德罗恩在生态学中提出"在边缘地带可能发现不同的物种组成和丰度"，即"边缘效应"。在此之后，许多生态学家从不同的角度赋予了边缘效应不同的概念。我国著名生态学家马世骏认为，边缘效应是指"在两个或多个不同性质的生态系统或其他系统交互作用处，由于某些生态因子可能是物质、能量、信息、时机或地域、或系统属性的差异和协同作用而引起系统某些组分及行为，如种群密度、生产力、多样性等的较大变化"。众多研究表明，边缘部分往往具有较高的物种丰度和第一性生产力。

二 景观生态规划理论

（一）景观完整性

景观生态规划的完整性主要指时间序列的完整性、空间序列的完整性和景观要素构成的完整性。时间序列的完整性主要是指整体人文生态系统是历史发展过程中继承与变革的统一体，整体人文生态系统状态良好的景观必然是对历史高度继承，适应时代特色的变革，是传统与时代的均衡。空间上的完整性是指人地作用总是依据不同的环境地段具有不同的特征，由于自然环境是形成整体人文生态系统特征的客观环境，文化特征又是整体人文生态系统的主题，又由于人口流动和文化的传播，形成了文化空间与自然空间并不完全一致的现象，但这种同类文化空间的差异的形成具有历史过程中的有机性。景观要素构成的完整性是指特定地段景观综合体的抽象化和科学化概念，隶属于不同生态系统和景观类型的各个景观要素都是构成整体人文生态系统的构成要素，整体性决定了整体人文生态系统要素的全面性。

（二）景观连通性和连接度

博德里于1984年提出了"景观连通性"的概念，分析了景观连接度和景观连接性的区别。他认为：①景观连通性是指景观元素在空间结构上的联系，而景观连接度是景观中各元素在功能上和生态过程上的联系；②景观连通性测定景观的结构特征，景观连接度测定景观的功能特征，反映了景观特征的两个不同方面；③景观连通性可以从景观元素的空间分布得到反映，而景观连接度水平一方面取决于景观元素的空间分布特征，另一方面还取决于生物群体的生态行为或研究的生态过程和研究目的。景观连接度和连通性对景观规划设计起到正确的指引，其目的不仅仅是提高景观中各元素之间的连通性，关键是增强景观元素相互间的连通度。作为规划，通常情况下是增加一些景观元素或是减少一些景观元素，由此将导致景观结构的变化，进而影响到景观生态功能的变化，通过研究景观结构和生态过程之间的关系，设计不同的景观结构而达到控制景观生态功能的目的。

(三) 景观生态规划的安全格局

自 19 世纪末开始，景观规划的生态途径源于对景观作为自然系统的认识，景观生态规划的发展有赖于对景观作为生态系统的深入的科学研究。在理论和方法上，从朴素的、自觉的自然系统与人类活动关系的认识，到区域、城市绿地和自然资源的保护规划，再到以时间为纽带的垂直生态过程的叠加分析和基于生物生态学原理的生态规划，都强调人类活动对自然系统的适应性。

景观生态安全格局理论的发展为景观生态规划提供了新的理论依据，在把水平生态过程与景观的空间格局作为对象的同时，以生态决策为中心的和规划的可辩护性思想又向生态规划理论提出了更高的要求。多层次的景观安全格局，有助于更有效地协调不同性质的土地利用之间的关系，并为土地开发利用的空间格局确定提供依据，其对在土地有限的条件下实现良好的土地利用格局、安全和健康的人居环境、恢复和重建城乡景观生态系统具有重要的现实意义。

三　对本书的指导意义

生态学中的"斑块—廊道—基质"模式是比较方便实用的空间特征的表述方法，这一模式为比较和判别景观结构、分析结构与功能的关系和改变景观提供了一种简明和可操作的语言。通过该模式对研究区域的传统文化景观空间的空间特征进行判别和分析，归纳出其中的特点，找出背后的驱动因素。

　　景观生态学中的格局与过程、破碎化和边缘效应也是指导本书进行研究的最基本原理。过程产生格局，格局作用于过程，格局是有形的，而过程是无形的。本书通过对有形的格局进行研究，找出对格局起作用的过程，调整格局从而引导过程向好的方向发展。从景观生态学的角度来讲，破碎化的景观格局是不利于生物多样性的维持和可持续发展的。本书通过分析传统文化景观空间破碎化特征，建立一套空间破碎化生态效应的评价体系，将研究区域空间破碎化的影响分析量化，使之能起到科学、合理的指导作用。

　　空间破碎化给传统文化景观的传承与保护带来众多问题，本书基于破碎化分析的传统文化景观空间的保护研究，就是要保护传统文化景观空间的完整性和连续性，避免被现代景观元素过度分割而使得重要的具有历史文化价值的文化景观遗产渐渐消失。景观规划所强调的完整性、连通性、连接性、景观生态安全格局理论对传统文化景观空间的整合提供了理论依据，并可以有效地指导已处于破碎化状态的文化景观进行规划修护和保护。

第四节　小结

　　本章主要研究了人文生态学与整体人文生态系统理论、文化地理学与文化景观理论、景观生态学与景观生态规划理论等，为本书的研究做好理论铺垫。

一　人文生态学与整体人文生态系统理论

　　人文生态学强调了人类在生态系统中的作用，认为"人类不仅仅是从自然环境摄取物质与能量，而且还应保护自然生态平衡"。对于传统文化景观也是如此，人是传统文化景观的一部分，人类的出现和活动带来的传统文化景观的出现和发展，如何权衡人对传统文化景观的影响，可以从这个视角分析传统文化景观的保护。

整体人文生态系统着重于协调人与自然之间的关系，其人—地技术体系、文化体系和价值伦理体系为本书传统文化景观空间的整合提供了理论依据。整体人文生态系统有关地方性自然生态、地方性的文化的理论为地域文化景观的研究提供了理论基础。整体人文生态系统提倡保护珍贵的历史文化遗产，同时积极探索在新环境、新技术、新观念、新经济形态下的发展对传统文化景观空间孤岛化的整合保护具有启发作用。

二　文化地理学与文化景观理论

从文化地理学的视角研究文化景观、文化生态，可以把人文地理学乃至地理学各分支综合成一门科学的整体，有助于更综合地进行区域开发。通过文化地理学研究有助于人们全面、客观地认识文化与地理环境间的相互关系，树立正确的人地观，使人们的行为更加符合客观规律和人类生态环境持久的良性循环发展。

文化景观理论的研究成果为本书的研究奠定了很好的理论基础。在文化地理学领域里对文化景观的内容、构成、发展、分类、应用研究已经很成熟，其研究成果为本书传统文化景观空间的研究奠定了很好的理论基础。景观的物质外貌，如聚落的形态与格局、土地利用划分的现状与配置、建筑物的式样风格、人类活动的形式等，是表现文化景观的最重要因素。

三　景观生态学与景观生态规划理论

生态学中的"斑块—廊道—基质"模式是比较方便实用的空间特征的表述方法，这一模式为比较和判别景观结构、分析结构与功能的关系和改变景观提供了一种简明和可操作的语言。通过该模式对研究区域的传统文化景观空间的空间特征进行判别和分析，归纳出其中的特点，找出背后的驱动因素。

　　景观生态学中的格局与过程、破碎化和边缘效应也是指导本书进行研究的最基本原理。过程产生格局，格局作用于过程，格局是有形的，而过程是无形的。本书通过对有形的格局进行研究，找出对格局起作用的过程，调整格局从而引导过程向好的方向发展。从景观生态学的角度来讲，破碎化的景观格局是不利于生物多样性的维持和可持续发展的。本书通过分析传统文化景观空间破碎化特征，建立一套空间破碎化生态效应的评价体系，将研究区域空间破碎化的影响分析量化，使之能起到科学、合理的指导作用。

　　景观生态规划所强调的完整性、连通性、连接性、景观生态安全格局理论对传统文化景观空间的整合提供了理论依据，并可以有效地指导已处于破碎化状态的文化景观进行规划修护和保护。空间破碎化给传统文化景观的传承与保护带来众多问题，本书基于破碎化分析的传统文化景观空间的保护研究，就是要保护传统文化景观空间的完整性和连续性，避免被现代景观元素过度分割而使得重要的具有历史文化价值的文化景观遗产渐渐消失。

第四章　传统文化景观空间破碎化及其生态效应评价方法

第一节　传统文化景观空间用地分类体系解读

一　传统文化景观空间用地分类体系

基于对传统文化景观空间的解读模式，其分类体系依据土地利用类型和土地利用形态两个方面进行评价体系构建。从土地利用类型来看，将传统文化景观空间划分为居住与生活空间用地、生产空间用地、生态空间用地和连接空间用地四种景观空间类型，将土地利用景观划分为 9 大类、20 小类和 46 个子类的土地利用类型分类体系（表 4–1）。土地利用分类立足传统文化景观空间土地利用的属性特征，突出传统土地利用类型和城市化、工业化、现代化和商业化冲击过程中形成的新的土地利用类型之间的差异，建立具有对比性的土地利用类型体系。其中传统文化景观空间 9 大类型适合于尺度较大空间范围中的土地利用景观分类研究，20 小类适合于镇域空间土地利用分类和破碎化研究，而 46 个子类适合于村落空间尺度的景观破碎化研究。本书的研究类型主要为镇域空间的土地利用破碎化研究，故采用小类的分类类型。

二　景观空间用地类型的具体描述

通过抽样实地调查，整理出文化景观要素类型的平面空间表达方式与立面的对应（表 4–2），同时对已经转换成 CAD 文件的研究底图进行调整。

表4-1　　　　　　　　　　　传统文化景观空间分类

类别名称	大类	色块	小类	色块	子类	色块
居住与生活空间空间用地	建筑空间用地		传统建筑空间用地		明清前建筑	
					明清时期建筑	
					民国时期建筑	
			现代建筑空间用地		改革开放前建筑	
					改革开放后建筑	
	院落空间用地		庭院空间用地		传统庭院空间	
					现代庭院空间	
			住宅间距空间用地			
	村镇公共空间用地		传统村镇公共空间用地		文化教育用地	
					宗教寺庙用地	
					文物古迹用地	
			现代村镇公共空间用地		行政办公用地	
					广场公园用地	
					市政公用设施用地	
生产空间用地	农业用地		传统农业用地		旱地	
					水田	
					鱼塘	
					设施农业用地	
					园地	
			现代农业用地		产业化养殖基地	
					高科技农业用地	
	工业用地		传统工业用地		家庭手工业	
					乡村作坊	
					传统工矿	
			现代工业用地		一类工业用地	
					二类工业用地	
					三类工业用地	
	商业用地		传统商业用地		传统集市	
					茶楼酒肆	
			现代商业用地		集贸中心	
					仿古街	
	旅游用地					
生态空间用地	传统生态空间用地		林地			
			水系		河流	
					水库	
					滩涂	
					湖泊	
					水塘	
			草地			
			湿地			
连接空间用地			人工		国道	
					省道	
					高速公路	
					港口码头	
			自然		生态廊道	

表 4 - 2 景观空间要素类型

序号	空间类别名称	特征描述	遥感影像
01	传统建筑用地	民国及以前建筑	
02	传统公共空间用地	文化教育、宗教寺庙、文物古迹	
03	传统农业用地	旱地、水田、鱼塘、园地、设施农业用地	
04	传统商业用地	传统集市、茶楼酒肆	
05	传统工业用地	家庭手工业、乡村作坊、传统工矿	

续表

序号	空间类别名称	特征描述	遥感影像
06	现代建筑用地	新中国成立以后建筑	
07	现代公共空间用地	行政办公、广场 公园、市政设施	
08	现代农业用地	产业化养殖基地、高 科技农业用地	
09	现代商业用地	集贸中心、仿古街	
10	现代工业用地	一类、二类、三类 工业用地	

续表

序号	空间类别名称	特征描述	遥感影像
11	林地	多年生乔灌木覆盖区	
12	草地	多年生草本覆盖区	
13	湿地	湿洼地，多年湿生植物覆盖	
14	旅游用地	现代旅游开发区、度假村、遗址遗迹	
15	其他用地	荒地、工矿用地、滩涂等	

序号	空间类别名称	特征描述	遥感影像
16	人工连接空间用地	人工建设道路、港口码头	
17	自然连接空间用地	生态廊道	
18	水系	河流、水库、滩涂、湖泊、水塘	

第二节　传统文化景观空间破碎化的指数定量化测度体系

用景观指数描述景观格局及其变化，建立格局与景观过程之间的联系，是景观生态学最常用的定量化研究方法。在景观格局的研究中，形成了许多描述景观格局及其变化的指数，大致可分为描述景观要素指数和描述总体特征指数两类。本书参考前人的研究成果，并结合各案例点的实际情况，从景观要素斑块特征的破碎化分析（斑块数量、最大斑块指数 LPI、景观优势度指数 PLAND）、景观要素空间相互关系破碎化分析（分离度）、景观斑块破碎化指数及破碎化分级等对各案例点进行定量分析。

一　景观要素斑块特征的破碎化分析

（一）景观斑块数量

斑块个数大幅度增加，反映出景观破碎化的趋势。

（二）类型面积 CA 和景观优势度指数 PLAND

CA 分析研究区景观的空间组成，PLAND 反映斑块类型之间的数量比，公式为：

$$CA = \sum_{j=1}^{n} a_{ij}, PLAND = CA/A \times 100 \qquad (4-1)$$

式中，a_{ij} 为斑块 ij 的面积；A 为研究区总面积。

PLAND 是确定景观中优势景观元素的依据之一，也是决定景观中的生物多样性、优势种和数量等生态系统指标的重要因素。全式含义为某景观类型的面积占景观总面积的比例。PLAND 取值范围在0—100之间，反映了各类景观类型在景观中的控制程度，结果越大，说明各类型所占比例差值越大，或者说明某一种或少数几种景观类型占优势。

（三）最大斑块指数 LPI

是各景观斑块类型中面积最大的斑块占景观总面积的比例，有助于确定景观的模型或优势类型，其表达公式为：

$$LPI = (\max a_{ij}/A) \times 100 \qquad (4-2)$$

式中：i 为景观斑块类型；j 为斑块数目；$\max a_{ij}$ 是 i 类斑块中最大斑块的面积；A 是总的景观面积；全式含义为某种景观类型的最大斑块面积占景观总面积的比例。

最大斑块指数的大小反映了景观中的优势种、内部种的丰度等生态特征，其值的变化受干扰的强度和频率的影响，反映人类活动的方向和强弱。

二　景观要素空间相互关系破碎化分析

分离度用来分析景观要素的空间分布特征，分离度越大，表示斑块越离散，斑块之间距离越大，其公式为：

$$N_i = \frac{D_i}{S_i} \qquad (4-3)$$

式中，N_i 为景观类型 i 的分离度指数；D_i 为景观类型 i 的距离指数。$D_i = 0.5 \times (n/A)^{1/2}$，$n$ 为景观类型 i 的斑块数，A 为研究区总面积。S_i 为景观类型 i 的面积指数，$S_i = A_i/A$，A_i 为景观类型 i 的面积。

三 景观斑块破碎化指数及破碎度分级

（一）景观斑块破碎化指数

该指数描述了景观被分割的破碎程度，反映景观空间结构的复杂性。F_t 为整个研究区的景观斑块数破碎化指数，N_t 为景观斑块总数，M_t 为研究区的总面积；F_1 为某要素斑块类型斑块数破碎化指数，M_1 为整个研究区域的平均斑块面积，N_1 为某种类型的斑块数目。F_t 与 F_1 的值域都为（0，1），0 表示景观完全未被破坏即无生境破坏化的存在，1 表示给定性质的景观已完全破碎。公式为：

$$F_t = (N_t - 1)/M_t \qquad\qquad (4-4)$$

$$F_1 = (N_1 - 1)/M_1 \qquad\qquad (4-5)$$

（二）景观破碎度分级

1. 样本空间的选择

样本空间的选择是传统文化景观空间破碎化评价的重要依据和判定破碎化程度的标准。

样本空间选择的基本条件：

（1）本书研究的区域是沪宁杭地区，为了准确地反映该区域的破碎度状态，样本空间的选择应相对分散，尽量覆盖整个区域；

（2）必须在卫星影像覆盖的位置，且避开遥感影像有云遮盖的地方；

（3）避开大的城市聚集区（具有明显城市景观的区域）。

样本空间选择策略：

根据沪宁杭地区的地貌特征及当地经济发展特点和预备试验结果，制定以下抽样策略。

选择的样本空间尽量包括以下信息：

（1）平原以及丘陵：平原主要表现一年生农作物；丘陵主要反映果园和森林状况。

（2）农村相对发达区域，比如村委会、学校、小型农贸市场等，这些地方多建筑和公路，周边情况比较复杂。

（3）水体：水体附近区域，在土地利用和土地覆盖类型上，往往和别的地方相差甚远。

样本空间大小的确定：

要完成相同的抽样面积，有两种方式，即小样方多样本和大样方少样本，二者各有优缺点。

多样本的优点是在基于多样本数据进行统计分析的结果更具有说服力，而且它能覆盖更多不同的地方，尽可能照顾到不同的景观类型；但其缺点也是显而易见的，在人力物力有限的条件下，需要耗费更多时间，更主要的缺点在于它把类型一致，而面积比较大的景观斑块分成不同的部分，这样给景观要素类型的判定增加多余的工作量。

少样本的优点是它可以使景观相对"紧凑"，保持一定的连续性，这样为景观尺度的放大和不同尺度梯度分析提供更合理的数据；缺点就是它可能包含多种景观类型，在校对时易产生遗漏。综合抽样面积和大小样本分析，确定选用 12 个 2 千米见方的样本单元 Y_1—Y_{12}。（图 4-1）

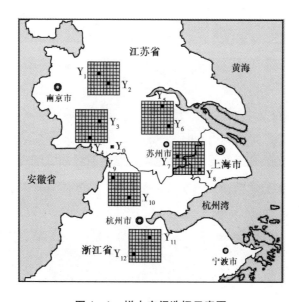

图 4-1　样本空间选择示意图

2. 破碎度分级确定

本书在选取了 12 块样本空间后，首先根据景观斑块破碎化指数计算出所选样本空间的破碎度（F），根据破碎度由低到高进行重新排序，分别用 No. 1—No. 12 命名（图 4-2），得到一组渐变的、空间连续的空间破碎化状态序列；再次进行专家咨询，由专家组在这 12 块样本序列中确定出低破碎化、中度破碎化、高度破碎化起始临界点的样本空间 L0、M0、H0，其

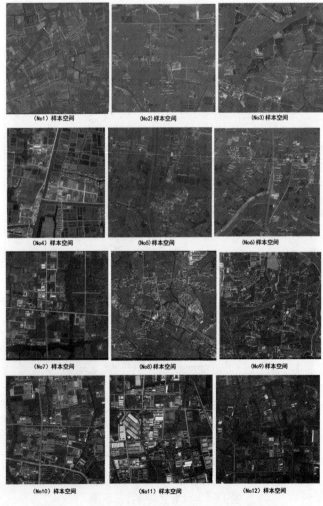

图 4-2　传统文化景观破碎化样本空间遥感影像

破碎度（F）分别为 $f_{L0} = 1.2 \times 10^{-3}$、$f_{M0} = 0.0117$ 和 $f_{H0} = 0.1045$（图4 -3、图4 -4，基础数据见表4 -20、表4 -26、表4 -32），根据此可以将传统文化景观空间破碎度的分级标准定为：$F < 10^{-3}$ 为无破碎化现象，$[10^{-3}、10^{-2})$ 为低破碎化程度， $[10^{-2}、10^{-1})$ 为中等破碎化程度，$[10^{-1}, 1)$ 为高度破碎化程度（图4 -5，图4 -6）。

备注：本次咨询的专家为景观规划与设计专业的高校老师和在读研究生计20人，其中教授1人，博士研究生11人，硕士研究生8人。

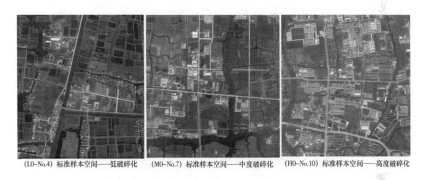

(L0–No.4) 标准样本空间——低破碎化　(M0–No.7) 标准样本空间——中度破碎化　(H0–No.10) 标准样本空间——高度破碎化

图4 -3　传统文化景观低、中、高度破碎化划分临界点
样本空间遥感影像（L0、M0、H0）

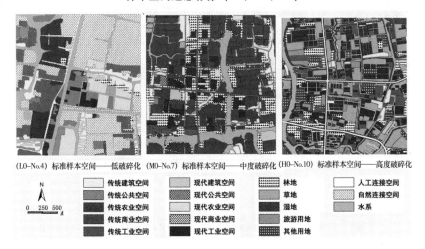

(L0–No.4) 标准样本空间——低破碎化　(M0–No.7) 标准样本空间——中度破碎化　(H0–No.10) 标准样本空间——高度破碎化

图例			
传统建筑空间	现代建筑空间	林地	人工连接空间
传统公共空间	现代公共空间	草地	自然连接空间
传统农业空间	现代农业空间	湿地	水系
传统商业空间	现代商业空间	旅游用地	
传统工业空间	现代工业空间	其他用地	

N
0 250 500 M

图4 -4　传统文化景观低、中、高度破碎化划分临界点
样本空间解析（L0、M0、H0）

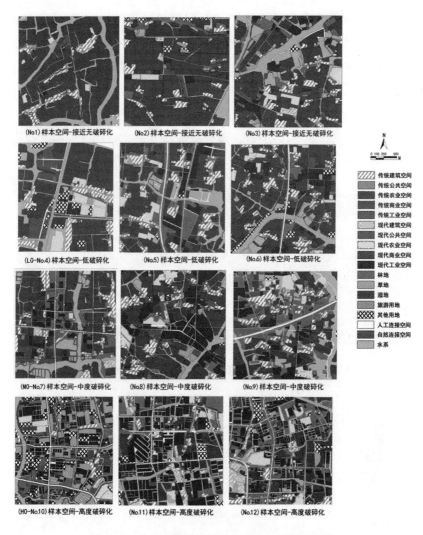

图4-5 传统文化景观破碎化样本空间遥感影像

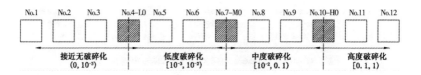

图4-6 传统文化景观空间破碎化分级

依据城市化、工业化、现代化和商业化对传统文化景观空间冲击的特征，专家组选出低、中、高度破碎化划分临界点样本空间，被选中的样本空间将被赋值 1 分，得分最高者即为划分临界点的样本空间。最终 No.4、No.7 和 No.10 为低、中、高度破碎化划分临界点样本空间（表 4 - 3）。

表 4 - 3　　样本空间低、中、高度破碎化划分临界点专家评价结果汇总

样本空间名称	得分		
	可定义为低破碎化起始点	可定义为中破碎化起始点	可定义为高破碎化起始点
No. 1	0	0	0
No. 2	1	0	0
No. 3	2	0	0
No. 4	14	0	0
No. 5	3	1	0
No. 6	0	2	0
No. 7	0	16	0
No. 8	0	1	0
No. 9	0	0	0
No. 10	0	0	17
No. 11	0	0	2
No. 12	0	0	1
总计	20	20	20

第三节　传统文化景观空间破碎化生态效应评价指标体系

一　生态效应评价指标体系的构建

传统文化景观空间破碎化的生态效应评价，主要针对破碎化对文化景观空间产生的影响、带来的生态结果进行分析评价。文化景观空间格局产生了变化，生态效应也会发生改变，基于传统文化景观空间的角度，分析

破碎化带来了哪些影响？

对于传统文化景观空间破碎化的生态效应评价，本书先采用 AHP 法构建了评价指标体系，然后通过指标量化与标准化处理，最终得到一个综合评价值进行比较。

层次分析法（Analytic Hierarchy Process，AHP）是对非定量事件做定量分析的一种简便方法，也是人们对主观判断做客观描述的一种有效方法。其基本思想是根据分析对象的性质和决策或评价的总目标，把总体现象中的各种影响因素通过划分相互联系的有序层次使之条理化。首先，它按照因素间的相互关联影响以及隶属关系将因素依照不同层次聚集组合形成一个多层次的分析结构模型；其次，根据对客观现象的主观判断，就每一层次因素的相对重要性给予量化描述；最后，利用数学方法，确定每一层次全部因素相对重要性次序的数值。

AHP 法一般计算过程有以下几步：第一步建立问题的递阶层次结构；第二步因子权重计算（包括构造两两比较判断矩阵；判断矩阵一致性检验；权重集及层次排序）。

（一）多层次的分析结构模型的建立

根据科学性、综合性、可比较性、可行性、精确性、动态性原则，参照土地整理景观格局变化及其生态效应评价的指标体系并结合传统文化景观自身的特点，本书在初步确定了传统文化景观空间破碎化的生态效应的影响要素后，进行了专家咨询。本次咨询的专家为景观规划与设计专业的高校老师和在读研究生计 20 人，其中教授 1 人，博士研究生 11 人，硕士研究生 8 人。根据专家的评估和筛选，本书认为可以从连接性、整体性、稳定性、传统保有率构建传统文化景观生态效应评价指标体系，分为 4 个层次。第 1 层为目标层，即传统文化景观生态效应（A）；第 2 层为约束层（Bi）；第 3 层为因素层（Cij），为隶属于约束层的各个具体指标；第 4 个层次是指标层，即每个评价因子通过哪些具体指标来评价（表4-4）。

表4-4　　　传统文化景观空间破碎化的生态效应评价指标体系

目标层 A	约束层 Bi	因素层 Cij	指标层
A 传统文化景观空间破碎化的生态效应评价	B1 连接（通）性	C11 人工廊道	C11—12 廊道连通度
		C12 自然廊道	
	B2 整体性	C21 传统建筑用地	C21—25 破碎化指数
		C22 传统村镇公共空间	
		C23 传统农业用地	
		C24 传统商业用地	
		C25 传统工业用地	
	B3 稳定性	C31 景观多样性	C31 景观多样性指数，C32 赋值由专家组评估后获得
		C32 协调与缓冲性	
	B4 传统保有率	C41 传统建筑用地	C41—45 传统空间面积比重
		C42 传统村镇公共空间	
		C43 传统农业用地	
		C44 传统商业用地	
		C45 传统工业用地	

约束层单项指标说明：

①连接（通）性。反映出传统文化景观空间维持物质、能量流通的能力，连接性越高，文化景观空间破碎化的生态效应越高。本书主要针对廊道的连通性进行分析，采用廊道连通度指标进行衡量，分为人工廊道和自然廊道2个因子。人工廊道主要指各等级道路等人工连接空间用地，其连通度反映出路网效应强度；自然廊道指水系及其他自然连接空间用地，其连通度反映出自然生态系统中物质、能量流动强度。

廊道连通度（R）是衡量网络复杂程度的指数。它是一个网络中连接廊道数与最大可能连接廊道数之比，R 为 0 表示没有节点，R 为 1 表示每个节点都彼此相连。计算公式如下：

$$R = L / Lmax = L / 3 (V - 2) \qquad (4-6)$$

式中，L 为连接廊道数；$Lmax$ 为最大可能连接廊道数；V 为节点数。

②整体性。从整体人文生态系统的角度分析，整体性是传统文化景

观空间的最重要的特征，整体性与物质循环和能量流动有密切的关系，整体性越高物质循环和能量流动的能力越强，文化景观空间破碎化的生态效应越高。

采用破碎度作为衡量指标，本书中整体性是相对于破碎度而言的，破碎度越高，传统文化景观空间的整体性越低。选取了与传统文化景观空间整体性密切相关的传统建筑用地、传统村镇公共空间、传统农业用地、传统商业用地、传统工业用地等传统用地类型的破碎化指数来衡量。

③稳定性。反映出文化景观结构的抗干扰能力、延续性及生态缓冲能力与景观协调性，分别用景观多样性和协调与缓冲性进行衡量。

景观多样性的衡量指标是景观多样性指数（异质性指数），该指数反映了生态系统的类型多少和景观丰富程度，是景观异质性特征的反映。景观多样性越高稳定性越高。景观异质性指数又称申农指数（shannon index）或申农多样性（shannon diversity），可以用下式表示：

$$HT = - \sum p_i \ln p_i \tag{4-7}$$

式中，HT 为申农多样性指数；p_i 为某一单元类型（土地利用/覆盖类型）占景观总面积的比例（值域 0—1），HT 的值域为 0—$\ln n$；

协调与缓冲性反映了文化景观空间的生态缓冲能力与景观协调性，二者呈正相关关系，协调与缓冲性越高，文化景观空间破碎化的生态效应越高。计算方法采用专家组评分法。

④传统保有率。反映出传统景观的保有程度及传统景观风貌的一致性，是传统文化景观生态效应的重要特征之一。另外，也反映出传统空间与现代空间的冲突强度，传统保有率越高，文化景观的生态效应越高。

采用传统空间占地面积比例来衡量，主要选取了传统建筑用地、传统村镇公共空间、传统农业用地、传统商业用地、传统工业用地等传统用地类型来衡量，传统空间占地面积越高，传统保有率越高。

（二）因子权重计算

评价因子的权重直接影响评价结果准确性，AHP 法可以把指标的不确定性从基本原理上进行过滤，改变了传统的权重确定方法由于人为误差可能导致的最终评价结果失真现象。本书运用 AHP 法计算约束层（B1，B2，B2）各因子的权重集 A，因素层各指标的权重集 Bi。

即 A = ｛ω_{B1}，ω_{B2}，ω_{B2}｝；Bi = ｛ω_{Ci1}，ω_{Ci2}，…，ω_{Cij}｝。其中，i = 1，2，3；j 为各因素层的指标数。

最后将权重集 A 和权重集 Bi 加权综合，即可计算出各评价指标（Cij）相对于总的综合评价值（A）的权重，主要计算步骤如下。

1. 建立判断矩阵 R

由专家对选取的各指标因子对传统文化景观空间破碎化的生态效应的相对重要性进行判断。对于递阶层次结构中各层上的要素可以依次相对于与之有关的上一层要素表述的性质，进行两两比较，明确其比较尺度（1—9），构造成判断矩阵（正互反阵）R：

$$R = (a_{ij})_{n \times n}，a_{ij} > 0，a_{ij} = 1/a_{ji}(i,j = 1,2,\cdots,n) \qquad (4-8)$$

式中，a_{ij}的值由 Saaty TL 提出的 1—9 比较标度法标定。标度及含义如表 4 - 5。

表 4 - 5　　　　　　　　　标度含义重要性标度定义

重要性标度	定义描述
1	表示两个元素相比，具有同等重要性
3	表示两个元素相比，前者比后者稍微重要
5	表示两个元素相比，前者比后者明显重要
7	表示两个元素相比，前者比后者强烈重要
9	表示两个元素相比，前者比后者极端重要
2，4，6，8	表示上述相邻判断的中间值

本次征询专家 20 人，一对比较值为组内每个判定值的几何平均。

2. 权重的计算

采用方根法求解 R 的归一化特征向量和特征值，直到满足一致性检验，所求特征向量即为各因子的权重排序。

（1）计算判断矩阵每一行元素的乘积：

$$m_i = \prod_{j=1}^{n} a_{ij}(i = 1,2,\cdots,n) \qquad (4-9)$$

（2）计算 m_i 的 n 次方根：

$$w_i = \sqrt[n]{m_i}(i = 1,2,\cdots,n) \qquad (4-10)$$

（3）对特征向量 $\omega = (\omega_1, \omega_2, \cdots, \omega_n)^T$ 归一化，即：

$$\varpi_i = \frac{\omega_i}{\sum\limits_{j=1}^{n} \omega_j}(i = 1,2,\cdots,n) \qquad (4-11)$$

3. 判断矩阵一致性检验

利用 CR 公式检验，其步骤如下。

（1）计算判断矩阵最大特征根：

$$\lambda_{\max} = \sum_{i=1}^{n} (R_\omega)_i / n\omega_i \qquad (4-12)$$

式中，$(R_\omega)_i$ 表示向量 R_ω 第 i 个元素。

（2）随机一致性检验：

$$CI = \frac{\lambda_{\max} - n}{n-1}, \quad CR = CI/RI \qquad (4-13)$$

式中，CR 为随机一致性比例；CI 和 RI 为一致性指标和平均随机一致性指标。若 $CR < 0.1$，判断矩阵满足一致性，否则，需要对矩阵进行调整，直到满足要求为止。随机一致性指标 R.I. 取值见表 4-6。

表 4-6　　　　　　　　平均随机一致性指标 R.I. 取值

1	2	3	4	5	6	7	8	9
0	0	0.58	0.9	1.12	1.24	1.32	1.44	1.45

4. 传统文化景观空间破碎化的生态效应评价指标权重分配（表 4 - 7）

表 4 - 7　　传统文化景观空间破碎化的生态效应评价指标权重分配

因子	约束层		指标	因素层		总权重
	权重	λ_{max} , CI, RI, CR		权重	λ_{max} , CI, RI, CR	
B1	0.1731	$\lambda_{max} = 4.1836$	C11	0.2986		0.0741
		CI = 0.0612	C12	0.7014		0.1740
B2	0.2911	RI = 0.9	C21	0.2613	$\lambda_{max} = 5.0552$	0.0545
		CR = 0.0680 < 0.1	C22	0.3255	CI = 0.0138	0.0679
			C23	0.2275	RI = 1.12	0.0475
			C24	0.1205	CR = 0.0123 < 0.1	0.0251
			C25	0.0653		0.0136
B3	0.2448		C31	0.4993		0.1796
			C32	0.5007		0.1155
B4	0.2911		C41	0.3423	$\lambda_{max} = 5.0790$	0.0849
			C42	0.3157	CI = 0.0198	0.0783
			C43	0.1672	RI = 1.12	0.0415
			C44	0.1077	CR = 0.0176, < 0.1	0.0267
			C45	0.0671		0.0166

权重计算过程：

以文化景观生态效应评价为总体指标（A），约束层（B）之间的相对重要性比较形成评判矩阵，如表 4 - 8。

表 4 - 8　　总体指标（A）与约束层（B）之间的相对重要性评判矩阵

A	B1	B2	B3	B4	权重
B1	1	1	0.5	0.5	0.1731
B2	1	1	2	1	0.2911

续表

A	B1	B2	B3	B4	权重
B3	2	1/2	1	1	0.2448
B4	2	1	1	1	0.2911

表 4－8 中 B1 为连接性、B2 为整体性、B3 为稳定性、B4 为传统保有率，通过计算约束层 B1、B2、B3、B4 的权重值分别为 0.1731、0.2911、0.2448、0.2911。

以之间的相对重要性比较形成评判矩阵，如表 4－9。

表 4－9　指标（B2 整体性）与因素层（C）之间的相对重要性评判矩阵

B2	C21	C22	C23	C24	C25	权重
C21	1	1	1	2	4	0.2613
C22	1	1	2	3	4	0.3255
C23	1	1/2	1	2	4	0.2275
C24	1/2	1/3	1/2	1	2	0.1205
C25	1/4	1/4	1/4	1/2	1	0.0653

表 4－9 中 C21 为传统建筑用地、C22 为传统村镇公共空间、C23 为传统农业用地、C24 为传统商业用地、C25 为传统工业用地。通过计算 C21、C22、C23、C24、C25 的权重值分别为 0.2613、0.3255、0.2275、0.1205、0.0653。

以 B4 人文生态性与因素层（C）之间的相对重要性比较形成评判矩阵，如表 4－10。

表 4－10　指标（B4 传统保有率）与因素层（C）之间的相对重要性评判矩阵

B4	C41	C42	C43	C44	C45	权重
C41	1	1	3	3	4	0.3423
C42	1	1	2	3	4	0.3157

续表

B4	C41	C42	C43	C44	C45	权重
C43	1/3	1/2	1	2	3	0.1672
C44	1/3	1/3	1/2	1	2	0.1077
C45	1/4	1/4	1/3	1/2	1	0.0671

表4-10中C41为传统建筑用地、C42为传统村镇公共空间、C43为传统农业用地、C44为传统商业用地、C45为传统工业用地。通过计算C41、C42、C43、C44、C45的权重值分别为0.3423、0.3157、0.1672、0.1077、0.0671。

（三）指标量化与标准化处理

由于筛选的指标不是所有都可以定量化，因此，采用定量与定性相结合来评价。

定量评价指标：廊道连通度、破碎度、传统空间面积比重、景观多样性指数等这些指标有相关的公式可以计算出具体的数值。

定性评价指标：协调与缓冲性指标按专家评分法来确定。首先将指标分为优（A）、良（B）、中（C）、差（D）4个等级，每个等级对应相应的分值，然后由评估专家组各专家按照评价指标打分，并计算定性评价指标的评分值。

（四）综合评价

文化景观空间破碎化的生态效应评价中，各个单项指标都从不同的侧面来反映评价对象的生态效应状况，因此，在有效评价各个指标层基础上，采用加权平均以得到综合评分值。p为评价指标权重，f为指标价值判断值，则文化景观空间破碎化的生态效应（E）为：

$$E = \sum_{i=1}^{n} P f_i; \sum_{i=1}^{n} p_i = 1 \qquad (4-14)$$

文化景观生态效应评价指标体系总表4-11。

表4-11　　　传统文化景观空间破碎化的生态效应评价指标体系

目标层	指标	权重	指标估计		权重	分级赋值			
						7	5	3	1
A 传统文化景观空间破碎化的生态效应评价指标体系	B1 连通性	0.1731	廊道连通度	C11 人工廊道	0.2986	0.76—1	0.51—0.75	0.26—0.5	0—0.25
				C12 自然廊道	0.7014	0.76—1	0.51—0.75	0.26—0.5	0—0.25
	B2 整体性	0.2911	破碎度	C21 传统建筑用地	0.2613	$<10^{-3}$	$10^{-3}—10^{-2}$	$10^{-2}—10^{-1}$	$10^{-1}—1$
				C22 传统村镇公共空间	0.3255	$<10^{-3}$	$10^{-3}—10^{-2}$	$10^{-2}—10^{-1}$	$10^{-1}—1$
				C23 传统农业用地	0.2275	$<10^{-3}$	$10^{-3}—10^{-2}$	$10^{-2}—10^{-1}$	$10^{-1}—1$
				C24 传统商业用地	0.1205	$<10^{-3}$	$10^{-3}—10^{-2}$	$10^{-2}—10^{-1}$	$10^{-1}—1$
				C25 传统工业用地	0.0653	$<10^{-3}$	$10^{-3}—10^{-2}$	$10^{-2}—10^{-1}$	$(10^{-1}—1)$
	B3 稳定性	0.2448	C31 景观多样性指数，C32 赋值由专家组评估后获得	C31 景观多样性	0.4993	2.17—2.89	1.45—2.16	0.73—1.44	0—0.72
				C32 协调与缓冲性	0.5007	传统用地居多环境协调性高	传统与现代用地之间有较好的缓冲空间	传统与现代用地之间缓冲空间较少	传统与现代用地混杂在一起基本无缓冲空间
	B4 传统保有率	0.2911	传统空间的面积比重	C41 传统建筑用地	0.3423	>0.85	0.71—0.85	0.55—0.7	<0.55
				C42 传统村镇公共空间	0.3157	>0.85	0.71—0.85	0.55—0.7	<0.55
				C43 传统农业用地	0.1672	>0.85	0.71—0.85	0.55—0.7	<0.55
				C44 传统商业用地	0.1077	>0.85	0.71—0.85	0.55—0.7	<0.55
				C45 传统工业用地	0.0671	>0.85	0.71—0.85	0.55—0.7	<0.55

二　适中破碎度的状态分析

（一）文化景观空间破碎度与生态效应关系曲线的拟合

1. 分析的结果

根据由 12 个连续渐变的样本空间图，计算出各样本空间的破碎度及其对应的生态效应值（表4-12），拟合出破碎度与生态效应值的关系曲线。

表4-12　　　　　　　　样本空间生态效应评价结果

样本空间名称	F 破碎度	X = Log（F）	y 生态效应	连通性	整体性	稳定性	传统保有率
No. 1	0.00011	-3.96	5.05	3.00	6.28	5.00	5.07
No. 2	0.00062	-3.21	5.40	4.40	6.28	5.00	5.45
No. 3	0.00075	-3.13	5.32	4.40	5.30	6.00	5.32
No. 4 - L0	0.0012	-2.92	5.02	4.40	5.30	6.00	4.29
No. 5	0.0033	-2.48	4.85	4.40	4.65	4.50	5.62
No. 6	0.0041	-2.39	4.61	4.40	4.65	5.00	4.35
No. 7 - M0	0.0117	-1.93	4.01	5.00	4.06	4.00	3.37
No. 8	0.0234	-1.63	3.84	5.00	3.54	3.50	3.72
No. 9	0.0283	-1.55	3.74	5.00	3.54	3.50	3.39
No. 10 - H0	0.1045	-0.98	3.16	5.00	1.98	3.00	3.37
No. 11	0.1150	-0.94	3.08	5.00	3.41	3.00	1.67
No. 12	0.1410	-0.85	2.83	5.00	2.83	3.00	1.33

由图4-7可知，破碎度与生态效应值拟合的函数式为二次方程式（向下开口的抛物线）。方差 $R^2 = 0.971$，拟合结果较好。方程式系数 K 为 -0.269，函数式呈现出先升高后降低的趋势，反映出随着破碎度的升高生态效应值先升高后降低。当达到破碎度顶点坐标（-b/2a = -3.85）时，生态效应值为最大值（5.26），此时为破碎度的最佳状态（F = 1.4 ×

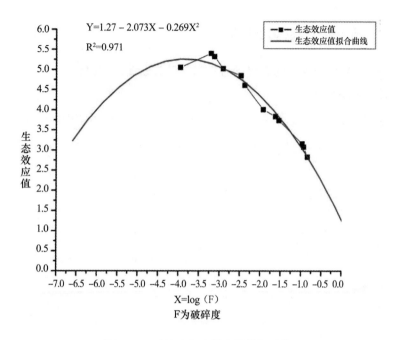

图4-7 破碎度与态效应值的相关性

10^{-4}）；当破碎度大于此值时生态效应值呈现下降趋势。另外，从图4-8中也可以看出，低破碎的起始值所对应的生态效应值很高，为5.02。由于人类的活动，景观空间的破碎化无法避免，定义 $[1.4 \times 10^{-4}, 1 \times 10^{-3}]$ 为破碎度的适中状态。

根据表4-12破碎化的程度与各约束层的关系：破碎度与连通性基本是正相关的关系，适度的破碎带来较高的连通性，中度破碎化样本空间的连通性高于低破碎化样本空间和零破碎化样本空间；随着破碎度的升高，稳定性是先增高后降低的一个趋势，适度的破碎带来较高的稳定性，低破碎化样本空间的稳定性高于零破碎化样本空间；破碎化与整体性呈现出一个负相关的趋势，破碎化程度越高，整体性越低；传统保有率与破碎化之间的关联性不是很大，没有明显的负相关、正相关的关系。

2. 样本空间基础数据（表4-13—表4-37）

表4-13　　　　　　　　　　　**样本空间廊道连通度**

样本空间名称		连通度 R	廊道数量 L	廊道节点数 V
No. 1	自然廊道	0.48	13	11
	人工廊道	0.33	4	6
No. 2	自然廊道	0.55	18	13
	人工廊道	0.38	27	26
No. 3	自然廊道	0.54	21	15
	人工廊道	0.44	42	34
No. 4 - L0	自然廊道	0.58	14	10
	人工廊道	0.38	18	18
No. 5	自然廊道	0.53	49	33
	人工廊道	0.49	67	48
No. 6	自然廊道	0.53	41	28
	人工廊道	0.46	47	36
No. 7 - M0	自然廊道	0.52	31	22
	人工廊道	0.51	23	17
No. 8	自然廊道	0.53	54	36
	人工廊道	0.54	47	31
No. 9	自然廊道	0.53	88	57
	人工廊道	0.52	77	51
No. 10 - H0	自然廊道	0.54	13	10
	人工廊道	0.59	144	83
No. 11	自然廊道	0.52	34	24
	人工廊道	0.54	202	126
No. 12	自然廊道	0.51	54	37
	人工廊道	0.55	293	181

表4-14　样本空间No.1破碎度、景观多样性指数、传统保有率及协调与缓冲性

空间类别（样本空间A0）	斑块个数	面积（平方米）	PLAND（%）	景观多样性指数	传统保有率	破碎度	协调与缓冲性
传统建筑用地	11	251754	5.07%	15.11%	84.90%	0.0002	—
传统公共空间用地	4	7711	0.16%	1.00%	95.99%	0.00005	—
传统农业用地	15	3096280	62.33%	29.47%	84.64%	0.0002	—
传统工业用地	3	36717	0.74%	3.63%	83.57%	0.00003	—
现代建筑用地	4	44787	0.90%	4.25%	—	—	—
现代公共空间用地	1	322	0.01%	0.06%	—	—	—
现代农业用地	5	561925	11.31%	24.65%	—	—	—
现代工业用地	3	7217	0.15%	0.95%	—	—	—
林地	2	4527	0.09%	0.64%	—	—	—
草地	3	41586	0.84%	4.00%	—	—	—
湿地	2	13350	0.27%	1.59%	—	—	—
人工连接空间用地	4	29720	0.60%	3.06%	—	—	—
自然连接空间用地	2	34601	0.70%	3.46%	—	—	—
水系	13	837130	16.85%	30.01%	—	—	—
整体研究区域	72	4967627	100.00%	1.22	—	0.00011	高

表4-15　　　　样本空间No.1空间破碎化生态效应评价

约束层	权重	得分	因素层	权重	因素层基础数据	分级赋值
B1	0.1731	3.00	C11	0.2986	3	0.33
			C12	0.7014	3	0.48
B2	0.2911	6.28	C21	0.2613	7	0.0002
			C22	0.3255	7	0.00005
			C23	0.2275	7	0.0002
			C24	0.1205	1	0
			C25	0.0653	7	0.00003
B3	0.2448	5.00	C31	0.4993	3	1.22
			C32	0.5007	7	环境协调性高

续表

约束层	权重	得分	因素层	权重	因素层基础数据	分级赋值
B4	0.2911	5.07	C41	0.3423	5	84.90%
			C42	0.3157	7	95.99%
			C43	0.1672	5	84.64%
			C44	0.1077	1	0.00%
			C45	0.0671	3	83.57%
总计			目标层 A 得分：5.05			

表 4-16　样本空间 No.2 破碎度、景观多样性指数、传统保有率及协调与缓冲性

空间类别名称（样本空间 B）	斑块个数	面积（平方米）	PLAND（%）	景观多样性指数	传统保有率	破碎度	协调与缓冲性
传统建筑用地	22	224846	5.55%	16.05%	87.98%	0.0009	—
传统公共空间用地	4	7105	0.18%	1.11%	71.55%	0.0001	—
传统农业用地	23	2728490	67.34%	26.63%	97.94%	0.0009	—
传统商业用地	0	0	0.00%	0.00%	0.00%	0	—
传统工业用地	11	110048	2.72%	9.79%	56.60%	0.0004	—
现代建筑用地	4	30724	0.76%	3.70%	—	—	—
现代公共空间用地	1	2825	0.07%	0.51%	—	—	—
现代农业用地	3	57307	1.41%	6.02%	—	—	—
现代商业用地	0	0	0.00%	0.00%	—	—	—
现代工业用地	9	84368	2.08%	8.06%	—	—	—
林地	23	230642	5.69%	16.31%	—	—	—
草地	9	36279	0.90%	4.22%	—	—	—
湿地	4	75912	1.87%	7.45%	—	—	—
旅游用地	0	0	0.00%	0.00%	—	—	—
其他用地	8	74784	1.85%	7.37%	—	—	—
人工连接空间用地	27	107364	2.65%	9.62%	—	—	—
自然连接空间用地	0	0	0.00%	0.00%	—	—	—
水系	21	281331	6.94%	18.52%	—	—	—
整个研究区域	169	4052025	100.00%	1.35		0.00062	7

表 4 - 17 样本空间 No. 2 空间破碎化生态效应评价

约束层	权重	得分	因素层	权重	因素层基础数据	分级赋值
B1	0. 1731	4. 40	C11	0. 2986	0. 38	3
			C12	0. 7014	0. 55	5
B2	0. 2911	6. 28	C21	0. 2613	0. 0009	7
			C22	0. 3255	0. 0001	7
			C23	0. 2275	0. 0013	7
			C24	0. 1205	0	1
			C25	0. 0653	0. 0004	7
B3	0. 2448	5. 00	C31	0. 4993	1. 35	3
			C32	0. 5007	—	7
B4	0. 2911	5. 45	C41	0. 3423	87. 98%	7
			C42	0. 3157	71. 55%	5
			C43	0. 1672	97. 94%	7
			C44	0. 1077	0. 00%	1
			C45	0. 0671	56. 60%	3
总计	目标层 A 得分：5. 40					

表 4 - 18 样本空间 No. 3 破碎度、景观多样性指数、传统保有率及协调与缓冲性

空间类别名称（样本空间 B）	斑块个数	面积（平方米）	PLAND（%）	景观多样性指数	传统保有率	破碎度	协调与缓冲性
传统建筑用地	24	292207	6. 87%	18. 40%	89. 84%	0. 0011	—
传统公共空间用地	4	8909	0. 21%	1. 29%	73. 88%	0. 0001	—
传统农业用地	26	1719259	40. 43%	36. 61%	92. 08%	0. 0012	—
传统商业用地	0	0	0. 00%	0. 00%	0. 00%	0	—
传统工业用地	15	120095	2. 82%	10. 07%	27. 11%	0. 0007	—
现代建筑用地	12	33041	0. 78%	3. 77%	—	—	—
现代公共空间用地	1	3150	0. 07%	0. 53%	—	—	—
现代农业用地	3	147782	3. 47%	11. 67%	—	—	—
现代商业用地	0	0	0. 00%	0. 00%	—	—	—
现代工业用地	17	322855	7. 59%	19. 57%	—	—	—

续表

空间类别名称 （样本空间 B）	斑块 个数	面积 （平方米）	PLAND （%）	景观多样性 指数	传统保有率	破碎度	协调与 缓冲性
林地	12	302123	7.10%	18.79%	—	—	—
草地	8	36321	0.85%	4.07%	—	—	—
湿地	5	159251	3.74%	12.30%	—	—	—
旅游用地	0	0	0.00%	0.00%	—	—	—
其他用地	3	32127	0.76%	3.69%	—	—	—
人工连接空间用地	42	146793	3.45%	11.62%	—	—	—
自然连接空间用地	1	11516	0.27%	1.60%	—	—	—
水系	28	917475	21.57%	33.09%	—	—	—
整个研究区域	201	4252904	100.00%	1.87	—	0.00075	7

表 4 – 19　　　　　　**样本空间 No.3 空间破碎化生态效应评价**

约束层	权重	得分	因素层	权重	因素层基础数据	分级赋值
B1	0.1731	4.40	C11	0.2986	0.44	3
			C12	0.7014	0.54	5
B2	0.2911	5.30	C21	0.2613	0.0011	5
			C22	0.3255	0.0001	7
			C23	0.2275	0.0012	5
			C24	0.1205	0	1
			C25	0.0653	0.0007	7
B3	0.2448	6.00	C31	0.4993	1.87	5
			C32	0.5007	—	7
B4	0.2911	5.32	C41	0.3423	89.84%	7
			C42	0.3157	73.88%	5
			C43	0.1672	92.08%	7
			C44	0.1077	0.00%	1
			C45	0.0671	27.11%	1
总计			目标层 A 得分：5.32			

表 4 - 20　　样本空间 No. 4 - L0 破碎度、景观多样性指数、传统

保有率及协调与缓冲性

空间类别 （样本空间 B0）	斑块 个数	面积 （平方米）	PLAND （%）	景观多样性 指数	传统保有率	破碎度	协调与 缓冲性
传统建筑用地	28	370212	9.17%	-21.92%	98.56%	0.0011	—
传统公共空间用地	4	3648	0.09%	-0.63%	68.83%	0.0001	—
传统农业用地	31	1400620	34.71%	-36.73%	68.61%	0.0012	—
传统商业用地	0	0	0.00%	0.00%	0.00%	0.0000	—
传统工业用地	10	340752	8.44%	-20.87%	77.83%	0.0004	—
现代建筑用地	8	5392	0.13%	-0.88%	—	—	—
现代公共空间用地	1	1652	0.04%	-0.32%	—	—	—
现代农业用地	6	640804	15.88%	-29.22%	—	—	—
现代商业用地	0	0	0.00%	0.00%	—	—	—
现代工业用地	6	97036	2.40%	-8.96%	—	—	—
林地	10	60912	1.51%	-6.33%	—	—	—
草地	5	34044	0.84%	-4.03%	—	—	—
湿地	4	43592	1.08%	-4.89%	—	—	—
旅游用地	0	0	0.00%	0.00%	—	—	—
其他用地	12	207000	5.13%	0.00%	—	—	—
人工连接空间用地	18	162416	4.03%	-12.93%	—	—	—
自然连接空间用地	8	81264	2.01%	-7.86%	—	—	—
水系	15	585756	14.52%	-28.02%	—	—	—
总计	166	4035100	100.00%	1.84	—	0.0012	高

表 4 - 21　　样本空间 No. 4 - L0 空间破碎化生态效应评价

约束层	权重	得分	因素层	权重	因素层基础数据	分级赋值
B1	0.1731	4.40	C11	0.2986	0.38	3
			C12	0.7014	0.58	5

续表

约束层	权重	得分	因素层	权重	因素层基础数据	分级赋值
B2	0.2911	5.30	C21	0.2613	0.0035	5
			C22	0.3255	0.0002	7
			C23	0.2275	0.0049	5
			C24	0.1205	1	1
			C25	0.0653	0.0015	7
B3	0.2448	6.00	C31	0.4993	1.84	5
			C32	0.5007	环境协调性高	7
B4	0.2911	4.29	C41	0.3423	98.56%	7
			C42	0.3157	68.83%	3
			C43	0.1672	68.61%	3
			C44	0.1077	0.00%	1
			C45	0.0671	77.83%	5
总计			目标层 A 得分：5.02			

表4-22　样本空间 No.5 破碎度、景观多样性指数、传统保有率及协调与缓冲性

空间类别名称 （样本空间 B）	斑块 个数	面积 （平方米）	PLAND （%）	景观多样性 指数	传统 保有率	破碎度	协调与 缓冲性
传统建筑用地	55	347605	8.70%	21.25%	95.33%	0.0057	—
传统公共空间用地	16	22446	0.56%	2.91%	98.62%	0.0016	—
传统农业用地	64	1591034	39.84%	36.66%	84.31%	0.0066	—
传统商业用地	0	0	0.00%	0.00%	0.00%	0	—
传统工业用地	8	49262	1.23%	5.42%	10.74%	0.0007	—
现代建筑用地	17	17015	0.43%	2.33%	—	—	—
现代公共空间用地	1	313	0.01%	0.07%	—	—	—
现代农业用地	9	296146	7.42%	19.29%	—	—	—
现代商业用地	0	0	0.00%	0.00%	—	—	—
现代工业用地	23	409355	10.25%	23.35%	—	—	—
林地	90	530460	13.28%	26.81%	—	—	—
草地	3	18818	0.47%	2.52%	—	—	—

续表

空间类别名称 （样本空间B）	斑块 个数	面积 （平方米）	PLAND （%）	景观多样性 指数	传统 保有率	破碎度	协调与 缓冲性
湿地	5	26989	0.68%	3.38%	—	—	—
旅游用地	0	0	0.00%	0.00%	—	—	—
其他用地	2	13998	0.35%	1.98%	—	—	—
人工连接空间用地	67	182076	4.56%	14.08%	—	—	—
自然连接空间用地	4	12917	0.32%	0.00%	—	—	—
水系	56	475371	11.90%	25.33%	—	—	—
整个研究区域	420	3993805	100.00%	1.85	—	0.0032	4

表4-23　　　　　**样本空间 No.5 空间破碎化生态效应评价**

约束层	权重	得分	因素层	权重	因素层基础数据	分级赋值
B1	0.1731	4.40	C11	0.2986	0.49	3
			C12	0.7014	0.53	5
B2	0.2911	4.65	C21	0.2613	0.0057	5
			C22	0.3255	0.0016	5
			C23	0.2275	0.0066	5
			C24	0.1205	0	1
			C25	0.0653	0.0007	7
B3	0.2448	4.50	C31	0.4993	1.76	5
			C32	0.5007	较好	4
B4	0.2911	5.62	C41	0.3423	95.33%	7
			C42	0.3157	98.62%	7
			C43	0.1672	84.31%	5
			C44	0.1077	0.00%	1
			C45	0.0671	10.74%	1
总计			目标层 A 得分：4.85			

表4-24　样本空间 No.6 破碎度、景观多样性指数、传统保有率及协调与缓冲性

空间类别名称 （样本空间 B）	斑块 个数	面积 （平方米）	PLAND （％）	景观多样性 指数	传统 保有率	破碎度	协调与 缓冲性
传统建筑用地	35	289037	7.23%	19.00%	99.11%	0.0027	—
传统公共空间用地	15	20891	0.52%	2.75%	70.96%	0.0011	—
传统农业用地	40	1529160	38.27%	36.76%	83.85%	0.0031	—
传统商业用地	0	0	0.00%	0.00%	0.00%	0	—
传统工业用地	10	48686	1.22%	5.37%	12.83%	0.0007	—
现代建筑用地	4	2603	0.07%	0.48%	—	—	—
现代公共空间用地	2	8550	0.21%	1.32%	—	—	—
现代农业用地	4	294564	7.37%	19.22%	—	—	—
现代商业用地	0	0	0.00%	0.00%	—	—	—
现代工业用地	22	330903	8.28%	20.63%	—	—	—
林地	33	249558	6.25%	17.32%	—	—	—
草地	12	18597	0.47%	2.50%	—	—	—
湿地	35	297116	7.44%	19.32%	—	—	—
旅游用地	0	0	0.00%	0.00%	—	—	—
其他用地	11	142162	3.56%	11.87%	—	—	—
人工连接空间用地	47	158449	3.97%	12.80%	—	—	—
自然连接空间用地	0	0	0.00%	0.00%	—	—	—
水系	49	605756	15.16%	28.60%	—	—	—
总计	319	3996032	100.00%	1.98	—	0.0041	5

表4-25　　　　　　　样本空间 No.6 空间破碎化生态效应评价

约束层	权重	得分	因素层	权重	因素层基础数据	分级赋值
B1	0.1731	4.40	C11	0.2986	0.46	3
			C12	0.7014	0.53	5
B2	0.2911	4.65	C21	0.2613	0.0027	5
			C22	0.3255	0.0011	5
			C23	0.2275	0.0031	5
			C24	0.1205	0	1
			C25	0.0653	0.0007	7

续表

约束层	权重	得分	因素层	权重	因素层基础数据	分级赋值
B3	0.2448	5.00	C31	0.4993	1.98	5
			C32	0.5007	—	5
B4	0.2911	4.35	C41	0.3423	99.11%	7
			C42	0.3157	70.96%	3
			C43	0.1672	83.85%	5
			C44	0.1077	0.00%	1
			C45	0.0671	12.83%	1
总计	目标层 A 得分：4.61					

表 4 - 26　　**样本空间 No. 7 – M0 破碎度、景观多样性指数、传统**

保有率及协调与缓冲性

空间类别 （样本空间 C0）	斑块 个数	面积 （平方米）	PLAND （%）	景观多样性 指数	传统保有率	破碎度	协调与 缓冲性
传统建筑用地	36	300765	6.68%	18.08%	79.89%	0.0028	—
传统公共空间用地	15	17627.5	0.39%	2.17%	51.58%	0.0011	—
传统农业用地	133	1797755	39.93%	36.66%	97.30%	0.0106	—
传统商业用地	0	0	0.00%	0.00%	0.00%	0.0000	—
传统工业用地	15	62645	1.39%	5.95%	13.98%	0.0011	—
现代建筑用地	8	75692.5	1.68%	6.87%	—	—	—
现代公共空间用地	1	16547.5	0.37%	2.06%	—	—	—
现代农业用地	13	49905	1.11%	4.99%	—	—	—
现代商业用地	0	0	0.00%	0.00%	—	—	—
现代工业用地	41	385465	8.56%	21.04%	—	—	—
林地	48	792983	17.61%	30.58%	—	—	—
草地	0	0	0.00%	0.00%	—	—	—
湿地	0	0	0.00%	0.00%	—	—	—
旅游用地	0	0	0.00%	0.00%	—	—	—
其他用地	0	0	0.00%	0.00%	—	—	—
人工连接空间用地	23	156933	3.49%	11.70%	—	—	—

续表

空间类别 （样本空间 C0）	斑块 个数	面积 （平方米）	PLAND （％）	景观多样性 指数	传统保有率	破碎度	协调与 缓冲性
自然连接空间用地	0	0	0.00%	0.00%	—	—	—
水系	51	846473	18.80%	31.42%	—	—	—
整个研究区域	384	4502791.5	100%	1.72	—	0.0117	缓冲空间 较少

表 4-27　　　　样本空间 No.7-M0 空间破碎化生态效应评价

约束层	权重	得分	因素层	权重	因素层基础数据	分级赋值
B1	0.1731	5.00	C11	0.2986	0.51	5
			C12	0.7014	0.52	5
B2	0.2911	4.06	C21	0.2613	0.0075	5
			C22	0.3255	0.0013	5
			C23	0.2275	0.0217	3
			C24	0.1205	0	1
			C25	0.0653	0.0013	5
B3	0.2448	4.00	C31	0.4993	1.72	5
			C32	0.5007	0.1	3
B4	0.2911	3.37	C41	0.3423	79.89%	5
			C42	0.3157	51.58%	1
			C43	0.1672	97.30%	7
			C44	0.1077	0.00%	1
			C45	0.0671	13.98%	1
总计			目标层 A 得分：4.01			

表 4-28　样本空间 No.8 破碎度、景观多样性指数、传统保有率及协调与缓冲性

空间类别名称 （样本空间 B）	斑块 个数	面积 （平方米）	PLAND （％）	景观多样性 指数	传统保有率	破碎度	协调与 缓冲性
传统建筑用地	92	330748	8.33%	20.70%	93.29%	0.0114	—
传统公共空间用地	13	6850	0.17%	1.10%	23.13%	0.0015	—

续表

空间类别名称 （样本空间 B）	斑块 个数	面积 （平方米）	PLAND （%）	景观多样性 指数	传统保有率	破碎度	协调与 缓冲性
传统农业用地	94	1257663	31.68%	36.42%	82.32%	0.0117	—
传统商业用地	0	0	0.00%	0.00%	0.00%	0	—
传统工业用地	27	189121	4.76%	14.50%	18.19%	0.0033	—
现代建筑用地	6	23808	0.60%	3.07%	—	—	—
现代公共空间用地	4	22766	0.57%	2.96%	—	—	—
现代农业用地	4	270155	6.80%	18.29%	—	—	—
现代商业用地	0	0	0.00%	0.00%	—	—	—
现代工业用地	45	850342	21.42%	33.00%	—	—	—
林地	52	189521	4.77%	14.52%	—	—	—
草地	25	108555	2.73%	9.84%	—	—	—
湿地	18	110312	2.78%	9.96%	—	—	—
旅游用地	0	0	0.00%	0.00%	—	—	—
其他用地	8	25112	0.63%	3.20%	—	—	—
人工连接空间用地	47	114702	2.89%	10.24%	—	—	—
自然连接空间用地	0	0	0.00%	0.00%	—	—	—
水系	64	470719	11.86%	25.28%	—	—	—
总计	499	3970374	100.00%	2.03	—	0.0234	2

表 4 - 29　　　　　**样本空间 No.8 空间破碎化生态效应评价**

约束层	权重	得分	因素层	权重	因素层基础数据	分级赋值
B1	0.1731	5.00	C11	0.2986	0.53	5
			C12	0.7014	0.54	5
B2	0.2911	3.54	C21	0.2613	0.0046	3
			C22	0.3255	0.0006	5
			C23	0.2275	0.0104	3
			C24	0.1205	0	1
			C25	0.0653	0.0029	5

续表

约束层	权重	得分	因素层	权重	因素层基础数据	分级赋值
B3	0.2448	3.50	C31	0.4993	2.03	5
			C32	0.5007	——	2
B4	0.2911	3.72	C41	0.3423	93.29%	7
			C42	0.3157	23.13%	1
			C43	0.1672	82.32%	5
			C44	0.1077	0.00%	1
			C45	0.0671	18.19%	1
总计	目标层 A 得分: 3.84					

表 4-30　样本空间 No.9 破碎度、景观多样性指数、传统保有率及协调与缓冲性

空间类别名称（样本空间 B）	斑块个数	面积（平方米）	PLAND（%）	景观多样性指数	传统保有率	破碎度	协调与缓冲性
传统建筑用地	74	327239	8.18%	20.47%	94.78%	0.0052	——
传统公共空间用地	9	7274	0.18%	1.15%	33.66%	0.0011	——
传统农业用地	79	717977	17.94%	30.82%	69.17%	0.007	——
传统商业用地	0	0	0.00%	0.00%	0.00%	0	——
传统工业用地	26	95277	2.38%	8.90%	16.05%	0.0034	——
现代建筑用地	16	18034	0.45%	2.43%	——	——	——
现代公共空间用地	1	14338	0.36%	2.02%	——	——	——
现代农业用地	17	320020	8.00%	20.20%	——	——	——
现代商业用地	0	0	0.00%	0.00%	——	——	——
现代工业用地	39	498267	12.45%	25.94%	——	——	——
林地	109	916994	22.91%	33.76%	——	——	——
草地	3	7393	0.18%	1.16%	——	——	——
湿地	28	147316	3.68%	12.16%	——	——	——
旅游用地	0	0	0.00%	0.00%	——	——	——
其他用地	9	24518	0.61%	3.12%	——	——	——
人工连接空间用地	77	194549	4.86%	14.70%	——	——	——
自然连接空间用地	6	7695	0.19%	1.20%	——	——	——
水系	103	704829	17.61%	30.59%	——	——	——
整个研究区域	596	4001720	100.00%	2.09	——	0.028	2

表 4 – 31 样本空间 No. 9 空间破碎化生态效应评价

约束层	权重	得分	因素层	权重	因素层基础数据	分级赋值
B1	0.1731	5.00	C11	0.2986	0.52	5
			C12	0.7014	0.53	5
B2	0.2911	3.54	C21	0.2613	0.0109	3
			C22	0.3255	0.0012	5
			C23	0.2275	0.0116	3
			C24	0.1205	0	1
			C25	0.0653	0.0037	5
B3	0.2448	3.50	C31	0.4993	2.04	5
			C32	0.5007	较差	2
B4	0.2911	3.39	C41	0.3423	94.78%	7
			C42	0.3157	33.66%	1
			C43	0.1672	69.12%	3
			C44	0.1077	0.00%	1
			C45	0.0671	16.05%	1
总计			目标层 A 得分：3.74			

表 4 – 32 样本空间 No. 10 – H0 破碎度、景观多样性指数、传统
保有率及协调与缓冲性

空间类别 （样本空间 D）	斑块 个数	面积 （平方米）	PLAND （%）	景观多样 性指数	传统保有率	破碎度	协调与 缓冲性
传统建筑用地	52	93022.3	2.32%	8.72%	71.88%	0.0108	—
传统公共空间用地	0	0	0.00%	0.00%	0.00%		—
传统农业用地	49	180868.1	4.51%	13.97%	89.24%	0.0101	—
传统商业用地	0	0	0.00%	0.00%	0.00%	0.0000	—
传统工业用地	65	34232.9	0.85%	4.06%	3.27%	0.0135	—
现代建筑用地	17	36383.4	0.91%	4.26%	—	—	—
现代公共空间用地	6	23528	0.59%	3.01%	—	—	—
现代农业用地	5	21802.5	0.54%	2.83%	—	—	—
现代商业用地	0	0	0.00%	0.00%	—	—	—

续表

空间类别 （样本空间 D）	斑块 个数	面积 （平方米）	PLAND （%）	景观多样性 指数	传统保有率	破碎度	协调与 缓冲性
现代工业用地	202	1013762.7	25.26%	34.75%	—	—	—
林地	99	1419143	35.35%	36.76%	—	—	—
草地	69	7082.2	0.18%	1.12%	—	—	—
湿地	0	0	0.00%	0.00%	—	—	—
旅游用地	0	0	0.00%	0.00%	—	—	—
其他用地	0	0	0.00%	0.00%	—	—	—
人工连接空间用地	144	839786.4	20.92%	32.73%	—	—	—
自然连接空间用地	113	1609.9	0.04%	0.31%	—	—	—
水系	27	342803.3	8.54%	21.01%	—	—	—
整个研究区域	848	4014024.7	100.00%	1.64	—	0.1045	基本无缓冲空间

表 4-33　　**样本空间 No.10-H0 空间破碎化生态效应评价**

约束层	权重	得分	因素层	权重	因素层基础数据	分级赋值
B1	0.1731	5.00	C11	0.2986	0.59	5
			C12	0.7014	0.5	5
B2	0.2911	1.98	C21	0.2613	0.0108	3
			C22	0.3255	无	1
			C23	0.2275	0.0101	3
			C24	0.1205	0	1
			C25	0.0653	0.0135	1
B3	0.2448	3.00	C31	0.4993	1.64	5
			C32	0.5007	基本无缓冲空间	1
B4	0.2911	3.37	C41	0.3423	71.88%	5
			C42	0.3157	0.00%	1
			C43	0.1672	89.24%	7
			C44	0.1077	0.00%	1
			C45	0.0671	3.27%	1
总计			目标层 A 得分：3.16			

表 4 - 34　样本空间 No.11 破碎度、景观多样性指数、传统保有率及协调与缓冲性

空间类别名称 （样本空间 B）	斑块 个数	面积 （平方米）	PLAND （%）	景观多样性 指数	传统保有率	破碎度	协调与 缓冲性
传统建筑用地	49	48066	1.17%	5.19%	22.79%	0.0106	—
传统公共空间用地	6	3567	0.09%	0.61%	24.33%	0.0011	—
传统农业用地	51	522368	12.68%	26.19%	84.57%	0.011	—
传统商业用地	0	0	0.00%	0.00%	0.00%	0	—
传统工业用地	48	51071	1.24%	5.44%	3.43%	0.0104	—
现代建筑用地	71	162825	3.95%	12.77%	—	—	—
现代公共空间用地	2	11096	0.27%	1.59%	—	—	—
现代农业用地	10	95330	2.31%	8.72%	—	—	—
现代商业用地	0	0	0.00%	0.00%	—	—	—
现代工业用地	175	1439652	34.95%	36.74%	—	—	—
林地	141	667921	16.22%	29.50%	—	—	—
草地	40	95305	2.31%	8.71%	—	—	—
湿地	42	52562	1.28%	5.57%	—	—	—
旅游用地	0	0	0.00%	0.00%	—	—	—
其他用地	21	118432	2.88%	10.20%	—	—	—
人工连接空间用地	202	526996	12.79%	26.31%	—	—	—
自然连接空间用地	6	20380	0.49%	0.00%	—	—	—
水系	45	303399	7.37%	19.21%	—	—	—
整个研究区域	909	4118970	100.00%	1.97	—	0.11463	1

表 4 - 35　　　　　　样本空间 No.11 空间破碎化生态效应评价

约束层	权重	得分	因素层	权重	因素层基础数据	分级赋值
B1	0.1731	5.00	C11	0.2986	0.54	5
			C12	0.7014	0.52	5
B2	0.2911	3.41	C21	0.2613	0.0106	3
			C22	0.3255	0.0011	5
			C23	0.2275	0.011	3
			C24	0.1205	0	1
			C25	0.0653	0.0104	3

续表

约束层	权重	得分	因素层	权重	因素层基础数据	分级赋值
B3	0.2448	3.00	C31	0.4993	1.94	5
			C32	0.5007	差	1
B4	0.2911	1.67	C41	0.3423	22.79%	1
			C42	0.3157	4.86%	1
			C43	0.1672	84.57%	5
			C44	0.1077	0.00%	1
			C45	0.0671	0.76%	1
总计				目标层 A 得分：3.08		

表 4-36 样本空间 No.12 破碎度、景观多样性指数、传统保有率及协调与缓冲性

空间类别名称 （样本空间 B）	斑块 个数	面积 （平方米）	PLAND （%）	景观多样性 指数	传统保有率	破碎度	协调与 缓冲性
传统建筑用地	37	74834	1.84%	7.36%	34.06%	0.0103	—
传统公共空间用地	36	19120	0.47%	2.52%	79.33%	0.0101	—
传统农业用地	41	400435	9.87%	22.85%	69.93%	0.0115	—
传统商业用地	0	0	0.00%	0.00%	0.00%	0	—
传统工业用地	6	4168	0.10%	0.71%	0.43%	0.0014	—
现代建筑用地	73	144893	3.57%	11.90%	—	—	—
现代公共空间用地	2	4983	0.12%	0.82%	—	—	—
现代农业用地	11	172156	4.24%	13.40%	—	—	—
现代商业用地	0	0	0.00%	0.00%	—	—	—
现代工业用地	311	954512	23.52%	34.04%	—	—	—
林地	194	1154720	28.45%	35.76%	—	—	—
草地	40	134558	3.32%	11.29%	—	—	—
湿地	21	56756	1.40%	5.97%	—	—	—
旅游用地	0	0	0.00%	0.00%	—	—	—
其他用地	24	105108	2.59%	9.46%	—	—	—

续表

空间类别名称 （样本空间 B）	斑块 个数	面积 （平方米）	PLAND （%）	景观多样性 指数	传统保有率	破碎度	协调与 缓冲性
人工连接空间用地	293	505703	12.46%	25.95%	—	—	—
自然连接空间用地	3	9870	0.24%	1.46%	—	—	—
水系	74	314872	7.76%	19.83%	—	—	—
整个研究区域	1166	4056688	99.95%	2.03	—	0.14064	1

表 4－37　　　　　　样本空间 No.12 空间破碎化生态效应评价

约束层	权重	得分	因素层	权重	因素层基础数据	分级赋值
B1	0.1731	5.00	C11	0.2986	0.55	5
			C12	0.7014	0.51	5
B2	0.2911	2.89	C21	0.2613	0.0103	3
			C22	0.3255	0.0101	3
			C23	0.2275	0.0115	3
			C24	0.1205	0	1
			C25	0.0653	0.0014	5
B3	0.2448	3.00	C31	0.4993	2.03	5
			C32	0.5007	差	1
B4	0.2911	1.33	C41	0.3423	34.06%	1
			C42	0.3157	45.26%	1
			C43	0.1672	69.93%	3
			C44	0.1077	0.00%	1
			C45	0.0671	0.43%	1
总计			目标层 A 得分：2.83			

（二）实例验证：破碎度与生态效应关系曲线

为了验证拟合的破碎度与生态效应关系曲线的准确性，随机选取了一块 2 公里 ×2 公里左右的地块（见图 4－8、图 4－9），通过比较实际计算出的空间破碎化的生态效应值与用拟合公式计算出的理论值的差值进行验证。

图 4 - 8 实例空间遥感影像

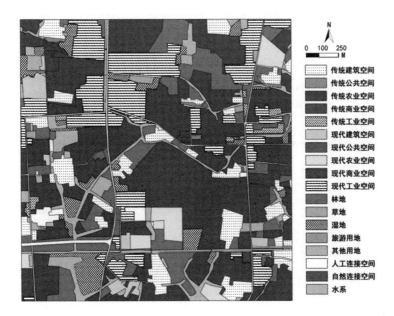

图 4 - 9 实例空间用地类型

根据拟合的破碎度与生态效应值的公式计算得出生态效应值为 4.62，实际评分得出的生态效应值为 4.43，实际值比理论值小 4.11%，误差较低（表 4-38），说明拟合的公式与实际情况比较接近，可以在实际案例的分析中使用。

表 4-38　　　　　　　**实例空间生态效应值理论值与实际值比较**

	理论值	实际计算值	误差率
生态效应值	4.62	4.43	4.11%

实例空间基础数据见表 4-39—4-41。

表 4-39　　　　　　　　**实例空间廊道连通度**

		连通度 R	廊道数量 L	廊道节点数 V
实例空间	自然廊道	0.48	53	39
	人工廊道	0.52	42	29

表 4-40　**实例空间破碎度、景观多样性指数、传统保有率及协调与缓冲性**

空间类别名称（样本空间 B）	斑块个数	面积（平方米）	PLAND（%）	景观多样性指数	传统保有率	破碎度	协调与缓冲性
传统建筑用地	31	366283	8.31%	20.68%	83.42%	0.0027	—
传统公共空间用地	5	10587	0.24%	1.45%	80.63%	0.0011	—
传统农业用地	56	1813958	41.16%	36.54%	93.47%	0.0031	—
传统商业用地	0	0	0.00%	0.00%	0.00%	0	—
传统工业用地	9	38364	0.87%	4.13%	5.58%	0.0007	—
现代建筑用地	6	72821	1.65%	6.78%	—	—	—
现代公共空间用地	1	2543	0.06%	0.43%	—	—	—
现代农业用地	6	126767	2.88%	10.21%	—	—	—
现代商业用地	1	5690	0.13%	0.00%	—	—	—
现代工业用地	29	648755	14.72%	28.20%	—	—	—

续表

空间类别名称（样本空间 B）	斑块个数	面积（平方米）	PLAND（%）	景观多样性指数	传统保有率	破碎度	协调与缓冲性
林地	63	563109	12.78%	26.29%	—	—	—
草地	6	25112	0.57%	2.94%	—	—	—
湿地	24	220530	5.00%	14.99%	—	—	—
旅游用地	0	0	0.00%	0.00%	—	—	—
其他用地	5	35658	0.81%	3.90%	—	—	—
人工连接空间用地	42	126446	2.87%	10.19%	—	—	—
自然连接空间用地	0	0	0.00%	0.00%	—	—	—
水系	63	350129	7.95%	20.12%	—	—	—
总计	347	4406752	100.00%	1.87	—	0.00487	4

表 4-41　　　　　　　　实例空间破碎化生态效应评价

约束层	权重	得分	因素层	权重	因素层基础数据	分级赋值
B1	0.1731	3.60	C11	0.2986	0.52	5
			C12	0.7014	0.48	3
B2	0.2911	4.65	C21	0.2613	0.0027	5
			C22	0.3255	0.0011	5
			C23	0.2275	0.0031	5
			C24	0.1205	0	1
			C25	0.0653	0.0007	7
B3	0.2448	4.50	C31	0.4993	1.87	5
			C32	0.5007	—	4
B4	0.2911	4.64	C41	0.3423	83.42%	5
			C42	0.3157	80.63%	5
			C43	0.1672	93.47%	7
			C44	0.1077	0.00%	1
			C45	0.0671	5.58%	1
总计			目标层 A 得分：4.43			

（三）对案例破碎化空间生态效应分析的指导意义

（1）根据样本空间破碎化生态效应值的计算，推算出当破碎度为 $[1.4 \times 10^{-4}, 1 \times 10^{-3}]$ 时是传统文化景观破碎化的适中状态，这个区间内有最高的生态效应值。

（2）各约束层连通性、整体性、稳定性、传统保有率的评价结果分析：根据样本空间各约束层的得分，将其评价分级标准划定为：低等 1.00—2.99，中等 3.00—4.99，高等 5.00—7.00。

第四节　小结

本章首先构建了传统文化景观空间用地分类体系、传统文化景观空间破碎化的指数定量化测度体系、传统文化景观空间破碎化的生态效应评价指标体系，然后建立破碎度与空间破碎化生态效应关系曲线，为后面案例的分析打下了基础。

一　传统文化景观空间用地分类体系的建立

（1）从土地利用类型来看，将传统文化景观空间划分为居住与生活空间用地、生产空间用地、生态空间用地和连接空间用地四种景观空间类型，将土地利用景观划分为 9 大类、20 小类和 46 个子类的土地利用类型分类体系（表 4-1）。

（2）本书的研究类型主要为镇域空间的土地利用破碎化研究，采用 20 小类的分类类型。传统文化景观空间 9 大类型适合于尺度较大空间范围中的土地利用景观分类研究，20 小类适合于镇域空间土地利用分类和破碎化研究，而 46 个子类适合于村落空间尺度的景观破碎化研究。

二　构建了传统文化景观空间破碎化的指数定量化测度体系

（一）景观要素斑块特征、景观要素空间相互关系破碎化分析

景观要素斑块特征选取"斑块数量、最大斑块指数 LPI、景观优势度

指数 PLAND"，景观要素空间相互关系破碎化分析选取"分离度"等对各案例点进行定量分析。

（二）景观斑块破碎化指数及破碎度分级

景观斑块破碎化指数，该指数描述了景观被分割的破碎程度，反映景观空间结构的复杂性。

（三）破碎度分级

在沪宁杭地区内选取 12 块样本空间（选择应相对分散，尽量覆盖整个区域），首先根据景观斑块破碎化指数计算出所选样本空间的破碎度（F），根据破碎度由低到高进行排序，得到一组渐变的、空间连续的空间破碎化状态序列；再次进行专家咨询，由专家组在这 12 块样本序列中确定出低破碎化、中度破碎化、高度破碎化起始临界点的样本空间根据此可以将分级标准定为：$F < 10^{-3}$ 为无破碎化现象，$[10^{-3}、10^{-2})$ 为低破碎化程度，$[10^{-2}、10^{-1})$ 为中等破碎化程度，$[10^{-1}, 1)$ 为高度破碎化程度。

三　传统文化景观空间破碎化的生态效应评价指标体系及破碎度与空间破碎化生态效应关系曲线的建立

本书采用层次分析法 AHP 构建了 4 个层次的空间破碎化生态效应评价指标体系。传统文化景观空间破碎化的生态效应评价从连通性、整体性、稳定性、传统保有率等 4 个约束层进行分析，每个约束层又分别对应子指标（连通性——人工廊道、自然廊道，整体性——传统建筑用地、传统村镇公共空间、传统农业用地、传统商业用地、传统工业用地，稳定性——景观多样性、协调缓冲性，传统保有率——传统建筑用地、传统村镇公共空间、传统农业用地、传统商业用地、传统工业用地）。

通过计算样本空间破碎化生态效应值建立了破碎度与空间破碎化生态效应的关系曲线，并用案例进行了验证。二者之间的相关性为：随着破碎度的升高，生态效应值是先增高后降低的一个过程，在零破碎化紧邻低破碎化的区段存在一个区间，生态效应值比零破碎化空间的生态效应值高，该区间生态效应值最高，该区间即为空间破碎化的适中状态（ $[1.4 \times 10^{-4}, 1 \times 10^{-3}]$ ）。

第五章　传统文化景观破碎化空间特征、生态效应及存在问题

随着经济的发展，传统文化景观空间受到了严重的冲击，空间破碎化是其重要的特征。本章分析了不同等级破碎度下的文化景观空间破碎化特征、生态效应和存在问题：低破碎以扬州市平山乡（双侧边缘式）和昆山市千灯镇（单侧边缘式）为例，中破碎以南京市双闸街道（网状廊道式）和无锡市钱桥镇（填充式）为例，高度破碎化以诸暨市直埠镇（多核心式）为例。空间破碎化生态效应主要从连通性、整体性、稳定性、传统保有率等方面进行分析，存在问题从廊道、斑块群组关系、典型斑块三个方面入手分析（图 5 −1）。

深入分析景观破碎化的特征、生态效应和存在问题，可以帮助了解景观破碎化的过程和特征，为后面传统文化景观空间破碎化空间规划途径和

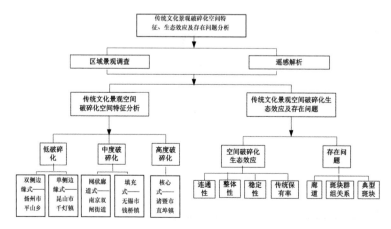

图 5 −1　传统文化景观破碎化空间特征、生态效应及存在问题研究技术路线

保护机制的建立提供理论支撑，采取适当方式和手段引导景观演变的方式，对于传承传统文化、保护遗产景观、塑造地方形象具有重要意义。

第一节　低破碎、双侧边缘式——扬州市平山乡

一　扬州市平山乡现状调查

（一）区域特征

1. 区域概况

平山乡位于江苏省扬州市维扬区（图5-2），毗邻扬州国家级风景区"蜀冈—瘦西湖"风景区。随着古城扬州的西进北扩和江阳工业园区的建设，已与城区连成一体。全乡下辖五个行政村、一个居委会，面积近13.20平方公里，人口12738人（2011年）。

图5-2　研究区域在江苏省内的区位

平山乡地貌属于丘冈地带，位于蜀冈以北。扬州区境地貌以蜀冈为界，形成北高南低趋势，蜀冈以北为丘冈地带，蜀冈以南为长江冲积平原，平均高低差在 20 米左右，尤以司徒庙附近较为显著，有高低差达 10 余米的陡坡。

2. 人文历史

平山乡毗邻国家级风景名胜区"蜀冈—瘦西湖"风景区；境内有国家级重点文物保护单位——大明寺、观音山、汉广陵王墓，有揭示盛唐风貌的唐城遗址，尽现深厚的人文底蕴。

吴越文化，平山乡位于扬州市维扬区，维扬区历史悠久，文化璀璨，风景宜人。维扬是古扬州城的发祥地，2500 年前，吴王夫差在蜀冈之上开邗沟、筑邗城，形成了历史上扬州城的雏形（图 5 - 3）。

图 5 - 3　扬州古城景象

图片来源：http://www.yzwy.gov.cn.

乡内有汉广陵王墓、唐城遗址等名胜古迹，显示出平山乡丰厚的汉唐文化底蕴。维扬是隋唐时期繁华扬州的城池所在地，南北交汇、东西通融的特殊区位造就了维扬文化开放、包容、创新的鲜明个性。

扬州的盐商文化由来已久，伴随着盐商在扬州聚集，扬州园林及商贾文化都流传至今。

3. 城乡发展分析

维扬区 2010 年全区完成地区生产总值（在地）138.37 亿元，其中第一产业 2.04%、第二产业 46.96%、第三产业 51%，农民人均纯收入达 13000 元，城镇居民人均可支配收入 21528 元。根据维扬区的统一规划，近年来的平山乡以工业经济为主要发展目标，而其中工业经济又以招商引资为重点。目前全乡有工业企业 124 个，已形成汽车配件、轻工玩具、服装、机械制造等支柱产业。

（二）调查问卷结果及结论

平山乡调查发放问卷 60 份，有效问卷 56 份，以下是对问卷的统计与分析。

1. 居民基本情况

职业组成：所访居民以个体经营者和企业员工为主，共占到约 70%（图 5-4），多为街边开店面，及在本地工厂上班，但结合居住时间调查可知，小生意为家中常年副业；居住时间：当地居民以本地人为主，居住时间 20 年以上的占到约 60%（图 5-4），结合现场观察可发现，以中青年最为多见，可以推断，当地居民年龄构成比较均衡；居民外出务工情况：当地居民外出务工现象较少，仅有 14.3% 的居民有常年外出打工的亲人，因而平山乡出现空巢现象的可能性较小。

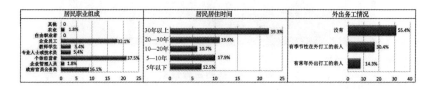

图 5-4　平山乡居民基本情况调查

2. 居民生活方式情况

主要出行方式：70% 居民以助动车、公共交通为主要出行方式，说明当地基础设施建设水平较高，由公交使用率可以推断居民活动范围已经深入城市；日常休闲娱乐方式：当地保留传统娱乐方式的居民极少，仅占到不足4%，上网为主要休闲方式（51.79%），可见生活信息现代化程度较高（图5-5）。

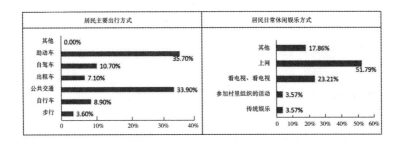

图5-5　平山乡居民生活方式调查

3. 居民对居住环境的看法

居住期间环境变化幅度：有82.1%的居民认为在居住期间环境发生了很大变化（图5-6），由于参与调查的居民多在此居住20年以上，因此可知在近20年中当地土地利用情况，居民生活方式均发生了很大变化；对现在生活的满意程度：近1/4的居民回答不满意，主要针对当地收入来源较单一，部分土地被占用的现象；居民对周边现代化进程的看法：当地居民所聚居的城镇景观环境中，虽有一定工业化侵占的痕迹并出现了一些小规模加工型工厂，但各项传统景观以及农业与住宅的格局保留尚且完整，交通以日常交通为主，周边工业以及旅游业发展对他们生活影响并不直接，传统景观格局得以基本保持下来；居民对当地保留传统民俗程度的看法：64%的人认为仅保留了一部分，有11%的人认为基本没有保留（图5-6），说明当地传统民俗受到较大冲击，居民更倾向于方便现代式生活方式。

由以上可见，通过同居民了解情况，该地区发展对传统文化景观空间整体性保护与发展方面较为忽视，经访谈对当地工业经济当地居民并没有直接受益，故居民对现代工业侵占土地现象比较不满。通过这次调查体现

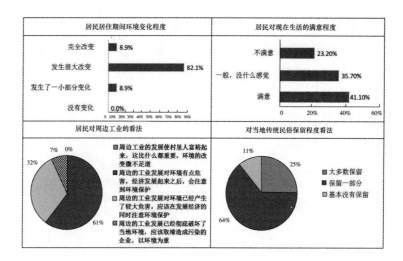

图5-6 平山乡居民对生活环境看法调查

了进一步对传统文化景观空间的整体性、连续性、有机性展开调查的必要性。

表5-1给出了"四化"对平山乡传统文化景观的冲击情况。

表5-1 **"四化"对平山乡传统文化景观冲击评价**

		主要冲击	冲击程度
人	人口变迁	由于受旅游业的影响，吸引了大量的外来人口，造成外来人口超过了本地人口	★★★
	生活方式	过分依赖现代交通、信息等设施，人际交流减少	★★★★
	生活观念	年青一代的居民憧憬现代的城市生活，并有大量传统民俗流失	★★★★
	生产方式	由原有的农业生产方式向现代的旅游商品经济发展	★★★★
地	土地占用	产业经济转变，扩张无序，使大量农业用地被工业用地占据，耕地面积大幅减少，传统景观区被现代居住景观、工业景观包围	★★★
	传统居住建筑	租给外来打工者居住或经商，居住性质发生改变	★★★
	居住环境	工业污染对生态危害严重	★★★★
说明		冲击程度共分为5个等级，五星为最高等级	

（三）景观现状调查

1. 平山乡景观用地现状

首先利用平山乡遥感影像图（2009 年）栅格化处理导入 AutoCAD 进行判别，绘制成各景观要素分类成层的多段线图纸；接着通过实地调查校正较大误差；最后利用 ArcGIS9.3 软件建立景观要素数据库，以便分析利用。（图 5 - 7）

2. 景观现状

对于景观现状的调查从三个角度分别进行：工业及现代建筑、内部传统景观以及居民生活环境。

（1）工业及现代建筑区域（图 5 - 8）

由于城市干道的贯穿以及新兴工业开发区的蔓延，平山乡外围传统文化景观已经被现代景观代替。

在现代工业与旅游业的挤占下，传统文化景观十分脆弱，呈现两种趋势：一是服务于区域内文化旅游景点，保留传统风貌与格局，作为旅游附属产业，形成遗产地景点过渡地带或防卫地带；二是伴随工业现代化蔓延，成为工厂等现代化产业开发区附属土地，供工人居住生活。

（2）内部传统文化景观区（图 5 - 9）

当地保留下来的传统文化景观内容相对较为完整，乡村内部道路两侧分布私人店铺，由于零售与餐饮服务，居民交通方式以助动车为主，部分通向住宅的私人道路为土路，路边多见荒废的水塘等自然群落。农业片区规模不大，且斑块破碎。

平山乡传统文化景观系统相对完整，但已经没有了早期居住建筑等，也就是说在原有基础上进行了一定演替，但仍保持了原有格局。

（3）传统居住空间（图 5 - 10）

传统居住建筑以两层民居为主，民居彼此间留有一定间隙，每户有自己的庭院，一般用来种植果蔬。改良后的民居在保留原有格局的基础上，设有半室内庭院，一定程度上改善了生活条件。

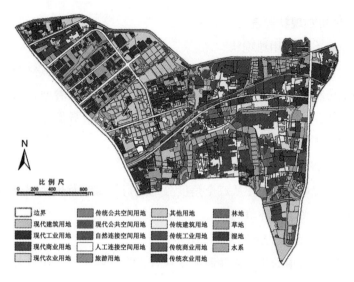

图5-7 平山乡景观用地现状

图5-8 平山乡景观现状——工业及现代建筑区域

图 5 - 9　平山乡景观现状——内部传统文化景观

图 5 - 10 平山乡景观现状——传统居住空间

二 扬州市平山乡破碎化空间特征分析

对平山乡的景观格局定量化分析主要方法是以遥感影像为主要数据源,将各种土地利用形式抽象为斑块,获得这些斑块及其镶嵌体的量化信息。本部分具体从景观要素斑块特征(景观斑块数量、面积比例 PLAND 和最大斑块指数 LPI)、空间关系(N_i)特征以及景观斑块破碎化指数(F_1)等几个方面提出平山乡的破碎化指标和计算方法,用以分析平山乡的空间特征。

1. 平山乡景观要素斑块特征的破碎化分析——面积比例、平均斑块面积

研究区域内景观总面积为 11.83 平方公里,其中林地面积最大为 2240686.17 平方米,最大斑块指数 LPI,具体结果见表 5-2。由于水系、人工连接空间用地及自然连接空间用地属于线性空间,列为廊道层面上考虑,在整体景观系统中起到的是连接与沟通的作用,故在空间过程分析过程中仅作为影响斑块分布的因子考虑。

表 5-2　　　　平山乡景观要素斑块特征的破碎化分析结果

景观类型	斑块数 n	CA(平方米)	PLAND（%）	LPI（%）
传统公共空间用地	4	6943.12	0.06	0.03
传统工业用地	19	707275.23	5.98	0.07
传统商业用地	2	2216.91	0.02	0.02
传统建筑用地	166	822144.05	6.95	0.61
传统农业用地	189	212750.75	1.80	1.40
现代建筑用地	235	1012405.28	8.56	0.57
现代工业用地	313	1429292.88	12.08	0.63
现代商业用地	2	6581.45	0.06	0.04
现代公共空间用地	83	70277.31	0.59	0.19
现代农业用地	7	22729.81	0.19	0.23
旅游用地	1	27487.70	0.23	0.23

续表

景观类型	斑块数 n	CA（平方米）	PLAND（%）	LPI（%）
林地	92	2240686.17	18.94	0.24
草地	708	1906305.19	16.11	0.41
其他用地	102	549072.91	4.64	0.47
湿地	2	12504.82	0.11	0.07
水系	366	1153991.39	9.75	0.80
人工连接空间用地	494	1648048.03	13.93	2.20
自然连接空间用地	2	1993.72	0.02	0.02
总计	2787	11832706.72	100	—

注：分析过程中，对于景观类型斑块数≤5，导致个别指数无效，不能反映变化规律，所以不对其进行讨论，以避免对其他类型指数值分析的影响。

斑块数量：草地的斑块数量最多，说明平山乡区域范围内的草地较为破碎，受到了一定的人类活动的影响；从受到城市化、工业化、商业化和现代化影响的新增斑块来看，现代工业用地的数量最多，其次为现代建筑用地、现代公共空间用地，说明平山乡已经开始了一定规模的城镇建设；从代表传统文化景观的斑块类型比较来看，传统农业用地的斑块数量最多，其次为传统建筑、传统工业、传统公共空间、传统商业，且均小于四化影响下的新增斑块，说明平山乡传统文化景观受人类活动的影响相对较少。

在平山乡景观面积的结构特征上，林地的景观面积最大，其 PLAND指数为 18.94；其次是草地，PLAND 指数为 16.11。这是由于平山乡中部地区传统地貌保存较好，尤其是唐城遗址及汉广陵王墓等文化景观遗址的保护使林地及草地的面积较大。LPI 反映了景观中的优势类型，并在一定程度上反映人为活动的强弱和方向。从计算结果的数据来看，在斑块的水平上传统农业用地的 LPI 值最大，为 1.40；其次为现代工业用地，为0.63。可见，这两类用地是典型受人类活动主导的景观类型。PLAND 值较大的为现代工业用地、现代建筑用地及传统工业用地、传统建筑用地，而LPI 值较大的为现代建筑用地及传统建筑用地。由此可见，平山乡的现代景观及传统景观分布比较均匀且集中，显示出平山乡目前在人为影响下现代景观和传统景观的共同发展。

2. 平山乡景观空间关系（分离度）及景观斑块破碎化指数分析

分离度是描述斑块在空间分布上的分散程度，分离度越大表示斑块间的距离越大，斑块在空间分布上越离散。

景观斑块破碎化指数用来计算景观斑块的破碎度，它反映了景观被分割的破碎程度，从另一角度反映景观空间结构的复杂性。具体计算结果见表 5 - 3。

表 5 - 3 平山乡景观分离度及景观斑块破碎化指数

景观斑块类型	分离度 N_i	破碎度
传统公共空间用地	0.017	0.0007
传统工业用地	0.025	0.0042
传统商业用地	0.012	0.0002
传统建筑用地	0.043	0.0388
传统农业用地	0.044	0.0443
现代建筑用地	0.047	0.0551
现代工业用地	0.051	0.0735
现代商业用地	0.014	0.0002
现代公共空间用地	0.036	0.0193
现代农业用地	0.020	0.0014
旅游用地	0.012	0.0000
林地	0.037	0.0214
草地	0.062	0.1665
其他用地	0.038	0.0238
湿地	0.014	0.0002
水系	0.053	0.0859
人工连接空间用地	0.057	0.1161
自然连接空间用地	0.014	0.0002
整个研究区域	—	0.0061

从计算结果来看，线性空间之间的分离度较大是由廊道的属性决定的，这些廊道起到了线性分割的作用；草地斑块之间的分离度最大，说明

草地的斑块分布较为分散，草地在现代景观及传统景观的区域内都有分布，这与破碎化指数计算结果也是相一致的；除去一些斑块数目很少的景观类型之外，现代建筑、现代工业、传统农业、传统建筑的分离度指数比草地低，可见这些斑块分布相对较为集中；林地以及其他用地的景观斑块的分离度指数相对草地也较少，说明这些斑块分布相对集中，另外它们的分布也不如草地分布广泛。

以自然景观为主的草地的破碎度最高，林地的破碎度处于中等，这表明平山乡区域范围内的绿地较为破碎，没有实现大面积的绿化，即使在传统村镇内的文化保护区内，自然绿化的保护力度也还不够；以人工景观为主的现代工业用地和现代建筑、传统农业、传统建筑的破碎度中等，表明这些用地，分布趋于集中团聚，平山乡整体的建设力度正在逐步加大之中。

从景观层面来计算，平山乡景观斑块总数 2787，最小斑块面积 25.7平方米，研究区总面积 11832706.72 平方米，景观斑块破碎化指数值为0.0061。从计算结果来看，平山乡景观斑块总体属于低破碎水平。

3. 指数分析小结

由以上分析结果可以总结出平山乡的景观斑块的一些基本属性：第一，平山乡总体景观破碎化程度较低，属于低破碎化（平山乡破碎度为0.0061）。第二，平山乡已经开始了一定规模的城镇建设。从受到城市化、工业化、商业化和现代化影响的新增斑块来看，现代工业用地的数量最多，其次为现代建筑用地、现代公共空间用地。第三，平山乡的现代景观及传统景观分布比较集中，显示出该乡目前在人为影响下现代景观和传统景观的共同发展，表现在 PLAND 值较大的为现代工业用地、现代建筑用地及传统工业用地、传统建筑用地，而 LPI 值较大的为现代建筑用地及传统建筑用地，且现代建筑、现代工业、传统农业、传统建筑的分离度指数N_i在所有用地类型中处于中等水平（表 5-3、表 5-4）。

表 5 - 4   平山乡景观多样性指数、传统保有率、破碎度及协调与缓冲性

空间类别名称	斑块个数	面积（平方米）	PLAND（%）	景观多样性指数（%）	传统保有率（%）	破碎度	协调与缓冲性
传统建筑用地	166	822144.05	6.95	18.53	44.81	0.0388	—
传统公共空间用地	4	6943.12	0.06	0.44	8.99	0.0007	—
传统农业用地	189	212750.75	1.80	7.23	90.35	0.0443	—
传统商业用地	2	2216.91	0.02	0.16	25.20	0.0002	—
传统工业用地	19	707275.23	5.98	16.84	33.10	0.0042	—
现代建筑用地	235	1012405.28	8.56	21.04	—	—	—
现代公共空间用地	83	70277.31	0.59	3.04	—	—	—
现代农业用地	7	22729.81	0.19	1.20	—	—	—
现代商业用地	2	6581.45	0.06	0.42	—	—	—
现代工业用地	313	1429292.88	12.08	25.53	—	—	—
林地	92	2240686.17	18.94	31.51	—	—	—
草地	708	1906305.19	16.11	29.41	—	—	—
湿地	2	12504.82	0.11	0.72	—	—	—
旅游用地	1	27487.7	0.23	1.41	—	—	—
其他用地	102	549072.91	4.64	14.25	—	—	—
人工连接空间用地	494	1648048.03	13.93	27.46	—	—	—
自然连接空间用地	2	1993.72	0.02	0.15	—	—	—
水系（河流、坑塘）	366	1153991.39	9.75	22.70	—	—	—
整个研究区域	2787	11832706.72	100	2.22	—	0.0061	6.5

4. 平山乡破碎化空间特征的分析

平山乡传统空间分布相对集中，如图 5 - 11，主要分布在江平东路的东侧，沿水系面状分布，江平东路是割裂整个区域生态流的主要障碍；传统建筑、传统农业的数量较多，分布相对集中，但也存在少数传统建筑和传统农业用地，分布较孤立，与传统空间片区相隔较远，如位于平山乡西北部的传统建筑，削弱了传统空间的整体性；传统工业、传统商业、传统公共空间用地的数量较少，大部分在传统区域内部，对整体性影响不大。

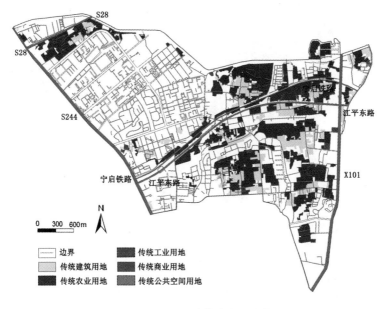

图5-11　平山乡传统空间分布

平山乡现代空间主要分布在江平东路西侧，沿道路面状分布，分布相对集中。现代景观中主要干扰斑块为现代工业及现代建筑，主要沿S244和X101两条道路从两侧边缘侵入，构成了平山乡传统文化景观的分割破碎（图5-12）。

根据以上分析得出平山乡传统文化景观破碎化的空间特征为：（1）景观破碎化程度属于低破碎化，现代景观及传统景观空间分布均匀且集中，传统景观主要分布在江平东路右侧沿水系面状分布，现代空间主要分布在左侧，沿道路面状分布；（2）平山乡现代景观中主要干扰斑块为现代工业及现代建筑，主要沿S244和X101两条道路从两侧边缘侵入，构成了平山乡传统文化景观的分割破碎；（3）基于以上两点，概括出平山乡景观破碎化特征为：导致景观破碎化的干扰斑块从区域两侧边缘侵入（图5-13）。

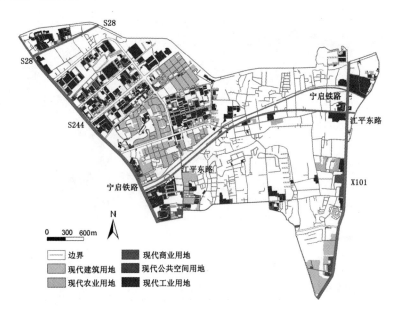

图 5 – 12　平山乡现代空间分布

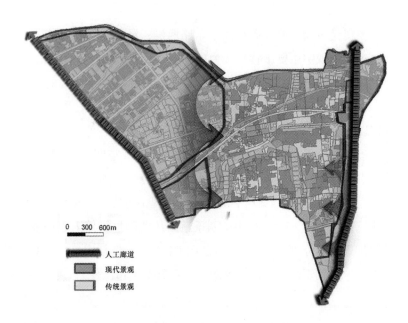

图 5 – 13　平山乡空间破碎化特征分析

三　平山乡空间破碎化生态效应及存在问题

(一) 平山乡空间破碎化生态效应分析

本书的传统文化景观空间破碎化的生态效应评价，主要针对破碎化对文化景观产生的影响、带来的生态结果进行评价，采用层次分析法构建了传统文化景观空间破碎化的生态效应评价指标体系（表4－3），主要从 B1 连通性、B2 整体性、B3 稳定性、B4 传统保有率四个层面进行评价。

1. 平山乡景观空间连通性分析

从连通性来看，自然廊道的连通性主要考虑水系，水系是江南水乡的重要特征，是区域生态和生态网络的重要骨架。江南水乡水网密集，构成了其独具特色的景观生态环境，大大小小的河流和水渠相互交织构成了水网，具有提供生境、传输通道的生态功能，是能量、物质和生物生存不可缺少的载体，因此把它作为生态廊道连通性的高低的重要研究对象。

人工廊道的连通性主要考虑道路系统，道路对人类起到连接和物质传输作用，但同时分割传统文化景观空间，是导致其破碎化的一个因素。道路的连通性基本代表了人工廊道的连通性。

连通性得分为4.40分（表5－6 B1），其中C11 人工廊道的连通性为3分，低于C12 自然廊道的连通性（5分），表明平山乡道路系统的连通性差于河流的连通性。具体分析如下。

平山乡的水系东多西少，河流数量少、节点少，连通性较好；部分河流太窄、水系存在断点影响生态流的传递。平山乡水系构成主要有瘦西湖区域的带状水塘以及从北部边界处穿越的横泗河（图5－14），分布呈现出西部区域较少、东部区域较多的格局，河流数量少，但节点数量适中，经计算各节点之间的连通度较好为0.57（表5－5 廊道数量 L 为51，廊道节点数 V 为32）。从生态流传递的方面分析，河流太窄、水系存在断点是景观环境生态薄弱的地方，会影响到动物的迁徙；同时河流廊道的存在也是造成景观破碎化的一个动因。平山乡中部地区靠近江平东路的河流宽度较窄仅为5米左右，断点很多，生态流传递薄弱。

表5－5 平山乡景观空间廊道连通度

		连通度 R	廊道数量 L	廊道节点数 V
平山乡	人工廊道	0.39	494	425
	自然廊道	0.57	51	32

备注：人工廊道主要指道路等人工连接空间用地；自然廊道主要指河流等自然连接空间用地。

图5－14 平山乡水系分布

平山乡的道路系统：西部区域道路密集、接近于网状，东部区域道路较稀疏、形状接近于树枝状，数量多、节点多连通度较差；宁启铁路和江平东路分割作用明显，加剧了传统文化景观的破碎。区域内部与外部的交通线主要有东部的X101（扬菱公路）、西部的S244（扬天公路）、西北部的S28（启扬高速）、中部的江平东路和宁启铁路。分布呈现出以江平东路为界，西部区域道路密集、接近于网状，东部区域道路较稀疏、形状接近于树枝状；总体来说数量多但节点也多，经计算连通度为0.39，稍差（廊道数量L为494，廊道节点数V为425）。宁启铁路和江平东路分割作用明显，横贯平山乡中部，基本把平山乡分为2个区域路东侧为以现代工业等为主的现代景观，西侧为以传统建筑为主的传统景观，加剧了传统文化景观的破碎（图 5 – 15）。

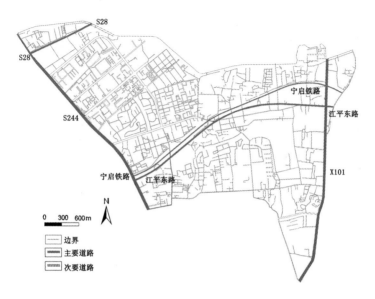

图 5 – 15 平山乡道路分布

2. 平山乡景观空间整体性分析

表 5 – 6　　　　　　　　平山乡文化景观空间破碎化生态效应评价

约束层	权重	得分	因素层	权重	因素层基础数据	分级赋值
B1	0.1731	4.40	C11	0.2986	0.39	3
			C12	0.7014	0.57	5
B2	0.2911	4.91	C21	0.2613	0.0388	3
			C22	0.3255	0.0007	7
			C23	0.2275	0.0443	3
			C24	0.1205	0.0002	7
			C25	0.0653	0.0042	5
B3	0.2448	6.75	C31	0.4993	2.22	7
			C32	0.5007	—	6.5

续表

约束层	权重	得分	因素层	权重	因素层基础数据	分级赋值
B4	0.2911	2.00	C41	0.3423	44.81%	1
			C42	0.3157	8.99%	1
			C43	0.1672	90.35%	7
			C44	0.1077	25.20%	1
			C45	0.0671	33.10%	1
总计			目标层 A 得分：4.43			

注：C32 协调与缓冲性为各专家分级赋值后的平均值，在本表中只出现结果。

整体性得分为 4.91 分（表 5－6B2），中等，其中 C22 传统公共空间用地、C24 传统商业用地的整体性最高得分为 7 分，C25 传统工业用地的得分为中等（5 分），C21 传统建筑用地、C23 传统农业用地整体性较低，具体分析如下。从图 5－11 看出，平山乡传统空间的整体性分布呈现以下特点：传统空间主要分布在江平东路的东侧，江平东路是割裂整个区域生态流的主要障碍；传统建筑、传统农业的数量较多，分布相对集中，但也存在少数传统建筑（图 5－16）和传统农业用地（图 5－17）分布较孤立，与

图 5－16　平山乡传统建筑分布

传统空间片区相隔较远，如位于平山乡西北部的传统建筑，削弱了传统空间的整体性；传统工业、传统商业、传统公共空间用地的数量较少，分布大部分在传统区域内部，对整体性影响不大。

0　300　600m

N

□　边界

■　传统农业用地

图 5 – 17　平山乡传统农业分布

3. 平山乡景观空间稳定性分析

从稳定性层面看，平山乡稳定性得分为 6.75 分（表 5 – 6 B3），稳定性高，具体分析如下：共有 18 种用地类型（表 5 – 4），景观多样性指数较高为 2.22，传统空间与现代空间的协调与缓冲性高为 6.5 分（表 5 – 6 C32 协调与缓冲性），其中也存在一些传统建筑与现代空间、传统农业与现代空间的冲突点，如图 5 – 18、图 5 – 19 传统建筑和传统农业主要受到现代工业侵蚀，其次是受到现代建筑的侵蚀，冲突点主要出现在江平东路和 X101 附近。冲突点的存在反映出传统空间与现代空间之间的绿色过渡空间少，呈现出局部区域景观单元间的落差大、景观不和谐的现状，同时导致整体景观的稳定性降低。

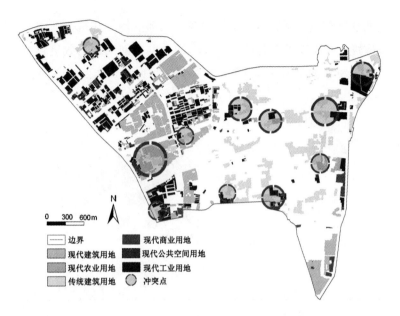

图 5 - 18　平山乡传统建筑与现代空间冲突点

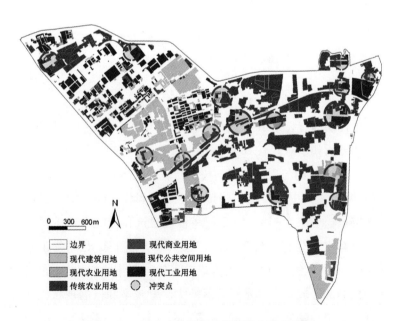

图 5 - 19　平山乡传统农业与现代空间冲突点

4. 平山乡景观空间传统保有率分析

从传统保有率来看得分为 2.00 分，传统保有程度较低，具体各主要传统用地类型的分布呈现出以下特点：传统农业的保有率得分最高为 7 分（表 5 - 6 C43），说明传统农业的保存度最高（图 5 - 21），传统农业景观得到了较好的延续；其余传统空间的保有率都较低，均为 1 分，（表 5 - 4 C41 传统建筑、C42 传统公共、C44 传统商业、C45 传统工业其保有率分别为 44.81%、8.99%、25.20%、33.10%），传统建筑受到了较严重的冲击，尤其是平山乡西部地区，基本被现代建筑完全取代（图 5 - 20）；传统工业、传统商业的保有率较低（图 5 - 22），是因为平山乡工业、现代商业发展迅速，尤其是工业，是平山乡国民经济发展的支柱，现代工业用地大量分布在平山乡西部片区，给西部片区的传统景观风貌造成了重大冲击；传统公共空间用地的保有率最低，因为一方面现代人的生活方式需要大量的公共空间涌现出许多新建的公共空间，另一方面建设过程中现代公共空间用地取代了部分传统公共空间。

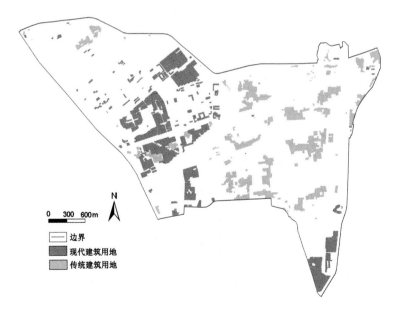

图 5 - 20　平山乡传统建筑与现代建筑分布

图 5 - 21　平山乡传统农业与现代农业分布

图 5 - 22　平山乡传统空间与现代空间分布

5. 平山乡文化景观空间破碎化的生态效应分析小结

生态效应的评价结果为 4.43，生态效应值较高。连通性得分为 4.40 处于中等，其中道路连通性较低，主要由于西部区域道路密集、接近于网状，东部区域道路较稀疏、形状接近于树枝状，数量多、节点多连通度较差；水系连通性较高，主要由于平山乡的水系东多西少，河流数量少、节点少；整体性得分为 4.91 为中等，其中传统建筑用地、传统农业的整体性较低，主要受到道路、水系及现代空间的分隔较破碎；稳定性得分为 6.75，稳定性高，景观多样性指数、传统空间与现代空间的协调与缓冲性均较高；传统保有率得分为 2.00，传统保有程度较低，除传统农业的保有率得分较高为 7分，其余传统空间的保有率都较低均为 1 分，都受到了现代空间的冲击。

各约束层的评价结果对比：B3 稳定性在四个约束层中得分最高，为6.75，属于高稳定性；其次为 B2 整体性和 B1 连通性，各为 4.91 和 4.40，属于中等整体性和连通性；B4 传统保有率得分最低，为 2.00，属于极低传统保有率。

（二）平山乡空间破碎化存在问题分析

对于传统文化景观空间破碎化存在问题的分析主要从廊道、典型斑块和斑块群组之间的关系三方面进行研究（图 5 - 23）。廊道一方面是生态流传递的通道，一方面对传统文化景观空间起到割裂的作用；存在问题的分析主要强调人类的影响，道路是人工廊道的代表，主要起到割裂景观空间的作用，更反映出对自然生态本底的冲击。传统建筑斑块是传统文化景观的核心斑块，该斑块的保存程度决定了传统文化景观风貌的优劣，将其作为典型斑块进行研究，主要强调文化景观空间典型斑块个体间的联系程度及该类型空间的整体性。传统景观斑块群组是传统文化景观的重要组成部分，传统文化景观空间破碎化的主要矛盾是现代景观斑块群组与传统景观斑块群组之间的矛盾，反映出各类型传统景观空间与周边现代环境的共生协调关系（图 5 - 23）。

1. 道路（人工廊道）的分割加剧传统文化景观的破碎化，对自然生态本底产生冲击

平山乡道路（人工廊道）的连通性中等（得分 4.40），对传统文化景观

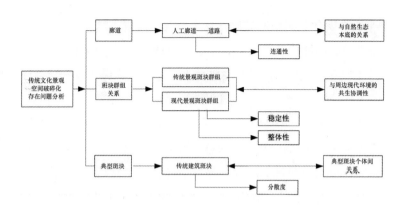

图 5-23　空间破碎化存在问题分析思路

的分割度及自然生态本底的冲击作用均较低，对空间破碎化的影响较小。

道路对人类起到连接和物质传输作用，但同时分割传统文化景观空间，是导致其破碎化的一个因素。平山乡西部区域道路密集、接近于网状，东部区域道路较稀疏、形状接近于树枝状，数量多、节点多，连通度为 0.39（表5-5），连通度较低；宁启铁路和江平东路分割作用明显，加剧了传统文化景观的破碎（图 5-15）。区域内部与外部的交通线主要有东部的 X101（扬菱公路）、西部的 S244（扬天公路）、西北部的 S28（启扬高速）、中部的江平东路和宁启铁路。分布呈现出：以江平东路为界，西部区域道路密集、接近于网状，东部区域道路较稀疏、形状接近于树枝状；总体来说数量多但节点也多。宁启铁路和江平东路分割作用明显，横贯平山乡中部，基本把平山乡分为 2 个区域：路东侧为以现代工业等为主的现代景观，西侧为以传统建筑为主的传统景观，加剧了传统文化景观的破碎。

2. 传统建筑用地分布散落缺乏联系，景观连续性受到冲击

分离度能反映出文化景观空间斑块个体间的联系程度及该类型空间的整体性。在现代空间的冲击下，传统建筑分布相对散落，彼此之间缺乏联系，景观的连续性较差，不利于传统文化景观的保护。平山乡的传统建筑，主要分布在江平东路以东，但仍有部分零散分布在平山乡西部区域。经计算该研究区域传统建筑用地的分离度为 0.043，分离度较低（各案例空间分离度值分别为平山乡 0.043，千灯 0.0285，双闸 0.0474，钱桥

0.0869，直埠0.1087），传统建筑用地分布散落缺乏联系，景观连续性受到较小影响。

（三）现代景观冲击传统景观，两者之间过渡空间小，景观单元间落差大

传统景观斑块群组是传统文化景观的重要组成部分，传统文化景观空间破碎化的主要矛盾是现代景观斑块群组与传统景观斑块群组之间的矛盾，反映出各类型传统景观空间与周边现代环境的共生协调关系。平山乡现代景观与传统景观分布相对集中，现代景观主要从东、西部两侧边缘处侵入传统景观。传统建筑和传统农业主要受到现代工业侵蚀，其次是受到现代建筑的侵蚀，冲突点主要出现在江平东路和X101附近，冲突点的存在反映出传统空间与现代空间之间的绿色过渡空间少，呈现出局部区域景观单元间的落差大、景观不和谐的现状，同时导致整体景观的稳定性降低。

第二节　低破碎、单侧边缘式——昆山市千灯镇

一　千灯镇现状调查

（一）区域特征

1. 区域概况

千灯镇位于长江三角洲地区的中部，该区域地处以上海为中心的当今世界经济运转最为活跃的西太平洋地区的中心地段，邻近上海浦东开发区、昆山经济技术开发区和苏州工业园区，宏观区位条件十分优越。同时，吴淞江航道傍镇而过，陆上交通则有苏州—虹桥机场一级公路和吴淞公路，交通条件优越，地理位置相当重要（图5-24）。千灯镇全镇地处长江三角洲冲积平原，地势平坦，土地总面积约42.58平方公里，其中河流湖泊约占土地总面积的11.63%。

2. 人文历史

古镇千灯是江苏省历史文化名镇，距今已有2500年的历史。古镇文化

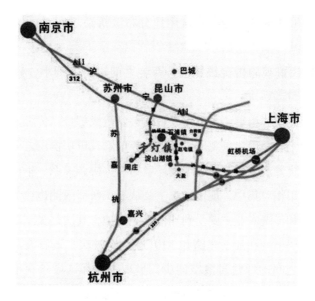

图 5 – 24　千灯镇区位

底蕴深厚，这里不仅是昆曲的故乡、江南丝竹发源地，还是明末清初思想家顾炎武的诞生地；这里不仅有始建于南北朝时期的秦峰塔、华东地区保存最完整的石板街，还有距今六七千年的新石器时代文化遗址。

千灯旧称千墩。据清陈元模著《淞南志》载，昆山市东南 36 里，川乡有水曰千墩浦，盖淞江自吴门东下至此，江之南北凡有墩及千，故名千墩。清宣统二年（1910 年），易名茜墩，其来历传说有二：一谓文人雅称；一谓因墩上长满茜草之故。1966 年 4 月，经江苏省人民委员会批准，改名千灯迄今。

千灯镇居民住宅模式仍旧依循古时的缘河而筑、临水而居、驳岸列排、河埠成市的自然肌理，水陆并行、河街相邻的棋盘式格局体现出了浓郁江南水乡的古朴风貌。

3. 城乡经济发展

2008 年全镇生产总值 153.5 亿元，其中第二产业 71.8%、第三产业 26.5%，第一产业仅占 1.7%。围绕主导产业高端化、新兴产业基地化、传统产业高新化的发展思路，形成新材料基地、线路板基地等五大特色园区和纳米材料、生物医药等众多新兴产业，实现了产业群集聚、产业链延伸和产业化提升。发展现代设施农业、精致高效农业、生态休闲农业和外向农业，通过规模化种植、产业化经营、公司化运作、市场化营销，成功带动农业结构调整优化，实现从传统农业向融休闲、观光、娱乐为一体的现代都市农业转变。同时，通过资源整合，有机结合古镇旅游，形成"古镇—生态"大旅游格局，将生态园和国家农业示范区精心打造成现代农业科技园、高效农业示范区、观光农业生态园和休闲旅游度假区。

（二）调查问卷结果及结论

1. 受访者基本情况

分别对被采访人的学历、本地人口结构、职业、外出务工情况、消费模式进行了统计。本地居民占47%，外地迁入打工居民53%（表5-7）；大多家中有常年外出务工者占43%，家中有季节性外出务工者占6%，家中没有人外出务工者占51%（表5-8）。

居民以30—50岁高中、本科学历的女性为主；主要受聘于乡镇政府机关或公司管理，公司职员其次；家中一般有外出务工的成员都是常年外出务工；收入主要用于日常生活和住房开销，其次是文化教育娱乐和休闲娱乐，出行花费最小，大多数当地人的收入还是用于实物消费以及教育。

从访谈中得知本地居民人口以及就业人数浮动非常微小，而外来居民的人口历年成倍增加，昆山近几年实行的外向型经济模式是这种现象的产生的直接原因。在问卷调查的受访者中，外地迁入打工居民的比例是53%，其中2/3的受访者在千灯停留时间不超过5年，1/3的受访者5—10年（表5-7）。

表5-7　　　　**您是本地人吗（是、否）？在本地居住时间**

	是否本地人		百分比	5年以下	5—10年	10—20年	20—30年	30年以上
千灯镇	是	91	47%	0	0	0	27	64
	否	102	53%	67	32	3	0	0
总计	—	193	100%	67	32	3	27	64

表 5 - 8 　　　　　　　　您家中是否有家人外出务工？

选项	人数	百分比
有常年在外打工的亲人	83	43%
有季节性在外打工的亲人	12	6%
没有	98	51%
总计	193	100%

2. 现代化与城市化进程对居民日常生活的影响

问卷主要从对生活方式满意度、日常消息获得途径、主要出行方式、用水来源以及娱乐方式来设置此部分的问题，通过问卷数据的统计采用相关的分析方法来反映现代化与城市化对农村居民生活的影响以及在何种方面影响最大。

受调查的193人中，63%的受访者对现今的生活方式表示很满意的，感觉一般的占37%，在采访过程中，受访者基本对现今的生活表示满足（表5-9）。关于家庭用水来源，所有受访者都一致表示已经普及自来水为生活用水，自然河塘和井水因为历年周边工业区的化工污染让人敬而远之，降为个体农业浇灌水源，不考虑在当地人生活用水的范围之内。在出行工具选择方面，当地居民选择公共交通为其主要的出行方式，占全部受访者的39%，其次为自驾车28%以及步行21%，自行车为11%，因出租车在当地并未完全普及，没有受访者选其为主要出行方式（表5-10）。

表 5 - 9 　　　　　　　　您对您现在的生活方式满意吗？

选项	人数	百分比
满意	122	63%
一般，没什么感觉	71	37%
不满意	0	0%
总计	193	100%

表 5 - 10　　　　　　　　　　您主要的出行方式是

选项	人数	百分比	选项	人数	百分比
步行	41	21%	自驾车	54	28%
自行车	23	12%	助动车	0	0%
公共交通	75	39%	其他	0	0%
出租车	0	0%	总计	193	100%

从日常生活获取信息的途径及休闲娱乐方式的调查来看，现代化、城市化、旅游业已经使传统农村居民生活方式在各方面都发生了重大改变，农业社会的质朴特征一扫而空。网络已经逐渐参与到人们的生活中，虽然老年人更倾向于通过电视机来度过休闲时间，但越来越多的年轻人选择网络来与外界交流。

3. 当地居民对现代化、城市化的态度

主要从当地人对传统民俗的认知、传统民俗文化保留现状以及环境等问题调查农村居民对周围生活环境、生活方式等各种变化的主观看法和意见（表 5 - 11—5 - 15）。

表 5 - 11　　　　您觉得所在的乡镇对传统民俗的保留程度如何

选项	人数	百分比
大多数保留	49	25%
保留一部分	132	68%
基本没有保留	12	6%
总计	193	100%

表 5 - 12　　　　　居民对于当地民俗传统丢失的看法

选项	人数	百分比
完全不在意，那都是老掉牙的东西了，不适合现在的环境，应该丢弃	17	9%
有点担心，原来的传统都是老一辈留下来的，应该保留一些	118	61%
很担心，原来的传统有很积极的一面，应该大部分保留并为今所用	25	13%

选项	人数	百分比
完全反对丢弃民俗传统，新的一代会因此丢失自身的文化根基	33	17%
总计	193	100%

表 5 - 13　　　　　**您对周边工业对当地环境影响的看法**

选项	人数	百分比
周边工业的发展使村里人富裕起来，比什么都重要，环境的改变微不足道	23	12%
周边的工业发展对环境有点危害，经济发展起来之后会注意到环境保护	43	22%
周边的工业发展对环境已经产生了较大危害，应该在发展经济的同时注意环境保护	106	55%
周边的工业发展已经彻底破坏了当地环境，应该取缔造成污染的企业，以环境为重	21	11%
总计	193	100%

表 5 - 14　　　　　**当地近几年在基础设施建设方面力度如何**

选项	人数	百分比
基本没有任何基础设施建设	3	2%
基础设施建设速度一般，公共环境逐步改善	76	39%
基础设施建设速度较快，公共环境有较大改善	105	54%
基础设施建设日新月异，已经基本和城里没区别了	9	5%
总计	193	100%

表 5 - 15　　　　　**本地的商业与前几年相比有哪些变化**

选项	人数	百分比
基本没有变化	0	0%
有一些变化，杂货商店和小超市明显多了	54	28%
有很大变化，除了小商店增加，还有大型超市和购物广场开业	115	60%

选项	人数	百分比
和城里差别不大了，有专门的商业街，想买的东西周围都能买到	24	12%
总计	193	100%

当地居民虽然在现代文明带来的种种便利中获得了较大的方便，享受着比较便利的生活，但是由于周边工厂对水质的污染现象较为普遍和严重，较多居民对工业发展所持的主观态度开始带有环保主义的元素。

在现代化和工业化的进程中，当地居民的传统文化意识并没有完全被抹去，从调查中得知当地居民对于文化丢失的态度完全不关心的居民数量仅占到9%，74%的当地居民对此表示了担忧，而真正从根本上了解传统文化的意义的人数仅占17%（表5-12）。由此可以看出，村民在选择中虽然表现出对现代化生活的向往和憧憬，但是大多数人还是保留了对于传统文化的偏爱。

表5-16为"四化"对千灯镇传统文化景观的冲击评价。

表5-16　　　**"四化"对千灯镇传统文化景观冲击评价**

		主要冲击	冲击程度
人	人口变迁	由于受旅游业的影响，吸引了大量的外来人口，造成外来人口超过了本地人口	★★★★
	生活方式	过分依赖现代交通、信息等设施，人际交流减少	★★★★
	生活观念	年青一代的居民憧憬现代的城市生活，并有大量传统民俗流失	★★★★
	生产方式	由原有的农业生产方式向现代的旅游商品经济发展	★★★★★
地	土地占用	产业经济转变，扩张无序，使大量农业用地被工业用地占据，耕地面积大幅减少，传统景观被现代居住景观、工业景观所包围	★★★★★
	传统居住建筑	租给外来打工者居住或经商，居住性质发生改变	★★★★
	居住环境	工业污染对生态危害严重	★★★★★
说明		冲击程度共分为5个等级，五星为最高等级	

(三) 景观现状调查

1. 千灯镇景观用地现状

首先利用千灯镇遥感影像（2009 年）栅格化处理导入 AutoCAD 进行分析判别，绘制成各景观要素分类成层的多段线图纸；接着通过实地调查校正较大误差；最后利用 ArcGIS9.3 软件建立景观要素数据库，以便分析利用（图 5 – 25）。

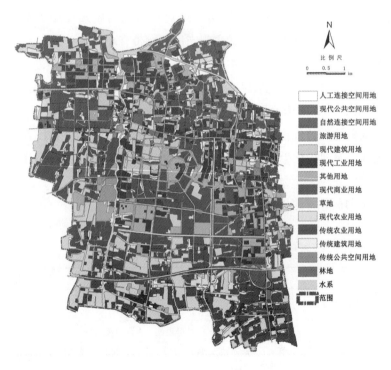

N

比例尺

0   0.5   1 km

人工连接空间用地
现代公共空间用地
自然连接空间用地
旅游用地
现代建筑用地
现代工业用地
其他用地
现代商业用地
草地
现代农业用地
传统农业用地
传统建筑用地
传统公共空间用地
林地
水系
范围

图 5 – 25　千灯镇景观土地利用现状

2. 景观现状

根据实地调查及景观土地利用现状分布，对千灯镇的现状调查从各景观斑块类型角度进行。从现场实际调查来看，千灯镇的传统文化景观主要集中在中心千灯古镇的保护街区（图 5 – 26）。

传统建筑景观

传统农业景观

现代农业景观　　　　　　　　　现代城镇夜景

现代工业景观　　　　　　　　现代农业景观

图 5-26　千灯镇景观现状

（1）古镇为核心：千灯古镇历史悠久，保留有完整的"水陆并行""河街相邻"的棋盘格局，是整个镇域范围内传统文化景观的核心。有年代久远的石板街、少卿山遗址、清代建筑余氏典当行等文物古迹。同时，这里还具有浓郁的水乡文化氛围。

（2）现代工业用地成为范围内重要的用地类型：千灯镇位于昆山市东南 15 公里；东接上海青浦区，距上海虹桥机场 30 公里；西邻苏州，离苏州市中心 35 公里。在这样区位条件下，有大量的工厂进驻于此。

二　千灯镇破碎化空间特征及分析

对千灯镇的景观格局定量化分析主要方法是以遥感影像为主要数据源，将各种土地利用形式抽象为斑块，获得这些斑块及其镶嵌体的量化信息。本部分具体从景观要素斑块特征（斑块数量、面积比例 PLAND、最大斑块指数 LPI）、空间关系（N_i）特征以及景观斑块破碎化指数（F_1）等几个方面提出千灯镇的破碎化指标和计算方法，用以分析千灯镇的空间结构。

（一）千灯镇景观要素斑块特征的破碎化分析——斑块数量、面积比例 PLAND、最大斑块指数 LPI

由于水系、人工连接空间用地及自然连接空间用地属于线性空间，列为廊道层面上考虑，在整体景观系统中起到的是连接与沟通的作用，故在空间过程分析过程中仅作为影响斑块分布的因子考虑（表 5 - 17）。

表 5 - 17　　　千灯镇景观要素斑块特征的破碎化分析结果

景观类型	斑块个数	CA（Ha）	PLAND（%）	LPI（%）
传统建筑用地	461	241.3	5.87	1.05
传统公共空间用地	4	7.1	0.17	47.64
传统农业用地	577	1409.7	34.31	1.95
传统商业用地	0	0	0.00	0
传统工业用地	0	0	0.00	0
现代建筑用地	45	104.8	2.55	7.09

续表

景观类型	斑块个数	CA（Ha）	PLAND（%）	LPI（%）
现代公共空间用地	9	20	0.49	33.55
现代农业用地	141	148	3.60	6.13
现代商业用地	5	1.8	0.04	47.31
现代工业用地	435	489.5	11.92	1.63
林地	132	73.6	1.79	4.75
草地	4	2.7	0.07	44.27
湿地	0	0	0.00	0
旅游用地	11	28.7	0.70	8.54
其他用地	296	442.6	10.77	0.25
人工连接空间用地	262	226	5.50	9.49
自然连接空间用地	298	147.6	3.59	2.47
水系（河流、坑塘）	393	764.8	18.62	2.77
总计	3073	4108.2	100	—

注：分析过程中，对于景观类型斑块数≤5，导致个别指数无效，不能反映变化规律，所以不对其进行讨论，以避免对其他类型指数值分析的影响。

在千灯镇景观面积的结构特征上，传统农业用地的景观面积最大，其PLAND指数为34.31%，反映出千灯镇的传统农业用地保存较好；现代工业、其他用地的景观面积也处于较高水平PLAND指数，分别为11.92%、10.77%，说明千灯镇已经开始了现代化工业化的进程。

LPI反映了景观中的优势类型，并在一定程度上反映人为活动的强弱和方向。从计算结果的数据来看，在斑块的水平上现代公共空间用地、现代商业、旅游用地的LPI值较大，这几类用地是典型受人类活动主导的景观类型；LPI值居中的为现代农业、林地，这两类用地也受到了人类活动的影响；LPI值较低的为传统农业、传统建筑、现代工业、其他用地，这表明人类活动对千灯镇的传统景观影响较小，且工业化及建设力度比较缓慢。

（二）千灯镇景观空间关系（分离度）及景观斑块破碎化指数分析

分离度 N_i 是描述斑块在空间分布上的分散程度，分离度越大表示斑块间的距离越大，斑块在空间分布上越离散。具体计算结果见表 5 – 18。

表 5 – 18　　　　千灯镇景观分离度及景观斑块破碎化指数分析结果

景观类型	分离度 N_i	破碎度
传统建筑用地	0.0285	0.0183
传统公共空间用地	0.0903	0.0001
传统农业用地	0.0055	0.0230
传统商业用地	0	0.0000
传统工业用地	0	0.0000
现代建筑用地	0.0205	0.0018
现代公共空间用地	0.0481	0.0003
现代农业用地	0.0297	0.0056
现代商业用地	0.3981	0.0002
现代工业用地	0.0137	0.0173
林地	0.0500	0.0052
草地	0.2374	0.0001
湿地	0	0.0000
旅游用地	0.0370	0.0004
其他用地	0.0325	0.0118
人工连接空间用地	0.0230	0.0104
自然连接空间用地	0.0375	0.0118
水系（河流、坑塘）	0.0083	0.0156
整个研究区域	—	0.0025

注：分析过程中，对于景观类型斑块数≤5，导致个别指数无效，不能反映变化规律，所以不对其进行讨论，以避免对其他类型指数值分析的影响。

从计算结果来看，除去斑块数目较少的草地、传统公共空间用地、现代商业用地外，分离度较大的是林地、现代公共空间用地、自然连接空间用地、旅游用地，说明这些斑块分布较为分散；传统建筑、现代农业、人工连接空间用地、现代建筑、现代工业、其他用地的分离度较小，说明这些斑块的分布较为集中。破碎度较高的是传统农业、传统建筑、现代工业、水系、自然连接空间用地、其他用地，说明这些斑块较为破碎，受到人类的影响较高；现代农业、林地、现代建筑、旅游用地、现代公共空间用地的破碎度较小，说明这些斑块分布相对集中，千灯镇的建设力度正在加大。从景观层面来计算，千灯镇景观斑块总数3073，最小斑块面积33.16平方米，研究区总面积4108.2公顷，景观斑块破碎化指数值为0.0025。从计算结果来看，平山乡景观斑块总体属于低破碎水平。

（三）指数分析小结

由以上分析结果可以总结出千灯的景观斑块的一些基本属性：第一，传统文化景观破碎化程度总体较低，属于低破碎化。人为活动对传统景观的影响主要集中于传统建筑景观斑块。第二，传统建筑斑块和现代工业斑块的破碎化程度较高，说明现代景观正在侵蚀传统文化景观，且现代工业、其他用地的景观面积也处于较高水平 PLAND 指数，分别为11.92%、10.77%，说明千灯镇已经开始了现代化工业化的进程。第三，传统农业景观的面积最大，说明传统农业景观的基质作用。第四，传统建筑、现代建筑的分离度较小，说明这些斑块的分布较为集中。

（四）千灯镇破碎化空间特征分析

千灯镇传统空间分布相对集中，如图5-27，主要分布在该镇南部区域。传统农业的数量较多，分布相对集中，但也存在传统农业用地分布较孤立，与传统空间片区相隔较远，如位于千灯镇北部边缘地区的传统农业，削弱了传统空间的整体性；传统建筑较分散，整体性较差；传统公共空间用地的数量较少，分布大部分在传统区域内部，对整体性影响不大。

千灯镇现代空间主要分布于研究区域的边界处，主要干扰斑块为现代工业，集中于边缘处向内蔓延，构成了千灯镇传统文化景观的分割破碎图（图5-28）。

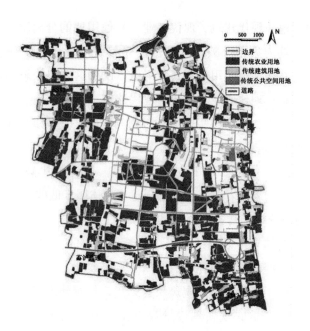

图 5 – 27　千灯镇传统空间分布

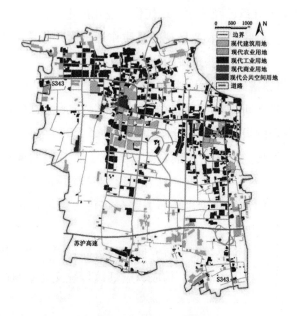

图 5 – 28　千灯镇现代空间分布

根据以上分析得出千灯镇传统文化景观破碎化的空间特征为：（1）景观破碎化程度属于低破碎化，现代景观及传统景观空间分布相对集中，现代景观主要分布于研究区域的边界处。（2）千灯镇现代景观中主要干扰斑块为现代工业，主要集中于边缘处向内蔓延，构成了千灯镇传统文化景观的分割破碎。（3）千灯镇景观破碎化特征为：导致景观破碎化的干扰斑块从区域一侧边缘侵入（图5－29）。

图5－29　千灯镇空间破碎化特征分析

三　千灯镇空间破碎化生态效应及存在问题分析

（一）空间破碎化的生态效应分析

本书的传统文化景观空间破碎化的生态效应评价，主要针对破碎化对文化景观产生的影响、带来的生态结果进行评价，采用层次分析法构建了传统文化景观空间破碎化的生态效应评价指标体系（表4－4），主要从B1连通性、B2整体性、B3稳定性、B4传统保有率四个层面进行评价。

1. 千灯镇文化景观空间连通性分析

连通性得分为4.40分（表5－21 B1），其中C11人工廊道的连通性为

3 分，低于 C12 自然廊道的连通性（5 分），表明千灯镇道路系统的连通性差于河流的连通性。具体分析如下。

千灯镇的水系和道路系统呈现"水陆并行""河街相邻"的棋盘格局，水系、路网发达。经计算水系的连通度较好，为 0.55（表 5-19 廊道数量 L 为 298，廊道节点数 V 为 182）（图 5-30）。从生态流传递的方面分析，河流太窄、局部水系没有形成水网，是景观环境生态薄弱的地方，会影响到动物的迁徙。

表 5-19 千灯镇景观空间廊道连通度

		连通度 R	廊道数量 L	廊道节点数 V
千灯	人工廊道	0.43	262	203
	自然廊道	0.55	298	182

注：人工廊道主要指道路等人工连接空间用地；自然廊道主要指河流等自然连接空间用地。

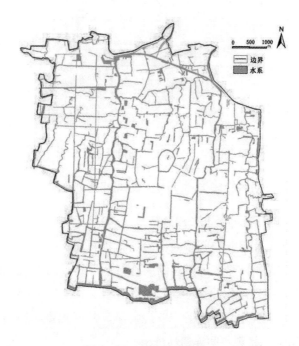

图 5-30 千灯镇水系分布

千灯镇的道路系统：区域内部与外部的交通线主要有苏沪高速、S343。分布呈现出：北部区域道路密集、接近于网状，南部区域道路较稀疏、形状接近于树枝状；总体来说数量多但节点也多，经计算连通度为0.43，连通度稍差（表5－19廊道数量L为262，廊道节点数V为203）（图5－31）。

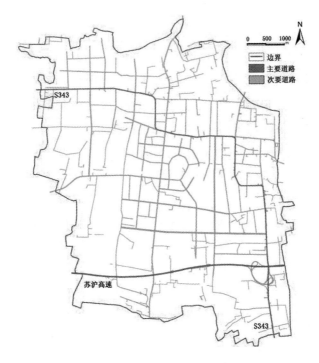

图5－31　千灯镇道路分布

2. 千灯镇文化景观空间整体性分析

整体性得分为3.93分（表5－21 B2），为中等，其中C22传统公共空间用地整体性最高得分为7分，C21传统建筑用地、C23传统农业的整体性较低，没有C24传统商业、C25传统工业用地。具体分析如下。从图5－27看出，千灯镇传统空间的整体性分布呈现以下特点：传统建筑较分散，整体性较差（图5－32）；传统农业的数量较多，分布相对集中，但也存在传统农业用地分布较孤立，与传统空间片区相隔较远，如位于千灯镇北部边缘地区的传统农业，削弱了传统空间的整体性（图 5 - 33）；传统公共空间用地的数量较少，分布大部分在传统区域内部，对整体性影响不大。

3. 千灯镇文化景观空间稳定性分析

从稳定性层面看，千灯镇稳定性得分为 6.70 分（表 5 - 21 B3），稳定性高。具体分析如下：从稳定性层面看，千灯镇共有 15 种用地类型（表 5 - 20），景观多样性指数较低为 1.59，传统空间与现代空间的协调与缓冲性高为 6.4 分（表 5 - 21，C32 协调与缓冲性），其中也存在一些传统建筑与现代空间、传统农业与现代空间的冲突点，如图 5 - 34、图 5 - 35。传统建筑和传统农业主要受到现代工业侵蚀，冲突点主要从北部边缘地区随着工业用地的扩展逐步增多；其次是受到现代建筑的侵蚀，冲突点的存在反映出传统空间与现代空间之间的绿色过渡空间小，整体景观不和谐的现状，同时导致整体景观的稳定性降低。

表 5 - 20 千灯镇景观多样性指数、传统保有率、破碎度及协调与缓冲性

空间类别名称 （样本空间 C）	斑块 个数	面积 （Ha）	PLAND （%）	景观多样性 指数（%）	传统保有率 （%）	破碎度	协调与 缓冲性
传统建筑用地	461	241.3	5.87	16.65	69.72	0.0344	—
传统公共空间用地	4	7.1	0.17	1.10	26.20	0.0002	—
传统农业用地	577	1409.7	34.31	36.70	90.50	0.0431	—
传统商业用地	0	0	0.00	0.00	—	—	—
传统工业用地	0	0	0.00	0.00	—	—	—
现代建筑用地	45	104.8	2.55	9.36	—	—	—
现代公共空间用地	9	20	0.49	2.59	—	—	—
现代农业用地	141	148	3.60	11.97	—	—	—
现代商业用地	5	1.8	0.04	0.34	—	—	—
现代工业用地	435	489.5	11.92	25.35	—	—	—
林地	132	73.6	1.79	7.21	—	—	—

续表

空间类别名称 （样本空间 C）	斑块 个数	面积 （Ha）	PLAND （%）	景观多样性 指数（%）	传统保有率 （%）	破碎度	协调与 缓冲性
草地	4	2.7	0.07	0.48	—	—	—
湿地	0	0	0.00	0.00	—	—	—
旅游用地	11	28.7	0.70	0.00	—	—	—
其他用地	296	442.6	10.77	0.00	—	—	—
人工连接空间用地	262	226	5.50	15.95	—	—	—
自然连接空间用地	298	147.6	3.59	0.00	—	—	—
水系（河流、坑塘）	393	764.8	18.62	31.30	—	—	—
整个研究区域	3043	4108.2	100	1.59	—	—	6.4

表 5 – 21　　**千灯镇文化景观空间破碎化生态效应评价分析**

约束层	权重	得分	因素层	权重	因素层基础数据	分级赋值
B1	0.1731	4.40	C11	0.2986	0.43	3
			C12	0.7014	0.55	5
B2	0.2911	3.93	C21	0.2613	0.0344	3
			C22	0.3255	0.0002	7
			C23	0.2275	0.0431	3
			C24	0.1205	无	1
			C25	0.0653	无	1
B3	0.2448	6.70	C31	0.4993	2.13	7
			C32	0.5007	—	6.4
B4	0.2911	2.69	C41	0.3423	69.72%	3
			C42	0.3157	26.20%	1
			C43	0.1672	90.50%	7
			C44	0.1077	无	1
			C45	0.0671	无	1
总计			目标层 A 得分：4.33			

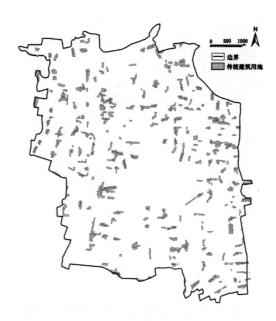

图 5 - 32　千灯镇传统建筑分布

图 5 - 33　千灯镇传统农业分布

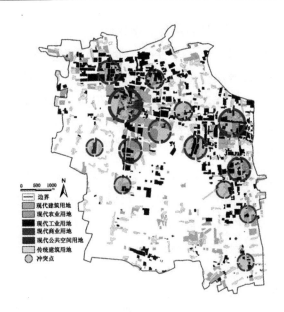

图5-34　千灯镇传统建筑与现代空间冲突点

图5-35　千灯镇传统农业与现代空间冲突点

4. 千灯镇文化景观空间传统保有率分析

从传统保有率来看得分为 2.69 分，传统保有程度较低，千灯镇北部地区的传统景观受现代景观影响较大，南部地区，分布相对完整集中、传统景观的整体风貌保持较好。具体各主要传统用地类型的分布呈现出以下特点：传统农业的保有率最高为 90.50%（图 5 - 36、表 5 - 20），说明传统农业的保存度最高，传统农业景观得到了较好的延续；其次为传统建筑其保有率为 69.72%（图 5 - 37、表 5 - 20），传统建筑受到了一定的冲击，尤其是千灯镇北部地区，有大量现代建筑涌现；传统公共空间用地的保有率最低，因为一方面现代人的生活方式需要大量的公共空间，涌现出许多新建的公共空间；另一方面建设过程中现代公共空间用地取代了部分的传统公共空间（图 5 - 38）。

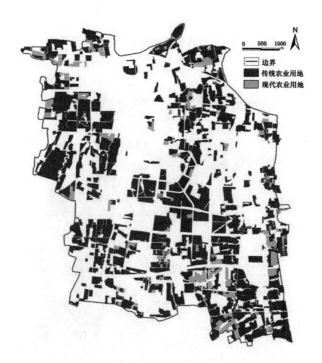

图 5 - 36   千灯镇传统农业与现代农业分布

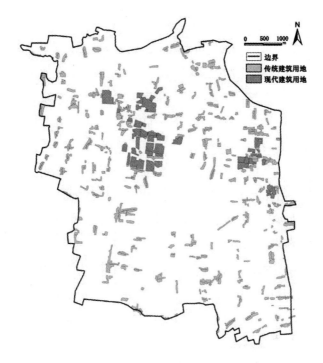

图 5 - 37　千灯镇传统建筑与现代建筑分布

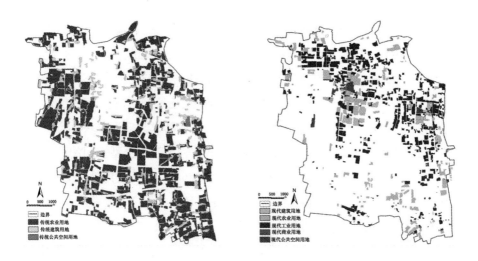

图 5 - 38　千灯镇传统空间与现代空间分布

5. 千灯镇文化景观空间破碎化的生态效应分析小结

生态效应的评价结果为 4.33，生态效应值中等（表 5 – 21）。连通性得分为 4.40 处于中等，其中道路连通性较低于河流的连通性，主要由于南部区域道路较稀疏、形状接近于树枝状导致整个道路系统节点较多，连通性降低；整体性得分为 3.93 为中等，其中传统建筑用地、传统农业的整体性较低，主要受到道路、水系及现代空间的分隔较破碎；稳定性得分为 6.70，稳定性高，景观多样性指数、传统空间与现代空间的协调与缓冲性均较高；传统保有率得分为 2.69，传统保有程度较低，除传统农业的保有率得分较高为 7 分，其次为传统建筑用地，其余传统空间的保有率均为 1 分都较低，都受到了现代空间的冲击。

各约束层的评价结果为：B3 稳定性在四个约束层中得分最高为 6.70，属于高稳定性；其次为 B1 连通性和 B2 整体性，各为 4.40 和 3.93，属于中等连通性和整体性；B4 传统保有率得分最低，为 2.69，属于较低传统保有率。

（二）空间破碎化存在问题的分析

对于传统文化景观空间破碎化存在问题的分析主要从廊道、典型斑块和斑块群组之间的关系三方面进行研究。廊道一方面是生态流传递的通道，另一方面对传统文化景观空间起到割裂的作用；存在问题的分析主要强调人类的影响，道路是人工廊道的代表，主要起到割裂景观空间的作用，更反映出对自然生态本底的冲击。传统建筑斑块是传统文化景观的核心斑块，该斑块的保存程度决定了传统文化景观风貌的优劣，将其作为典型斑块进行研究，主要强调文化景观空间典型斑块个体间的联系程度及该类型空间的整体性。传统景观斑块群组是传统文化景观的重要组成部分，传统文化景观空间破碎化的主要矛盾是现代景观斑块群组与传统景观斑块群组之间的矛盾，反映出各类型传统景观空间与周边现代环境的共生协调关系。

1. 道路（人工廊道）的分割加剧传统文化景观的破碎化，对自然生态本底产生冲击

千灯镇道路（人工廊道）的连通性中等（表 5 – 21 连通性得分 4.40），

对传统文化景观的分割度及自然生态本底的冲击作用均较低，对空间破碎
化的影响较小。道路对人类起到连接和物质传输作用，但同时分割传统文
化景观空间，是导致其破碎化的一个因素。千灯镇区域内部与外部的交通
线主要有苏沪高速、S343。分布呈现出：北部区域道路密集、接近于网
状，南部区域道路较稀疏、形状接近于树枝状；总体来说数量多但节点也
多，连通度稍差。道路分割作用明显，加剧了传统文化景观的破碎。

2. 传统建筑用地分布散落缺乏联系，景观连续性受到冲击

分离度能反映出文化景观空间斑块个体间的联系程度及该类型空间的
整体性。在现代空间的冲击下，传统建筑分布相对散落，彼此之间缺乏联
系，景观的连续性较差，不利于传统文化景观的保护。千灯镇的传统建
筑，在整个区域内均有分布，北部地区大量现代建筑涌现对其冲击性最
大。经计算该研究区域传统建筑用地的分离度为 0.0285（表 5 – 18），分
离度较低（各案例空间分离值分别为平山乡 0.043，千灯 0.0285，双闸
0.0474，钱桥 0.0869，直埠 0.1087），传统建筑用地分布散落缺乏联系，
景观连续性受到较低影响。

3. 现代景观冲击传统景观，两者之间过渡空间少，景观单元间落差大

千灯镇现代景观与传统景观分布相对集中，传统景观的稳定性、整体
性受到的冲击相对较小，呈现出局部区域景观单元间的落差大、景观不和
谐的现状。传统景观斑块群组是传统文化景观的重要组成部分，传统文化
景观空间破碎化的主要矛盾是现代景观斑块群组与传统景观斑块群组之间
的矛盾，反映出各类型传统景观空间与周边现代环境的共生协调关系。如
图 5 – 34、图 5 – 35，现代景观主要从北部边缘处侵入传统景观。传统建筑
和传统农业主要受到现代工业侵蚀，冲突点主要从北部边缘地区随着工业
用地的扩展逐步增多；其次是受到现代建筑的侵蚀，冲突点的存在反映出
传统空间与现代空间之间的绿色过渡空间小，整体景观不和谐的现状，同
时导致整体景观的稳定性降低。部分现代景观与传统景观交织分布，景观
风格的急剧变化，造成了较大的景观单元间落差。

第三节 中度破碎、网状廊道式——南京市双闸街道

一 双闸街道现状调查

（一）区域特征

1. 区域概况

双闸街道位于南京市建邺区西南部，西北紧邻长江，南和雨花台区西善桥街道隔河相望，东部、北部分别与建邺区沙洲街道和兴隆街道接壤。面积15平方公里，人口1.3万人。辖1个社区：双闸；5个村委会：江南、红旗、五星、双闸、天保。双闸街道两面临水，分别为长江和秦淮新河，北面为南京市老城区，靠近莫愁湖、紫金山等风景名胜地。双闸街道与市内主干道相接部分地铁一号线可以到达，镇内设有公交车站，公交线路可贯穿全镇。

2. 人文历史

双闸历史悠久，人文荟萃。南朝时，大胜村处设有大城港，系水陆交通要道，有重兵把守。唐朝大诗人李白曾至新亭（今大胜村附近），并赋诗曰："金陵风景好，豪士集新亭。"宋朝在此设过巡检塞和烽火台。元朝置水驿于此。元至正十九年（1359年），朱元璋和刘基商议对策，诱陈友谅东下，设伏歼敌，并令杨憬在大城港截其退路，杀得陈部丢盔弃甲，尸横遍野，取得了应天府保卫战的胜利，大城港亦改为大胜关。

3. 城乡发展分析

2010年建邺区全区实现国内生产总值97.17亿元，三次产业构成比为0.6：23.2：76.2。2010年全区农民人均纯收入12691元；城镇居民人均可支配收入25732.37元。目前，街道已形成农业为基础、第二产业为支柱、第三产业为补充的新的经济格局。一产完成了以菜为主，以果为辅，多经并举的结构调整，初步形成了以标准化葡萄基地、菊花叶基地、无公害蔬菜基地为龙头的都市农业框架；二产保持持续健康发展，在企业结构和产

品结构调整上取得一定成效；三产发展迅速，已形成了以砼沙交易为主的沿江建材市场群和以市政基础建设为主的建筑产业。

（二）调查问卷结果及结论

双闸街道一共分发调查问卷 45 份，其中有效问卷 45 份。分别从居民的基本情况、生活方式、对周边环境变化的感受及理想的居住环境四方面进行了调查统计。

1. 居民基本情况

根据调查统计，45 位当地居民中超过 85% 已经在双闸生活了十年以上，主要从事农业和一些小商业，少部分为政府及企事业员工。调查中居民也表示双闸目前大部分的人口都是本地居民，外地人很少。只有在近年出现一些外来人从事废品收购及加工行业。

在双闸当地外出打工或者来双闸打工的人员都非常少，说明双闸的人员流动很少。这也与双闸的经济结构有关，现代工业还不发达，主要依靠是农业及小商品经济。新秦淮河周边的工业对人员的需求量当地人基本可以满足。

2. 居民生活方式

居民主要的街道内出行方式为自行车和助动车，占到约 70%（图 5 - 39），去往南京市区则有公交线路也可以直达地铁站。出租车主要是依靠一种三轮出租，适用于短途出行，不可前往市区。这种交通方式也是与双闸的道路系统有关，道路多为村镇级别，由于现代化及工业化程度不深，所以道路系统和公共交通还没有很完善。

娱乐方式中传统娱乐中的打牌、麻将等约 1/4 人参与，其他就是电视等家庭娱乐占主要部分。另外 1/3 以上的居民主要娱乐方式是上网，说明现代的网络也已经深入双闸居民的生活，成为娱乐方式中被广泛接受的一部分（图 5 - 39）。

在对生活的满意程度方面一半以上居民都对现在的生活感到不满意（图 5 - 39）。在调查过程中可以发现，双闸目前的生活环境很差，外地人的废品加工等行业对当地环境的破坏很大。双闸的经济结构还不完善，使当地人的生活并不富裕，很多居民的生活来源还依靠自家农产品及一些小商铺。所以当地居民迫切希望能够尽快发展经济，改善生活环境。

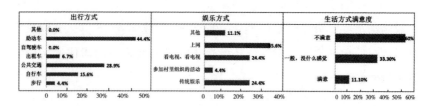

图 5-39 双闸街道居民生活方式调查

3. 周边环境的变化

大多数居民都感觉周边环境发生了一部分变化，主要是从生活的角度出发，城市化及工业化正在慢慢地开始向街道内渗透；一部分居民觉得没有发生变化，也是从生活的角度，感觉发展得太慢，生活没有发生质的改变；感觉周边环境发生很大改变及完全改变的是从居住环境的角度出发，生态环境远远不如以前，这部分人主要以中老年人为主（图 5-40）。

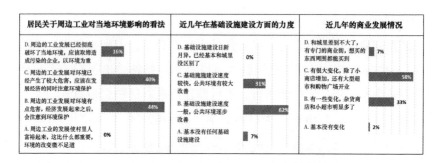

图 5-40 双闸街道居民对周围环境变化看法调查（1）

传统民俗的保留方面绝大多数都认为只保留了一少部分或者基本没有保留（图 5-41），一方面居民的居住环境没有得到改善，另一方面传统的民俗却慢慢地消逝了。

在当地居民对现代化进程的感受的调查中，主要从三个方面展开：基础设施建设、工业的发展和商业的发展（图 5-40）。综合这三方面的调查可以看到：首先，当地的基础设施及工业发展都刚刚开始起步，除去新秦淮河周边的一些砼沙建材工业之外街道内只有少量现代工业。因此现代工业对环境的影响还不够明显，村内的环境恶化一方面是由于经济发展缓慢，基础设施不够完善；另一方面是外地的一些小型废品收购及加工产业造成的。但是大部分居民还是希望工业可以快速发展以带来经济发展，并希望能与环境保护同时进行。其次，商业的发展正在逐步加快，在靠近南京市区的部分已经有大型的商业中心和超市出现，但是街道内部还是以一些小的商铺和传统商业为主，商业环境很差。

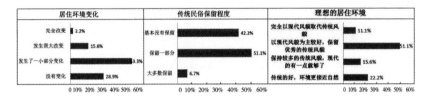

图5-41　双闸街道居民对周围环境变化看法调查（2）

4. 理想的居住环境

一半左右的居民还是希望能有现代化的居住和社区环境，都认为传统的文化景观风貌只保留一些有特色的就可以了。还有一小部分希望生活质量可以快速提高，完全以现代风貌取代传统风貌，表现出对现代生活的渴望（表5-22）。

表5-22　　　您认为理想的居住点是具有传统风貌还是现代风貌

选项	人数	百分比
传统的好，环境更接近自然	10	22.2%
保持较多的传统风貌，现代的有一点就够了	7	15.6%
以现代风貌为主较好，保留优秀的传统风貌就可以了	23	51.1%
完全以现代风貌取代传统风貌，要不就没有发展，太落后了	5	11.1%
总计	45	100%

表5-23给出了"四化"对双闸街道传统文化景观冲击的评价。

表5-23　　　　"四化"对双闸街道传统文化景观冲击评价表

		主要冲击	冲击程度
人	人口变迁	由于受旅游业的影响，吸引了大量的外来人口，造成外来人口超过了本地人口	★★★
	生活方式	过分依赖现代交通、信息等设施，人际交流减少	★★★★
	生活观念	年轻一代的居民憧憬现代的城市生活，并有大量传统民俗流失	★★★★
	生产方式	由原有的农业生产方式向现代的旅游商品经济发展	★★★
地	土地占用	产业经济转变，扩张无序，使大量农业用地被工业用地占据，耕地面积大幅减少，传统景观被现代居住景观、工业景观所包围	★★★★
	传统居住建筑	租给外来打工者居住或经商，居住性质发生改变	★★★
	居住环境	工业污染对生态危害严重	★★★★
说明		冲击程度共分为5个等级，五星为最高等级	

5. 结论

从问卷调查可以看出，当地居民对传统文化景观空间的态度：第一，不满意当前的生活方式，感觉经济不发达，生活环境差；第二，对外地人的小工厂对当地环境的破坏非常不满，不但没有带来当地经济情况的改观，而且使当地环境恶化；第三，对当地正在进行的拆迁工作非常配合，反映出当地人对生活环境改变的迫切需求，但希望改变生活环境的同时希望能够对原有的小桥流水式的生态环境进行恢复及保护；第四，传统农业慢慢荒废，希望能够有现代化的工业及农业快速发展，带来当地经济状况及生活方式的彻底改变。

（三）景观现状调查

双闸的景观土地利用现状是根据双闸街道遥感影像（2009年），栅格化处理倒入 AutoCAD 软件进行现状用地描绘并分类，在调研过程中进行实地检验并勘误，再利用 ArcGIS9.3 软件进行数据库的创建并最终成图（图5-42）

根据现场调研及景观土地利用图所示，双闸镇内的传统文化景观的整体形态还有所保留。但是保留的状况不见乐观。传统民居临水而建，河道纵横呈网状格局，但是水质很差，民居破损严重且大多面临拆迁。但是江南水乡的建筑布置格局还大致保留。下面分别从以下几个方面来描述实地情况。

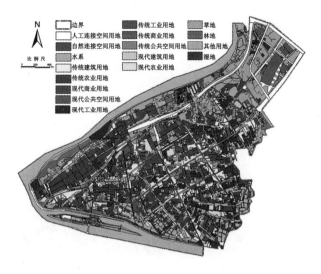

图 5 - 42　双闸街道景观土地利用现状

1. 城乡交界景观现状

　　双闸边缘靠近市区的部分现代化建设已经开始，道路、地铁、公交等基础设施已经完备，大型的商业中心和现代建筑已经开始建设或投入使用。现代化的进程正在向双闸街道延伸，内部大规模的拆迁工作已经开始。(图 5 - 43)

图 5 - 43　双闸街道城乡交界景观

2. 现代景观现状

双闸街道内部已经有了一些现代工业及公共景观，虽然还不够完善，但是已经粗具雏形。看出当地政府正在改善招商引资环境及发展工业。（图5－44）

图5－44 双闸街道现代景观

3. 传统景观现状

双闸街道内还保存着很多传统的生活方式，如传统的农业、传统的建筑格局及聚落、传统的商铺，等等。其中，传统的商铺及农贸市场也作为传统公共空间用地存在于当地人的生活中（图5－45）。

图5－45 双闸街道传统景观

二 双闸街道破碎化空间特征及分析

对双闸街道的景观格局定量化分析主要方法是以遥感影像为主要数据源，将各种土地利用形式抽象为斑块，获得这些斑块及其镶嵌体的量化信息。本部分具体从景观要素斑块特征（景观斑块数量、面积比例 PLAND 和最大斑块指数 LPI）、空间关系（N_i）特征以及景观斑块破碎化指数（F_1）等几个方面提出双闸街道的破碎化指标和计算方法，用以分析双闸街道的空间特征。

（一）双闸景观要素斑块特征的破碎化分析——面积比例 PLAND 指数、最大斑块指数 LPI

研究区域景观总面积为 6.22 平方公里，其中水系面积最大为 1461135.38 平方米，其次为传统农业用地 1047029.54 平方米。各景观斑块类型 PLAND 指数及 LPI 指数具体结果见表 5－24。同样，由于水系、人工连接空间用地及自然连接空间用地属于线性空间，列为廊道层面上考虑，在整体景观系统中起到的是连接与沟通的作用，故在空间分析过程中仅作为影响斑块分布的因子考虑。

从斑块数量看，草地的斑块数量最多说明平山乡区域范围内的草地较为破碎，受到了一定的人类活动的影响；其次为传统建筑、传统农业用地，说明传统景观受到的冲击较大，有破碎化的倾向；现代工业和其他用地的斑块数量较多，反映出双闸的建设力度较大。

从双闸景观斑块面积的结构特征来看，传统农业用地的景观面积最大，其 PLAND 指数为 16.84%；其次是草地，PLAND 指数为 16.07%。由此可以看出双闸传统文化景观及自然景观的面积较大，在双闸景观镶嵌结构模式中传统农业及草地可以作为斑块—廊道—基质模型中的基质来考虑。

LPI 反映了景观中的优势类型，并在一定程度上反映人为活动的强弱和方向。从计算结果的数据来看，在斑块的水平上 LPI 值除水系外，位于前几位的为现代公共空间用地、林地、草地及现代工业用地，LPI 值分别为 0.96%、0.66%、0.61%、0.49%（表 5－24），其中林地、草地均为自然景观斑块类型，而现代公共和工业用地这两类用地是典型受人类活动主导的景观类型，说明双闸已经开始了现代化工业化的进程，并且力度很大。从这两个数值的分布可以看出，双闸街道的自然景观及传统文化景观面积保存情况良好，但是现代景观也已经开始得到重视，并且发展很快。

表 5 – 24　　　　　双闸街道景观要素斑块特征的破碎化分析结果

景观类型	斑块个数	CA（平方米）	PLAND（%）	LPI（%）
传统建筑用地	510	568741.84	9.15	0.22
传统工业用地	55	58812.06	0.95	0.16
传统商业用地	4	4772.41	0.08	0.06
传统公共空间用地	27	24639.32	0.40	0.06
传统农业用地	376	1047029.54	16.84	0.30
现代建筑用地	83	42411.17	0.68	0.11
现代工业用地	224	413409.12	6.65	0.49
现代商业用地	3	4119.01	0.07	0.03
现代公共空间用地	99	183379.04	2.95	0.96
现代农业用地	24	197803.34	3.18	0.22
其他用地	178	289919.47	4.66	0.29
湿地	19	28150.7	0.45	0.04
林地	175	279969.15	4.50	0.66
草地	779	999076.9	16.07	0.61
水系	577	1461135.38	23.50	7.48
人工连接空间用地	454	581672.95	9.35	0.68
自然连接空间用地	58	33259.93	0.53	0.07
总计	3645	6218301.33	100	—

注：分析过程中，对于景观类型斑块数≤5，导致个别指数无效，不能反映变化规律，所以不对其进行讨论，以避免对其他类型指数值分析的影响。

（二）双闸街道景观空间关系（分离度）及景观斑块破碎化指数分析

分离度 N_i 是描述斑块在空间分布上的分散程度，分离度越大表示斑块间的距离越大，斑块在空间分布上越离散。具体计算结果见表 5 – 25。

表 5 – 25　　　　　　　　　　双闸街道景观分离度分析结果

景观类型	分离度 N_i	破碎度
传统建筑用地	0.0474	0.2984
传统工业用地	0.0386	0.0317
传统商业用地	0.0201	0.0018
传统公共空间用地	0.0323	0.0152
传统农业用地	0.0624	0.2198
现代建筑用地	0.0428	0.0481
现代工业用地	0.0549	0.1307
现代商业用地	0.0187	0.0012
现代公共空间用地	0.0447	0.0574
现代农业用地	0.0314	0.0135
其他用地	0.0518	0.1038
湿地	0.0296	0.0106
林地	0.0516	0.1020
草地	0.0749	0.4560
水系	0.0695	0.3376
人工连接空间用地	0.0655	0.2655
自然连接空间用地	0.0391	0.0334
整个研究区域	—	0.0188

　　从计算结果来看，水系、人工连接空间等线性空间之间的分离度较大是由廊道的属性决定的，这些廊道起到了线性分割的作用；草地斑块之间的分离度最大，说明草地的斑块分布较为分散且广泛；除去一些斑块数目很少的景观类型之外，传统农业用地、现代工业用地、其他用地的分离度指数仅次于草地，反映出以现代工业为代表的现代景观分布分散对传统景观造成了较大冲击；传统建筑的分离度处于中等水平，反映出传统建筑的分布相对集中。

　　作为传统文化景观的主要载体的传统农业用地及传统建筑用地的景观斑块破碎化指数相对较高，是因为它们的布局形式是随着道路及水系的走向布局的，这样由于道路的分割作用造成它们的破碎化指数较高；草地的破碎化指数较高，表明自然景观的破碎化程度比较严重，原因主要是现代工业及现代建筑的发展使以荒地及工地为主的其他用地面积增加，造成对自然景观的破坏。从景观层面来计算，双闸景观斑块总数 3645，研究区总面积 6218301.33 平方米，景观斑块破碎化指数值为 0.0188。从计算结果来看，双闸街道景观斑块总体属于中等破碎化水平。

（三）指数分析小结

由以上分析结果可以总结出双闸景观斑块的一些基本属性：第一，双闸街道的总体景观破碎化程度属于中度破碎化，表明人为活动对景观的影响较大，现代景观虽还没有大规模地建设起来，所占比例较小，道路作为现代景观的发展布局走向对传统文化景观的分割作用已经显现出来。并且结合景观用地现状图，可以看出，现代景观对传统景观正呈现出逐步蔓延的趋势。第二，现代公共和工业用地的 LPI 值较高，而这两类用地是典型受人类活动主导的景观类型，说明双闸已经开始了现代化工业化的进程，并且力度很大。第三，除去一些斑块数目很少的景观类型之外，传统农业用地、现代工业用地、其他用地的分离度指数仅次于草地，反映出以现代工业为代表的现代景观分布分散对传统景观造成了较大冲击；传统建筑的分离度处于中等水平，反映出传统建筑的分布相对集中。

（四）双闸街道破碎化空间特征的分析

传统空间分布相对集中，如图 5-46，传统建筑等传统景观斑块分布在主要廊道的两侧，主要集中在街道中心的几个地块与道路与水系依伴而生，纵横交错将整个区域划分为方格状网络格局，传统建筑、商业等传统空间多紧靠道路，分布于道路两侧，靠近市区方向的北部边界分布较少；传统建筑、传统农业的数量较多，由于道路和河流的分割作用分布分散，比较破碎，整体性最差；传统工业、传统商业、传统公共空间用地的数量较少，分布大部分在传统区域内部，对整体性影响不大。

图 5 - 46 双闸街道传统空间分布

　　双闸街道现代空间分布分散,沿道路散落在整个区域内(图 5 - 47)。现代景观中主要干扰斑块为现代工业及现代建筑,沿着道路与水系构成的网状干扰廊道,从靠近市区的边缘处渐进地对传统文化景观进行侵蚀,构成了传统文化景观的分割破碎。

　　根据以上分析得出双闸街道传统文化景观破碎化的空间特征为:(1)景观破碎化程度属于中破碎化,道路与水系依伴而生,纵横交错将整个区域划分为方格状网络格局,传统建筑等传统景观斑块分布在主要廊道的两侧,主要集中在街道的街道中心的几个地块中;(2)双闸街道现代景观中主要干扰斑块为现代工业及现代建筑,沿着道路与水系构成的网状干扰廊道,从靠近市区地边缘处渐进地对传统文化景观进行侵蚀,构成了传统文化景观的分割破碎;(3)基于以上两点,概括出双闸街道景观破碎化特征为:导致景观破碎化的干扰斑块沿网状干扰廊道侵入(图 5 - 48)。

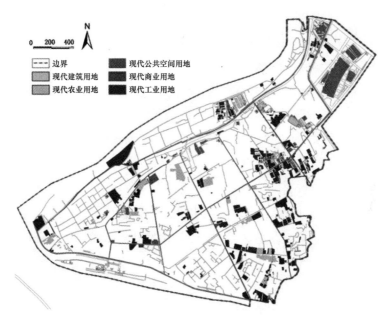

图 5 - 47　双闸街道现代空间分布

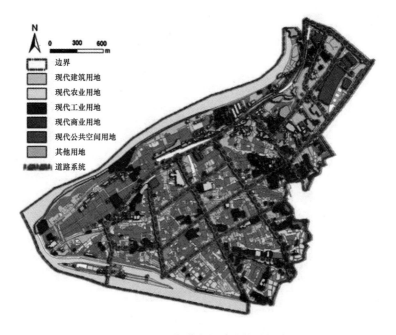

图 5 - 48　双闸街道空间破碎化特征分析

三　双闸街道空间破碎化生态效应及存在问题分析

（一）空间破碎化生态效应分析

本书的传统文化景观空间破碎化的生态效应评价，主要针对破碎化对文化景观产生的影响、带来的生态结果进行评价，采用层次分析法构建了传统文化景观空间破碎化的生态效应评价指标体系，主要从 B1 连通性、B2 整体性、B3 稳定性、B4 传统保有率四个层面进行评价。

1. 双闸街道景观空间连通性分析

廊道在整个景观格局中起到了连接与分割的作用，人工道路与水系之间是相互依伴的关系，纵横交错，并呈现出网状的布局形式，将整个区域划分为方格状网络格局。

连通性得分为 5.00 分（表 5 - 28 B1），其中 C11 人工廊道与 C12 自然廊道的连通性得分都为 5 分，表明双闸街道道路系统的连通性与河流的连通性都较高。具体分析如下：双闸街道的水系丰富，区域内水塘、小型河流较多，西靠长江，南邻秦淮新河，分布呈现出东部密集，西部稀疏的格局（图 5 - 49），经计算连通度较好为 0.51（表 5 - 26 廊道数量 L 为 208，廊道

图 5 - 49　双闸街道水系分布

节点数 V 为137)。从生态流传递的方面分析,部分区域水塘分布较分散,没有与河流联系成网络,是生态流传递的薄弱点。双闸街道的道路系统:主要有扬子江大道、新河街、江东南路等,分布接近于网状(图5-50),连通度较高,为0.52(廊道数量 L 为454,廊道节点数 V 为295)。道路及水系构成的方格网将自然景观斑块及传统农业斑块划分为方块状分布于整个研究区域内,加速了景观的破碎化。

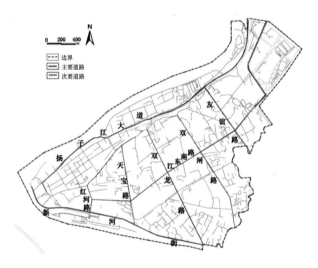

图5-50　双闸街道道路分布

表5-26　　　　　　　　　双闸街道景观空间廊道连通度

		连通度 R	廊道数量 L	廊道节点数 V
双闸	人工廊道	0.52	454	295
	自然廊道	0.51	208	137

注:人工廊道主要指道路等人工连接空间用地;自然廊道主要指河流等自然连接空间用地。

2. 双闸街道景观空间整体性分析

整体性得分为2.26分(表5-28 B2)整体性较低,其中 C24 传统商业用地的整体性最高得分为5分,其次是 C22 传统公共空间用地、C25 传统工业用地得分为3分,C21 传统建筑用地、C23 传统农业的整体性最低。

具体分析如下。

从图 5 - 46 看出，双闸街道传统空间的整体性分布呈现以下特点，传统建筑、商业等传统空间多紧靠道路，分布于道路两侧，靠近市区方向的北部边界分布较少；传统建筑、传统农业的数量较多，由于道路和河流的分割作用分布分散比较破碎，整体性最差（图 5 - 51、图 5 - 52）；传统工业、传统商业、传统公共空间用地的数量较少，分布大部分在传统区域内部，对整体性影响不大。

表 5 - 27　双闸街道景观多样性指数、传统保有率、破碎度及协调与缓冲性

空间类别名称	斑块个数	面积（平方米）	PLAND（%）	景观多样性指数（%）	传统保有率（%）	破碎度	协调与缓冲性
传统建筑用地	510	568741.84	9.15	21.88	93.06	0.2984	—
传统公共空间用地	27	24639.32	0.40	2.19	11.84	0.0152	—
传统农业用地	376	1047029.54	16.84	30.00	84.11	0.2198	—
传统商业用地	4	4772.41	0.08	0.55	53.67	0.0018	—
传统工业用地	55	58812.06	0.95	4.41	12.45	0.0317	—
现代建筑用地	83	42411.17	0.68	3.40	—	—	
现代公共空间用地	99	183379.04	2.95	10.39	—	—	
现代农业用地	24	197803.34	3.18	10.97	—	—	
现代商业用地	3	4119.01	0.07	0.48	—	—	
现代工业用地	224	413409.12	6.65	18.02	—	—	
林地	175	279969.15	4.50	13.96	—	—	
草地	779	999076.9	16.07	29.38	—	—	
湿地	19	28150.7	0.45	2.44	—	—	
旅游用地	0	0	0.00	0.00	—	—	
其他用地	178	289919.47	4.66	14.29	—	—	
人工连接空间用地	454	581672.95	9.35	22.16	—	—	
自然连接空间用地	58	33259.93	0.53	2.80	—	—	
水系（河流、坑塘）	577	1461135.38	23.50	34.03	—	—	
整个研究区域	3645	6218301.33	100	2.21	—	—	3.4

3. 双闸街道景观空间稳定性分析

从稳定性层面看，双闸街道稳定性得分为 5.20 分（表 5-28 B3），稳定性高。具体分析如下：双闸街道共有 18 种用地类型（表 5-27），景观多样性指数较高为 2.17，传统空间与现代空间的协调与缓冲性较低为 3.4分（表 5-28 C32 协调与缓冲性），表现在传统农业、传统建筑与现代空间的冲突点较多，如图 5-53、图 5-54。二者主要受到现代工业侵蚀，其次是受到现代建筑的侵蚀，现代工业分布散乱，对传统空间造成了极大的影响，使得冲突点分布也较散乱。冲突点的存在反映出景观单元间的落差大、整体景观不和谐的现状，同时导致整体景观的稳定性降低。

表 5-28　　　　双闸街道文化景观空间破碎化生态效应评价分析

约束层	权重	得分	因素层	权重	因素层基础数据	分级赋值
B1	0.1731	5.00	C11	0.2986	0.52	5
			C12	0.7014	0.51	5
B2	0.2911	2.26	C21	0.2613	0.298362	1
			C22	0.3255	0.01524	3
			C23	0.2275	0.219815	1
			C24	0.1205	0.001759	5
			C25	0.0653	0.031653	3
B3	0.2448	5.20	C31	0.4993	2.17	7
			C32	0.5007		3.4
B4	0.2911	3.72	C41	0.3423	93.06%	7
			C42	0.3157	11.84%	1
			C43	0.1672	84.11%	5
			C44	0.1077	53.67%	1
			C45	0.0671	12.45%	1
总计	目标层 A 得分：3.88					

注：C32 协调与缓冲性为各专家分级赋值后的平均值，在本表中只出现结果。

图 5 - 51　双闸街道传统建筑分布

图 5 - 52　双闸街道传统农业分布

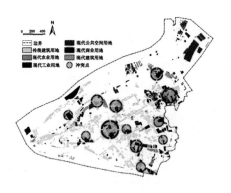

图 5 - 53　双闸街道传统建筑与
现代空间冲突点

图 5 - 54　双闸街道传统农业与
现代空间冲突点

4. 双闸街道景观空间传统保有率分析

从传统保有率来看，得分为 3.72 分，传统保有程度中等，具体各主要传统用地类型的分布呈现出以下特点：双闸街道的传统景观集中分布在南部片区（图 5 - 47），分布相对完整集中、传统景观的整体风貌保持较好；具体各主要传统用地类型的分布呈现出以下特点：传统农业和传统建筑的保有率均较高分别为 93.06%、84.11%（图 5 - 55、图 5 - 56，表 5 - 28）说明传统建筑和传统农业景观都得到了较好的延续；其次为传统商业其保有率为 53.67%（表 5 - 28），现代工业及现代建筑在双闸靠近市区的边界处已经开始建设，且在双闸内部主干道路旁也有了一些新的工厂，可见双闸的工业化进程也在加快。从布局上来看，也均是沿道路建置，已经对传统景观造成了一些分割影响，导致传统文化景观的破碎化（图5－57）。

图5－55　双闸街道传统建筑与现代建筑分布

图5－56　双闸街道传统农业与现代农业分布

图5-57 双闸街道传统空间与现代空间分布

5. 双闸街道文化景观空间破碎化的生态效应分析小结

生态效应的评价结果为3.88,生态效应值中等。连通性得分为5.00,连通性较好,人工廊道、自然廊道的连通性都较好为5.00分,主要由于双闸街道的道路与水系依伴相生,分布都接近于网状,节点少,连通性高;整体性得分为2.26,整体性较低,C21传统建筑用地、C23传统农业的整体性最低,主要受到道路、水系及现代空间的分隔,较破碎;稳定性得分为5.20，稳定性高，景观多样性指数较高，但传统空间与现代空间的协调与缓冲性得分中等为3.4分，主要由于现代工业分布分散，对传统空间造成了极大的影响，使得冲突点分布较多且分散；传统保有率来看，得分为3.72分，传统保有程度中等，传统农业和传统建筑的保有率最高，其次为传统商业。

各约束层的评价结果为：B3稳定性在四个约束层中得分最高，为5.20，属于高稳定性；其次为B1连通性和B4传统保有率各为5.00和3.72，属于中等连通性和传统保有率；B2整体性得分最低，为2.26，属于较低整体性。

（二）存在问题分析

对于传统文化景观空间破碎化存在问题的分析主要从廊道、典型斑块和斑块群组之间的关系三方面进行研究。廊道一方面是生态流传递的通道，另一方面对传统文化景观空间起到割裂的作用；存在问题的分析主要强调人类的影响，道路是人工廊道的代表，主要起到割裂景观空间的作用，更反映出对自然生态本底的冲击。传统建筑斑块是传统文化景观的核心斑块，该斑块的保存程度决定了传统文化景观风貌的优劣，将其作为典型斑块进行研究，主要强调文化景观空间典型斑块个体间的联系程度及该类型空间的整体性。传统景观斑块群组是传统文化景观的重要组成部分，传统文化景观空间破碎化的主要矛盾是现代景观斑块群组与传统景观斑块群组之间的矛盾，反映出各类型传统景观空间与周边现代环境的共生协调关系。

1. 道路的分割加剧传统文化景观的破碎化，对自然生态本底产生冲击

双闸街道道路（人工廊道）的连通性较高（连通性得分5.00），对传统文化景观的分割度及自然生态本底的冲击作用均较高，对空间破碎化影响较高。廊道在整个景观格局中起到了连接与分割的作用，双闸街道人工道路与水系之间是相互依伴的关系，纵横交错，并呈现出网状的布局形式，将整个区域划分为方格状网络格局。双闸街道的道路系统主要有扬子江大道、新河街、江东南路等，分布接近于网状，连通度较高。道路及水

系构成的方格网将自然景观斑块及传统农业斑块划分为方块状分布于整个研究区域内，加速了景观的破碎化。

2. 传统建筑用地分布散落缺乏联系，景观连续性受到冲击

分离度能反映出文化景观空间斑块个体间的联系程度及该类型空间的整体性。在现代空间的冲击下，传统建筑分布相对散落，彼此之间缺乏联系，景观的连续性较差，不利于传统文化景观的保护。双闸街道的传统建筑，多紧靠道路，分布于道路两侧，靠近市区方向的北部边界分布较少。经计算该研究区域传统建筑用地的分离度为0.0474，分离度相对较低（各案例空间分离度值分别为平山乡0.043，千灯0.0285，双闸0.0474，钱桥0.0869，直埠0.1087），传统建筑用地分布散落缺乏联系，景观连续性受到较低影响。

3. 现代景观冲击传统景观，两者之间过渡空间小，景观单元间落差大

双闸街道传统建筑分布相对集中，但现代景观分布分散冲击传统景观，传统景观的稳定性、整体性受到的冲击较大，呈现出大部分区域景观单元间的落差大的现状。传统景观斑块群组是传统文化景观的重要组成部分，传统文化景观空间破碎化的主要矛盾是现代景观斑块群组与传统景观斑块群组之间的矛盾，反映出各类型传统景观空间与周边现代环境的共生协调关系。双闸街道传统建筑分布相对集中，但现代景观分布分散冲击传统景观，造成了传统景观的破碎，现代空间与传统空间之间绿色过渡空间少，呈现出较大的景观落差。表现在传统农业、传统建筑与现代空间的冲突点较多，二者主要受到现代工业侵蚀，其次是受到现代建筑的侵蚀，现代工业及现代建筑在双闸靠近市区的边界处已经开始建设。现代工业分布散乱，对传统空间造成了极大的影响，使得冲突点分布也较散乱。冲突点的存在反映出景观单元间的落差大、整体景观不和谐的现状，同时导致整体景观的稳定性降低。

第四节 中度破碎、填充式——无锡市钱桥镇

一 钱桥镇现状调查

(一) 区域特征

1. 区域概况

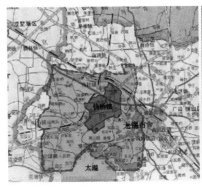

图 5-58 钱桥镇区位及发展现状

钱桥镇位于京杭运河南岸、惠山和舜柯山北麓,紧靠无锡市区(图 5-58),312 国道、锡陆公路和锡宜高速公路、直通无锡市区的惠山大道贯穿全镇,交通四通八达。全镇总面积为 46.5 平方公里,全镇人口5.3 万,下辖 16 个村民委员会,1 个街道工作委员会,4 个居民委员会。主要是平原,加有少许低山和丘陵,该地区河网密布,水美土肥,物产丰富,是典型的江南水乡,也是全国著名的鱼米之乡。

2. 人文历史

根据地域特征,钱桥镇的主要文化脉络属于"吴文化"体系。"吴文化"是以无锡"梅村"为发祥地,以太湖流域为辐射范围,以吴语为"方言"和重要交流手段,在漫长的历史发展过程中形成的一种有着鲜明的南方"水乡"特色的地域文化,在这种地域文化的影响下,该区域的文化景

观具有强烈的地方性特色；同时，在改革开放以来，该地区率先发展乡镇经济，打造乡镇企业，创造了"苏南模式"的传奇。从文化本身的发展脉络来看，"吴文化"从古发展至今，一个引人注目的重大演变，乃是由传统的"农业经济文化型"向现代的"工商经济文化型"转变。换言之，即由传统的乡土经济文化向着现代的城市经济文化转型，或者说由古代封闭型的内倾性小镇文化向现代开放的外向型都市文化转变。所有这些转变，与无锡及其太湖周边地区近代工商业的产生、发展以及经济社会的形成密不可分。

3. 城乡经济发展

在农业建设方面，除了确保基本农田的保护，该镇大力发展特色园艺基地，拥有生态园艺中心、无锡蔬菜种苗中心、怡情苑、东风花苑苗圃场等园艺基地。并打造精品农业，依据紧临阳山的优势，建立西片5000亩水蜜桃基地；依托茶场，打造有机茶业生产基地。同时进行矿山整治及复耕复绿工作，加快土地复耕速度。

在工业方面不断提升工业发展层次，加快传统工业向新型工业转换。逐渐形成了一个支撑镇区经济发展的规模企业群，并且大力发展村级经济，继续保持其贡献份额。同时充分利用外资兴建科技型企业。

在第三产业的发展上，利用京杭大运河和洋溪河的河道运输优势，发展仓储流通业，同时充分发挥道口优势，加快建设大型市场，分别有占地400亩的五洲国际装饰城、占地238亩的万健置业市场以及无锡市公交停车场等项目。另外，房地产开发也呈现出快速发展的势头。

（二）调查问卷结果及结论

本次调查一共发放问卷135份，皆为有效问卷。以下是对问卷的统计和分析。

1. 受访者个人基本信息情况

在受访的135人中，男性占39%，女性占61%；小学学历的占5%，初中学历的占26%，高中（包括职高等技术学校）的占53%，本科及以上学历的占16%；受访者职业构成以企业员工和个体经营者为主，各占到约 1/3（图 5-59）。

调查显示，受访居民家中 80% 以上都有外出务工的成员，且多为季节性在外打工。值得注意的是，受访农村中，休闲娱乐方面的可支配收入增加了，也表示农村居民的整体收入和生活水平大大提高了。

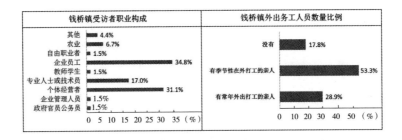

图 5-59　钱桥镇居民基本情况调查

调查还发现，存在人口转移使原始居民数量减少的现象。在钱桥镇，本地居民占 44%，外地迁入打工居民 56%。本地居民大都迁入市区或新镇公寓式住宅，而将传统平房住宅或出租给外来务工人员或者留给老人居住，抑或空置着，所以房子的性质已经发生了根本的改变。

2. 现代化与城市化进程对居民日常生活的影响

出行方式：75.1% 的居民出行以公共交通为主（图 5-60），反映出钱桥镇公交线路和站点已经覆盖了本镇内大部分地区，与周边其他乡镇或是市区的联系也已经非常发达和成熟。

居民休闲方式以上网和看电影、看电视为主，二者占到 75% 以上，表现出随着电视和网络的普及，使乡村居民获得了更快捷直观的外界感知。但足不出户的方式也带来了城市里的疏于面对面交流的弊端，村民聊天的机会少了，相互之间陌生了。

3. 居民对周围环境、生活方式等一系列改变的个人看法及意见

（1）产业经济转型对居住环境的影响：无锡及周边地区的工、商业一直较为发达。城市化快速推进，使乡村的产业也正由传统的"农业经济"向现代的"工商经济"转变，其中对原有的生态环境造成了一定的影响。

　　一方面，钱桥镇的受访者对工业污染反映特别强烈，有79.3%的人认为周边的工业发展对环境已经产生了较大危害，应该在发展经济的同时注意环境保护（图5-61）。

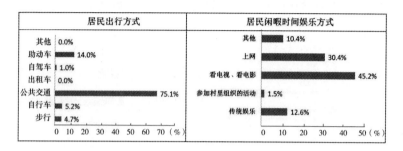

图5-60　钱桥镇居民生活方式调查

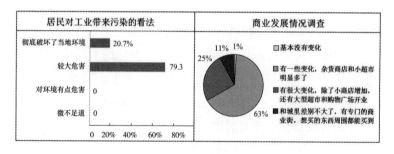

图5-61　钱桥镇居民对周边环境变化的看法调查

　　另一方面，商业的侵蚀并没有工业对环境影响那么严重，63%的居民认为商业发展只有一些变化，只是杂货店和小超市明显多了（图5-61）。另外根据观察发现大型超市和购物广场不多，建设用地未被规模较大的商业建筑所占据，多为私人经营的小商铺，有些采用下店上宅的形式仍基本保留了传统建筑的居住性质和空间形态。

　　（2）城市化对当地传统民俗的影响：现代化、城市化不仅对环境造成了直接的影响，而且村镇里长久流传下来的传统民俗也正以看不见的速度慢慢消失。对传统丢失，在访谈中笔者发现村民们存在矛盾的心理：现代化、城市化的进程在逐渐改变着他们的生活状态，一方面可以享受着现代文明带来的种种便利，另一方面又对传统文化的丧失有所担忧，特别是一些居住时间长达二三十年的老年居民更是表达了对原有传统和昔日良好生态环境的种种怀念，可是年轻的居民似乎并不太理解，更多地表达了对现代生活方式的憧憬（图5-62）。

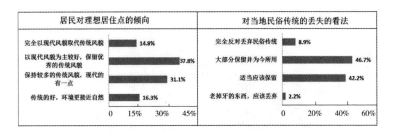

图5-62　钱桥镇居民对传统文化的保留看法调查

表5-29　　　　　　"四化"对钱桥镇传统文化景观冲击评价

		主要冲击	冲击程度
人	人口变迁	由于受旅游业的影响，吸引了大量的外来人口，造成外来人口超过了本地人口	★★★
	生活方式	过分依赖现代交通、信息等设施，人际交流减少	★★★★
	生活观念	年轻一代的居民憧憬现代的城市生活，并有大量传统民俗流失	★★★★
	生产方式	由原有的农业生产方式向现代的旅游商品经济发展	★★★
地	土地占用	产业经济转变，扩张无序，使大量农业用地被工业用地占据，耕地面积大幅减少，核心保护区被现代居住景观、工业景观所包围	★★★★★
	传统居住建筑	租给外来打工者居住或经商，居住性质发生改变	★★★
	居住环境	工业污染对生态危害严重	★★★★★
说明		冲击程度共分为5个等级，五星为最高等级	

（三）景观现状调查

1. 钱桥镇景观用地现状

首先利用钱桥镇遥感影像（2009年）栅格化处理导入 AutoCAD 进行

分判别，绘制成各景观要素分类成层的多段线图纸；接着通过实地调查校正较大误差；最后利用 ArcGIS9.3 软件建立个景观要素数据库，以便分析利用。实地调查按照景观斑块类型的分类进行开展，见图 5 - 63。

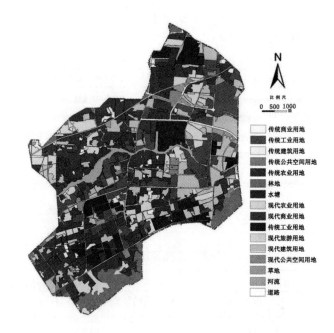

图 5 - 63　钱桥镇景观土地利用现状

2. 景观斑块类型现状

（1）农业景观斑块：钱桥镇近几年来出现大面积的都市农业、观光农业，不仅给城市居民提供了更好的食物与休闲场所，也使得土地的种植和经营发生翻天覆地的变化，经济作物（特别是苗木花卉、蔬菜和水果）种植规模大幅度上升。与此同时，随着农业生产机械化、现代化和生态化的发展。传统农业生产模式逐渐消失，出现成片的大棚生产基地、无土栽培技术以及精准农业、绿色农业等新的发展模式。

（2）工业及居住景观斑块：近些年城镇周边新建的工业园和工业小区，不仅扩大了小城镇的规模和功能，也使得小城镇空间格局发生大幅度改变。农民住房从土房变楼房、从楼房变洋房的过程中，可以明显看出聚落景观的更替与变迁。同时,大量出现的农民公寓成为一道新的风景线。随着乡村城市化和工业化的不断发展,现代居住小区的面积逐渐增大(图5-64—图5-66)。

图 5-64 钱桥镇传统景观

图 5-65 钱桥镇现代景观

图 5-66 钱桥镇廊道与自然景观

二 钱桥镇破碎化空间特征及分析

对钱桥镇的景观格局定量化分析主要方法是以遥感影像为主要数据源，将各种土地利用形式抽象为斑块，获得这些斑块及其镶嵌体的量化信息。本部分具体从景观要素斑块特征（斑块数量、面积比例 PLAND、最大斑块指数 LPI）、空间关系（N_i）特征以及景观斑块破碎化指数（F_1）等几个方面提出钱桥镇的破碎化指标和计算方法，用以分析钱桥镇的空间特征。

（一）钱桥镇景观要素斑块特征的破碎化分析——斑块数量、面积比例 PLAND、最大斑块指数 LPI

研究区域内景观斑块总面积为 39863584 平方米，其中传统农业用地面积最大为 11555796 平方米。各景观斑块类型 PLAND 指数及 LPI 指数具体结果见表 5 - 30。

表 5 - 30　　钱桥镇景观要素斑块特征的破碎化分析结果

景观类型	斑块个数	CA（平方米）	PLAND（%）	LPI（%）
传统建筑用地	90	638873	1.60	0.14
传统公共空间用地	0	0	0	0
传统农业用地	308	11555796	28.99	1.16
传统商业用地	28	137714	0.35	0.07
传统工业用地	62	3576849	8.97	1.83
现代建筑用地	210	5405559	13.56	1.34
现代公共空间用地	32	648383	1.63	0.29
现代农业用地	146	3970768	9.96	0.60
现代商业用地	14	361577	0.91	0.28
现代工业用地	200	5529239	13.87	1.76
林地	12	3909766	9.81	2.10
草地	56	554455	1.39	0.15
湿地	0	0	0.00	0.00
旅游用地	0	0	0.00	0.00

续表

景观类型	斑块个数	CA（平方米）	PLAND（%）	LPI（%）
其他用地	0	0	0.00	0.00
人工连接空间用地	88	2025964	5.08	0.40
自然连接空间用地	0	0	0.00	0.00
水系（河流、坑塘）	162	1548641	3.88	1.20
总计	1408	39863584	100	—

在钱桥镇的景观面积结构特征上，传统农业用地的景观面积最大，其PLAND 最大，其次是现代工业用地，反映出钱桥镇传统农业景观有一定的保留，而同时钱桥镇的工业经济发展也很快。LPI 反映了景观中的优势类型，并在一定程度上反映人为活动的强弱和方向。从计算结果来看，在斑块的水平上林地的 LPI 值最大，其次为传统工业用地和现代工业用地。其中林地为自然景观类型，反映了钱桥的自然景观现状良好。而两类工业用地是典型受人类活动主导的景观类型。其次 PLAND 值较大的为现代工业用地、现代建筑用地及现代农业用地，而 LPI 值较大的为现代建筑用地。由此可见，钱桥镇的现代景观发展很快，是钱桥镇主导发展的景观类型。而传统景观的 PLAND 值和 LPI 值都较小，反映出钱桥镇对传统景观的投入并没有现代景观大。

（二）钱桥镇景观空间关系（分离度）及景观斑块破碎化指数分析

分离度 N_i 是描述斑块在空间分布上的分散程度，分离度越大表示斑块间的距离越大，斑块在空间分布上越离散。具体计算结果见表 5 – 31。

表 5 – 31　　钱桥镇景观分离度及景观斑块破碎化指数分析结果

景观类型	分离度 N_i	破碎度
传统建筑用地	0.0869	0.0031
传统公共空间用地	0	0
传统农业用地	0.0048	0.0108
传统商业用地	0.1233	0.0010

续表

景观类型	分离度 N_i	破碎度
传统工业用地	0.0069	0.0022
现代建筑用地	0.0085	0.0074
现代公共空间用地	0.0275	0.0011
现代农业用地	0.0096	0.0051
现代商业用地	0.0327	0.0005
现代工业用地	0.0081	0.0070
林地	0.0028	0.0004
草地	0.0426	0.0019
湿地	0.0000	0.0000
旅游用地	0.0000	0.0000
其他用地	0.0000	0.0000
人工连接空间用地	0.0146	0.0031
自然连接空间用地	0.0000	0.0000
水系（河流、坑塘）	0.0259	0.0057
整个研究区域	—	0.0137

从计算结果来看，分离度较大的是传统商业用地、传统建筑、草地，说明这三种用地的分布较为分散；其次为现代商业、现代公共空间、水系的分离度，说明这些斑块分布相对较为集中；人工连接空间用地、现代农业、现代建筑、传统工业、现代工业、林地的分离度较低，说明这些斑块分布相对集中。传统农业用地的破碎度最高，说明其受到人类的影响最大；现代建筑、现代工业、现代农业的破碎度处于中等，表明这些用地分布趋于集中，钱桥镇的建设力度正在逐步加大之中。从景观层面来计算，钱桥镇景观斑块总数 1408，最小斑块面积 387.6 平方米，研究区总面积 39863584 平方米，景观斑块破碎化指数值为 0.0137。从计算结果来看，钱桥镇景观斑块总体属于中破碎水平。

（三）指数分析小结

由以上分析结果可以总结出钱桥镇景观斑块的一些基本属性：第一，钱桥镇的总体景观破碎化程度属于中度破碎化，表明人为活动对景观的影响较大；第二，现代景观用地的 LPI 值均较高，尤其现代工业用地和现代建筑用地，而这两类用地是典型受人类活动主导的景观类型，说明钱桥镇已经开始了现代化工业化的进程，并且力度很大；第三，分离度较大的是传统商业用地、传统建筑、草地，说明这三种用地的分布较为分散；现代建筑、现代工业、现代农业的破碎度处于中等，反映出现代景观用地分布趋于集中。

（四）钱桥镇破碎化空间特征的分析

传统空间主要分布在钱桥镇西部地区，传统农业、传统工业、传统建筑的分布均比较分散，尤其传统建筑，削弱了传统空间的整体性，主要由于现代空间呈填充状侵蚀传统空间，冲突点比较分散；传统商业的数量较少，分布大部分在传统区域内部，对整体性影响不大（图 5-67）。

图 5-67　钱桥镇传统空间分布

钱桥镇现代空间主要分布在该镇西部区域，沿道路面状分布，分布相对集中。现代景观在孔隙间发展起来并逐渐扩展，主要干扰斑块为现代工业及现代建筑，沿道路或河流以替代和侵蚀的方式造成传统文化景观的破碎（图5-68）。

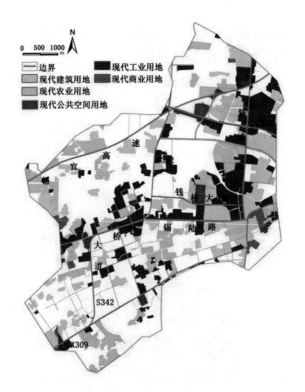

图5-68 钱桥镇现代空间分布

根据以上分析得出钱桥镇传统文化景观破碎化的空间特征为：（1）景观破碎化程度属于中破碎化；（2）传统景观和自然景观斑块构成总体景观的基底，现代景观在孔隙间发展起来并逐渐扩展，沿道路或河流以替代和侵蚀的方式造成传统文化景观的破碎；（3）对传统景观的破碎化干扰模式为填充式。钱桥镇景观破碎化特征为：现代景观作为干扰因素，以填充式的方式侵入区域内部造成景观破碎化（图5-69）。

图 5 - 69　钱桥镇空间破碎化特征分析

三　钱桥镇空间破碎化生态效应及存在问题分析

（一）空间破碎化的生态效应分析

1. 钱桥镇文化景观空间连通性分析

连通性得分为 5.00 分（表 5 - 34 B1），其中 C11 人工廊道、C12 自然廊道的连通性均较好，具体分析如下：钱桥镇的水系构成主要是洋溪河及其支流，分布呈现出北部、中部区域较多，南部区域较少的格局，河流数量较多，且基本上联系为水网（图 5 - 70），经计算连通度较好为 0.52（表 5 - 32 廊道数量 L 为 36，廊道节点数 V 为 25）。从生态流传递的方面分析，南部地区的水塘、河流和西部的河流没有与洋溪河联系起来，水系存在断点是景观环境生态薄弱的地方，会影响到动物的迁徙，生态流传递薄弱。

钱桥镇的道路系统：312 国道、锡宜高速、342 省道、锡陆路贯穿全镇。大部分区域，路网已成接近网状，道路数量多（图 5 - 71），节点适中，经计算连通度较好为 0.51（表 5 - 32 廊道数量 L 为 88，廊道节点数 V 为 60）。合理的道路网络使区域的连通性增强，但同时分割作用明显，加剧了传统文化景观的破碎化。

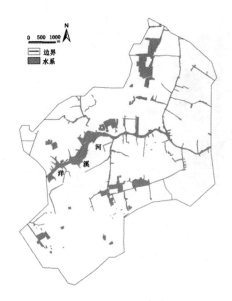

图 5 - 70　钱桥镇水系分布　　　　图 5 - 71　钱桥镇道路分布图

表 5 - 32　　　　　　　　　　钱桥镇景观空间廊道连通度

		连通度 R	廊道数量 L	廊道节点数 V
钱桥	人工廊道	0.51	88	60
	自然廊道	0.52	36	25

注：人工廊道主要指道路等人工连接空间用地；自然廊道主要指河流等自然连接空间用地。

表 5 - 33　钱桥镇景观多样性指数、传统保有率、破碎度及协调与缓冲性

空间类别名称	斑块个数	面积（平方米）	PLAND（%）	景观多样性指数（%）	传统保有率（%）	破碎度	协调与缓冲性
传统建筑用地	90	638873	1.60	6.62	10.57	0.0031	—
传统公共空间用地	0	0	0.00	0.00	0.00	0.0000	—
传统农业用地	308	11555796	28.99	35.90	74.43	0.0108	—
传统商业用地	28	137714	0.35	0.00	27.58	0.0010	—
传统工业用地	62	3576849	8.97	21.63	39.28	0.0022	—

续表

空间类别名称	斑块个数	面积（平方米）	PLAND（%）	景观多样性指数（%）	传统保有率（%）	破碎度	协调与缓冲性
现代建筑用地	210	5405559	13.56	27.09	—	—	—
现代公共空间用地	32	648383	1.63	6.70	—	—	—
现代农业用地	146	3970768	9.96	22.97	—	—	—
现代商业用地	14	361577	0.91	4.27	—	—	—
现代工业用地	200	5529239	13.87	27.40	—	—	—
林地	12	3909766	9.81	22.77	—	—	—
草地	56	554455	1.39	5.95	—	—	—
湿地	0	0	0.00	0	—	—	—
旅游用地	0	0	0.00	0.00	—	—	—
其他用地	0	0	0.00	0.00	—	—	—
人工连接空间用地	88	2025964	5.08	15.14	—	—	—
自然连接空间用地	0	0	0.00	0.00	—	—	—
水系（河流、坑塘）	162	1548641	3.88	12.62	—	—	—
整个研究区域	1408	39863584	100	2.09	—	—	4.7

表5-34　　**钱桥镇文化景观空间破碎化生态效应评价分析**

约束层	权重	得分	因素层	权重	因素层基础数据	分级赋值
B1	0.1731	5.00	C11	0.2986	0.51	5
			C12	0.7014	0.51	5
B2	0.2911	3.24	C21	0.2613	0.0031	5
			C22	0.3255	0	1
			C23	0.2275	0.0108	3
			C24	0.1205	0.001	5
			C25	0.0653	0.0022	5
B3	0.2448	4.85	C31	0.4993	2.09	5
			C32	0.5007	—	4.7

续表

约束层	权重	得分	因素层	权重	因素层基础数据	分级赋值
B4	0.2911	1.67	C41	0.3423	10.57%	1
			C42	0.3157	2.64%	1
			C43	0.1672	74.43%	5
			C44	0.1077	24.94%	1
			C45	0.0671	39.28%	1
总计	目标层 A 得分：3.48					

注：C32 协调与缓冲性为各专家分级赋值后的平均值，在本表中只出现结果。

2. 钱桥镇文化景观空间整体性分析

整体性得分为 3.24 分（表 5 – 34 B2）为中等，其中 C24 传统商业用地、C21 传统建筑用地、C25 传统工业用地的得分为中等（5 分），C23 传统农业整体性较低（3 分），无传统公共空间用地，具体分析如下。从图 5 – 67 看出，钱桥镇传统空间的整体性分布呈现以下特点：传统空间主要分布在钱桥镇西部地区，传统农业（图 5 – 73）、传统工业、传统建筑（图 5 – 72）的分

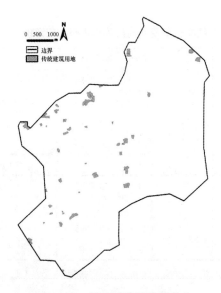

图 5 – 72 钱桥镇传统建筑分布

布均比较分散，尤其传统建筑削弱了传统空间的整体性，主要由于现代空间呈填充状侵蚀传统空间，冲突点比较分散；传统商业的数量较少，分布大部分在传统区域内部，对整体性影响不大。

图5-73　钱桥镇传统农业分布

3. 钱桥镇文化景观空间稳定性分析

从稳定性层面看，钱桥镇稳定性得分为4.85分（表5-34 B3），稳定性中等，具体分析如下：钱桥镇共有13种用地类型（表5-32），景观多样性指数较高为2.09，传统空间与现代空间的协调与缓冲性较低为4.7分（表5-34，C32协调与缓冲性），现代建筑、现代工业等现代用地的分布不集中，传统空间与现代空间之间的冲突点分布散乱，如图5-74、图5-75，传统建筑和传统农业主要受到现代工业侵蚀，其次是现代建筑的冲击。由于钱桥镇是无锡重要的工业配套区，近几年现代工业快速发展，大量的工厂兴建的同时推动了本地的城市化，带来了居住模式的转变，现代建筑逐步取代传统建筑以及现代旅游业的发展所带来的度假地产的兴建，改变了传统的土地利用模式，传统建筑与现代建筑、现代工业混杂在一起，呈现出较大的景观单元落差，同时导致整体景观的稳定性降低。

图5－74　钱桥镇传统建筑与现代空间冲突点

图5－75　钱桥镇传统农业与现代空间冲突点

4. 钱桥镇文化景观空间传统保有率分析

从传统保有率来看得分为 1.67 分（表 5 - 34 B4），传统保有程度较低，具体各主要传统用地类型的分布呈现出以下特点：钱桥镇传统农业的保有率最高为 74.43%（表 5 - 33），说明传统农业的保存度最高，传统农业景观得到了较好的延续（图 5 - 77）；其次为传统工业、传统商业其保有率分别为 39.28%、27.58%（表 5 - 33），传统建筑的保有率低为 10.57%（表 5 - 33）。传统建筑受到了较严重的冲击（图 5 - 76），主要由于近几年钱桥镇城市化较快，新建了大量的现代居民点逐步取代了原有的传统建筑（图 5 - 76）；基本无传统公共空间用地（图 5 - 78），因为一方面现代人的生活方式需要大量的公共空间涌现出许多新建的公共空间，另一方面建设过程中现代公共空间用地逐步取代了公共空间。这些现代景观在传统景观与自然景观的缝隙中发展起来，以替代、蔓延的方式侵蚀传统景观。

图 5 - 76 钱桥镇传统建筑与现代建筑分布

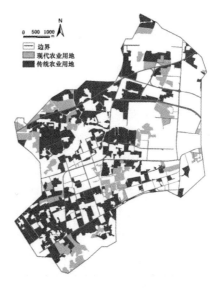

图 5 - 77 钱桥镇传统农业与现代农业分布

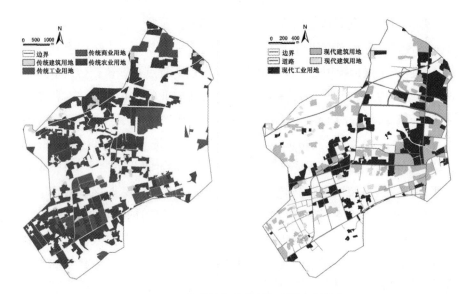

图 5 - 78　钱桥镇传统空间与现代空间分布

5. 钱桥镇文化景观空间破碎化的生态效应分析小结

　　生态效应的评价结果为 3.48，生态效应值中等。连通性得分为 5.00，连通性高，道路连通性、水系连通性均较高，主要由于钱桥镇水系丰富、路网发达均已呈现出网状；整体性得分为 3.24，为中等，其中传统商业用地的整体性最高，其次传统建筑用地、传统工业用地，传统农业的整体性较低，主要由于现代空间呈填充状侵蚀传统空间，导致传统农业、传统工业、传统建筑的分布均比较分散，尤其传统建筑，削弱了传统空间的整体性；稳定性得分为 4.85，稳定性中等，景观多样性指数较高为 2.09，传统空间与现代空间的协调与缓冲性较低为 4.7 分，主要由于城市化地发展改变了传统的土地利用模式，传统建筑与现代建筑、现代工业混杂在一起，呈现出较大的景观单元落差，同时导致整体景观的稳定性降低；传统保有率来看得分为 1.67 分，传统保有程度较低，除传统农业的保有率得分较高为 5 分，其余传统空间的保有率都较低均为 1 分，都受到了现代空间的冲击。

　　各约束层的评价结果为：B1 连通性在四个约束层中得分最高，为

5.00，属于中稳定性；其次为 B3 稳定性和 B2 整体性，各为 4.85 和 3.24，属于中等稳定性和整体性；B4 传统保有率得分最低，为 1.67，属于极低传统保有率。

（二）空间破碎化存在问题分析

对于传统文化景观空间破碎化存在问题的分析主要从廊道、典型斑块和斑块群组之间的关系三方面进行研究。廊道一方面是生态流传递的通道，另一方面对传统文化景观空间起到割裂的作用；存在问题的分析主要强调人类的影响，道路是人工廊道的代表，主要起到割裂景观空间的作用，更反映出对自然生态本底的冲击。传统建筑斑块是传统文化景观的核心斑块，该斑块的保存程度决定了传统文化景观风貌的优劣，将其作为典型斑块进行研究，主要强调文化景观空间典型斑块个体间的联系程度及该类型空间的整体性。传统景观斑块群组是传统文化景观的重要组成部分，传统文化景观空间破碎化的主要矛盾是现代景观斑块群组与传统景观斑块群组之间的矛盾，反映出各类型传统景观空间与周边现代环境的共生协调关系。

1. 道路（人工廊道）的分割加剧传统文化景观的破碎化，对自然生态本底产生冲击

钱桥镇道路（人工廊道）的连通性较高（连通性得分 5.00），对传统文化景观的分割度及自然生态本底的冲击作用明显，对空间破碎化影响较高。道路对人类起到连接和物质传输作用，但同时分割传统文化景观空间，是导致其破碎化的一个因素。钱桥镇的道路系统由 312 国道、锡宜高速、342 省道、锡陆路构成。大部分区域，路网已成接近网状，道路数量多，节点适中连通度较好，合理的道路网络使区域的连通性增强，但同时分割作用明显，加剧了传统文化景观的破碎。

2. 传统建筑用地分布散落缺乏联系，景观连续性受到冲击

钱桥镇传统建筑用地的分离度为 0.0869，分离度高，传统建筑彼此之间缺乏联系，景观连续性受到严重影响，景观的连续性较差。钱桥镇的传统建筑，主要分布在该镇西部区域。在现代空间的冲击下，传统建筑分布相对散落，彼此之间缺乏联系，景观的连续性较差，不利于传统文化景观

的保护。传统建筑用地分布散落缺乏联系，景观连续性受到严重影响，景观的连续性较差。传统建筑受到了较严重的冲击，主要由于近几年钱桥镇城市化较快，新建了大量的现代居民点逐步取代了原有的传统建筑；基本无传统公共空间用地，因为一方面现代人的生活方式需要大量的公共空间，涌现出许多新建的公共空间；另一方面建设过程中现代公共空间用地逐步取代了公共空间。这些现代景观在传统景观与自然景观的缝隙中发展起来，以替代、蔓延的方式侵蚀传统景观。

3. 现代景观冲击传统景观，两者之间过渡空间少，景观单元间落差大

钱桥镇传统建筑分布分散，现代建筑分布集中但以填充式的入侵方式对传统景观的稳定性、整体性受到的冲击较高，呈现出大部分区域景观单元间的落差大的现状。钱桥镇现代建筑、现代工业等现代用地的分布相对较集中，但传统空间分布分散，现代空间见缝插针，以填充的方式充斥在传统空间周围，两者之间缺乏缓冲空间，直接交织在一起，传统景观的稳定性、整体性受到的冲击较高，呈现出大部分区域景观单元间的落差大的现状。传统建筑和传统农业主要受到现代工业侵蚀，其次是现代建筑的冲击，由于钱桥镇是无锡重要的工业配套区，近几年现代工业快速发展，大量的工厂兴建的同时推动了本地的城市化，带来了居住模式的转变，现代建筑逐步取代传统建筑以及现代旅游业的发展所带来的度假地产的兴建，改变了传统的土地利用模式，传统建筑与现代建筑、现代工业混杂在一起，呈现出较大的景观单元落差，同时导致整体景观的稳定性降低。

第五节　高度破碎、多核心式——诸暨市直埠镇

一　直埠镇现状调查

（一）区域特征

1. 区域概况

直埠镇位于浙江省绍兴市诸暨市区北郊，距市中心10公里，镇域面积

58.9平方公里。诸姚公路、浙赣铁路、杭金衢高速公路南北贯通，西浦阳江穿境而过。全境处于浙东南、浙西北丘陵山区两大地貌单元的交界地带，诸暨市由东部会稽山低山丘陵、西部龙门山低山丘陵、中部浦阳江河谷盆地和北部河网平原组成。四周群山环抱，地势由南向北渐次倾斜，形成北向开口通道式断陷盆地。境内东、西部为低山丘陵，富有林木、矿藏。

2. 人文历史

诸暨为古越民族聚居地之一、越王勾践图谋复国之所，为越国古都，西施故里，历史悠久。早在新石器时代就有先民在此繁衍生息，秦王政二十五年（公元前222年）置县，属会稽郡，历代未废，据《元和郡县志》："县有暨浦，诸山，因以为名"，是浙江省最古老的县（市）之一，是中国越文化的发祥地之一。1989年9月，经国务院批准，撤销诸暨县，设立诸暨市。

3. 城乡发展分析

2005—2007年，直埠镇由2005年31个村合并为2007年11个村，人口27577人。其中农业人口占66.7%。年工农业总产值近20亿元；工业占91.5%，农民年人均纯收入9803元。总体上来说，直埠镇的城乡发展现状特点主要是城镇化进程正在逐年加快。首先，31个村合并为一定规模的11个村，这为乡村景观转向城镇景观提供了必要的基础；从事第三产业的农村劳动力数量增加幅度非常明显，商业化得到发展；耕地面积没有大的变化，农田基质相对稳定；全社会固定资产投资额、工业总产值增加明显，工业化影响很大；人均收入普遍提高，现代化发展较快。

（二）调查问卷结果及结论

本次的问卷调查取样于直埠镇34个有效样本数据，所采集样本均较符合统计学的采样要求，可靠度较好，能真实有效地反映当地的实际情况。

1. 居民基本情况

这部分主要是所调查人群的年龄、学历、职业等结构。调查人群主要是中、老年；学历多为初中或小学；职业以个体经营者和务农人员居多（图5-79）。

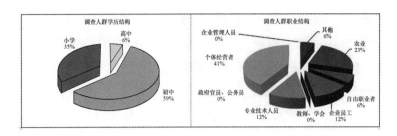

图 5-79　直埠镇居民基本情况调查

2. 居民生活方式及满意度调查

居民日常出行主要方式调查：从统计数据结果来看，助动车是人们出行使用的主要工具（41.2%），其次是公共交通和步行，出租车是零使用率，这也反映了当地居民的消费水平和城镇规模。其中，在出行方式的年龄结构中，公共交通是最普遍的（图 5-80）。

当地居民日常闲暇时间娱乐方式的调查：从统计数据结果来看，现代娱乐方式（观看电视电影、上网），满足了约 64.7% 的居民所需，其中观看电视电影是完全普及，上网主要是青年人；参加村里活动的 8.8% 的居民为老年人（图 5-80）。

当地居民生活方式满意度调查：从统计数据结果来看，过半的人对现在的生活状况不是很满意（图 5-80）。

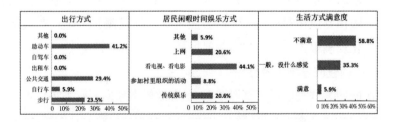

图 5-80　直埠镇居民生活方式及满意度调查

3. 居民对周边环境变化的看法调查

居民关于周边工业现状对于当地环境影响程度的看法：从统计数据结果来看，约 1/3 居民偏重于发展经济而忽视环境的重要性，而多数人认为环境遭到破坏，需考虑环境的保护（图5-81）。

近几年在基础设施建设方面的力度：从统计数据结果来看，过半的人对当地基础设施建设的速度是非常肯定的，但仍有12%的人认为没有任何基础设施建设，这说明与城市基础设施建设的差距也是明显存在的（图5-81）。

近几年的商业发展情况：直埠镇各村商业发展是不平衡的，从统计数据结果来看，与城市商业的差距是毋庸置疑，但各村商业发展的程度，居民是各异的（图5-83）。

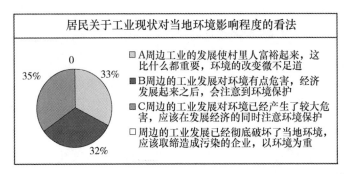

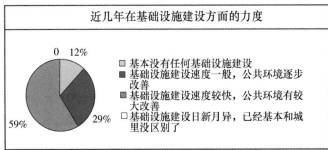

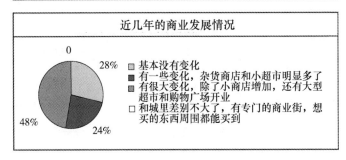

图5-81 直埠镇居民对周边环境变化的看法调查

　　居民对于理想的居住点具有传统或者现代风貌的倾向调查：从统计数据结果来看，多数人是偏向现代风貌，近1/3 的居民有对传统风貌的留恋。同时，40—50 岁的中年人100% 地偏向现代风貌；高中学历的居民100% 认为传统风貌应为主，现代风貌的有一点就可以了（图5 - 82）。

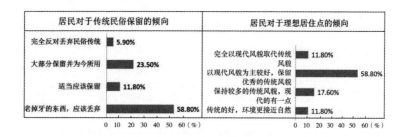

图5 - 82　直埠镇居民对传统文化的保留看法调查

　　由以上调查结果可以看出，直埠镇居民的日常生活方式正发生改变，居民更向往现代化的生活环境和生活方式，而对传统文化景观缺少一定的关注度。但也有一部分居民希望在尽力发展工业商业的同时能够考虑到传统文化的保护与发展。

　　表5 - 35 为"四化"对直埠镇传统文化景观的冲击情况。

表5 - 35　　　　　　**"四化"对直埠镇传统文化景观冲击评价**

		主要冲击	冲击程度
人	人口变迁	由于受旅游业的影响，吸引了大量的外来人口，造成外来人口超过了本地人口	★★★
	生活方式	过分依赖现代交通、信息等设施，人际交流减少	★★★★
	生活观念	年轻一代的居民憧憬现代的城市生活，并有大量传统民俗流失	★★★★
	生产方式	由原有的农业生产方式向现代的旅游商品经济发展	★★★
地	土地占用	产业经济转变，扩张无序，使大量农业用地被工业用地占据，耕地面积大幅减少，传统景观被现代居住景观、工业景观所包围	★★★★★
	传统居住建筑	租给外来打工者居住或经商，居住性质发生改变	★★★
	居住环境	工业污染对生态危害严重	★★★★★
说明		冲击程度共分为5 个等级，五星为最高等级	

（三）景观现状调查

1. 直埠镇景观用地现状

直埠镇的景观土地利用现状主要是依据传统文化景观空间用地分类，结合实地考察，对诸暨直埠镇遥感影像（2009 年）进行判读：共划分 25 个土地利用类型。其中，斑块类型为 14 个，廊道类型 8 个，基质类型包含 3 个，并利用 AutoCAD 及 ArcGIS 9.3 软件进行图形及数据库的建立，见图 5 - 83。

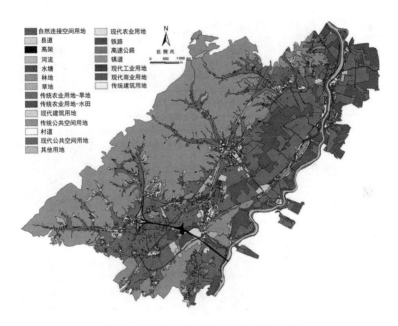

图 5 - 83　直埠镇景观土地利用现状图

2. 景观斑块类型现状

实地走访调查发现，直埠镇的景观现状特点如下：现代建筑及工业空间迅速发展，有大量的新建厂房及现代居住小区出现，并形成现代建筑形式为主的居民点；现代商业发展也较快，有商业中心建成；传统景观形式留存较少，并且保存情况也不是很好，大多为破旧的建筑；自然景观情况较好，这与直埠的地形有很大关系，但是现代景观对自然景观的侵蚀情况也比较严重；高速公路及现代交通和现代景观的发展造成很多空地出现，随之也出现传统文化景观的破碎的空间走向（图5-84）。

图5-84　直埠镇景观斑块现状景观

3. 现代产业

在直埠镇正在兴建一系列现代化农业园区及养殖产业，这些产业在形成直埠特色产业的同时也发展了经济，而且也相当于是对传统农业和养殖文化的一种传承与发展（图5-85）。

| 现代化农业园区 | 珍珠养殖 | 茶 园 |

图 5 - 85 直埠镇现代产业景观

二 直埠镇破碎化空间特征及分析

本部分具体从景观要素斑块特征（斑块数量、面积比例 PLAND、最大斑块指数 LPI）、空间关系（N_i）特征以及景观斑块破碎化指数（F_1）等几个方面提出直埠镇的破碎化指标和计算方法，用以分析直埠镇的空间特征。

（一）直埠镇景观要素斑块特征的破碎化分析——斑块数量、面积比例 PLAND、最大斑块指数 LPI

研究区域内景观总面积为 58.9 平方公里，其中林地面积最大为 23623975 平方米。各景观斑块类型 PLAND 指数及 LPI 指数具体结果见表 5 - 35。由于水系、人工连接空间用地及自然连接空间用地属于线性空间，列为廊道层面上考虑，在整体景观系统中起到的是连接与沟通的作用，故在空间特征分析过程中仅作为影响斑块分布的因子考虑。

从斑块数量角度来看，现代建筑用地的斑块数量最多，说明直埠镇的现代化程度较大，现代居住空间正在逐步取代传统居住空间；传统农业、传统建筑用地的数量较多，说明直埠镇的传统景观有一定的破碎倾向；其他用地数量比较多说明直埠镇的建设力度较大，这种情况也造成传统文化景观的破碎；PLAND 指数表示的是在总体景观结构中的各景观类型的控制程度，从表 5 - 36 中可见，在直埠镇的景观斑块类型中林地的面积比例最大，说明林地作为自然景观是直埠镇景观结构中的基质景观类型。其他用地、现代建筑的面积也较大，说明现代景观的干扰作用较强。传统景观面积相对较小，说明直埠镇的传统文化景观流失程度比较深。

LPI 反映了景观中的优势类型，并在一定程度上反映人为活动的强弱和方向。从计算结果的数据来看，在斑块的水平上 LPI 值位于前几位的为林地、现代工业用地、现代农业、其他用地、现代建筑、传统农业、传统建筑，其中林地为自然景观斑块类型，现代工业用地、现代农业、其他用地、现代建筑是典型受人类活动主导的景观类型，说明直埠已经开始了现代化工业化的进程，并且力度很大。传统农业、传统建筑是传统文化景观的代表，这说明直埠的传统文化景观已受到严重影响，破碎化现象明显。

表 5 - 36　　　　　直埠镇景观要素斑块特征的破碎化分析结果

景观类型	斑块个数	CA（平方米）	PLAND（%）	LPI（%）
传统建筑用地	838	818999	1.39	0.86
传统公共空间用地	212	293805	0.50	0.53
传统农业用地	612	22947387	38.96	1.38
传统商业用地	0	0	0.00	0
传统工业用地	0	0	0.00	0
现代建筑用地	978	1837954	3.12	1.47
现代公共空间用地	115	244282	0.41	0.82
现代农业用地	164	349356	0.59	2.64
现代商业用地	84	257764	0.44	0.50
现代工业用地	132	335306	0.57	4.68
林地	1205	23623975	40.11	13.39
草地	1224	2049147	3.48	0.75
湿地	0	0	0.00	0
旅游用地	0	0	0.00	0
其他用地	403	1751609	2.97	2.24
人工连接空间用地	629	1729815	2.94	4.56
自然连接空间用地	39	997663	1.69	0.73
水系（河流、坑塘）	485	1662750	2.82	70.72
总计	7210	58899812	100	—

（二）直埠镇景观空间关系（分离度）及景观斑块破碎化指数分析

分离度 N_i 是描述斑块在空间分布上的分散程度，分离度越大表示斑块间的距离越大，斑块在空间分布上越离散。具体计算结果见表 5 - 37。

表5-37　　　　　直埠镇景观分离度及景观斑块破碎化指数分析结果

景观类型	分离度 N_i	破碎度
传统建筑用地	0.1087	0.1012
传统公共空间用地	0.1902	0.0255
传统农业用地	0.0041	0.0739
传统商业用地	0	0.0000
传统工业用地	0	0.0000
现代建筑用地	0.0746	0.1544
现代公共空间用地	0.1685	0.0138
现代农业用地	0.1407	0.0197
现代商业用地	0.1364	0.0100
现代工业用地	0.1315	0.0158
林地	0.0056	0.1455
草地	0.0655	0.1478
湿地	0	0.0000
旅游用地	0	0.0000
其他用地	0.0440	0.0486
人工连接空间用地	0.0556	0.0759
自然连接空间用地	0.0240	0.0046
水系（河流、坑塘）	0.0508	0.0585
整个研究区域	—	0.1015

分离度较高的为传统公共空间用地、现代公共空间用地、现代农业、现代商业、现代工业、传统建筑，说明这些用地分布较分散；草地、自然连接空间用地、水系、其他用地、人工连接空间用地的分离度较低，说明这些用地较集中；林地和传统农业的分离度最低，说明这两个用地分布最集中。直埠镇景观层面上景观斑块破碎化指数值为0.1015（斑块总数7120，研究区总面积58899812平方米），属于高度破碎化；各类斑块的破碎化指数中现代建筑用地的破碎化指数最高，表明直埠镇的现代化发展属于散点状分布，还没有形成大面积的现代化环境；其他斑块的破碎化指数

值虽然与现代建筑相比低，但是绝对值还是较高，说明直埠镇的景观斑块分布比较分散。

（三）指数分析小结

直埠镇景观破碎化程度较高，其中现代建筑用地及破碎度较高，现代工业、商业等其他现代景观面积较小。传统景观中传统建筑用地还有一定比例，其他景观的斑块数量及面积都已经不多，且破碎化比较严重。

由以上分析结果可以总结出直埠镇景观斑块的一些基本属性：第一，直埠镇的总体景观破碎化程度属于高度破碎化，表明人为活动对景观的影响较大；第二，现代工业用地、现代农业、其他用地、现代建筑的 LPI 值均较高，这些是典型受人类活动主导的景观类型，说明直埠已经开始了现代化工业化的进程，并且力度很大；第三，传统建筑、传统公共空间用地等传统景观及现代工业、现代建筑等现代景观分离度均较大，反映出传统景观用地、现代景观用地的分布较为分散。

（四）直埠镇破碎化空间特征的分析

直埠镇传统建筑的分布相对分散，如图 5 - 86，传统农业分布相对集中主要分布在东部西浦阳江两岸；河流和穿越境内的高速、铁路是区域生态流的主要障碍，传统空间的整体性较弱。传统公共空间用地的数量较少，大部分在传统区域内部，对整体性影响不大。

直埠镇现代空间沿主要道路线状分布，分布较分散（图 5 - 87）。各类斑块的破碎化指数中现代建筑用地的破碎化指数最高，表明直埠镇的现代化发展属于散点状分布，还没有形成大面积的现代化环境。直埠镇现代景观中主要干扰斑块为现代建筑、现代工业及商业，为点状分布于区域内，以多个集中的点向外蔓延扩张，使传统文化景观造成了辐射分割式的破碎。

根据以上分析得出直埠镇传统文化景观破碎化的空间特征为：（1）景观破碎化程度属于高破碎化，这是由于各景观斑块由于地形原因分布分散，且随着现代化进程加快斑块类型增多而造成的；（2）直埠镇现代景观中主要干扰斑块为现代建筑、现代工业及商业，为点状分布于区域内，以

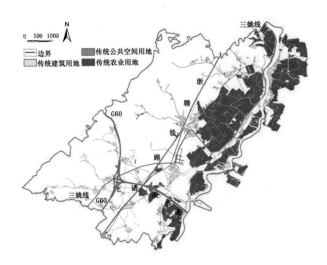

图 5-86 直埠镇传统空间分布

多个集中的点向外蔓延扩张，使传统文化景观造成了辐射分割式的破碎。基于以上两点，概括出直埠镇传统文化景观破碎化的空间特征为，导致景观破碎化的干扰斑块从区域内部呈多核心式向外蔓延，造成了辐射分割式的破碎（图 5-87）。

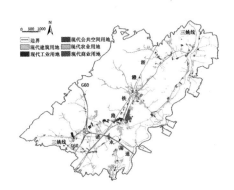

图 5-87 直埠镇现代空间分布

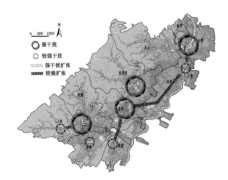

图 5-88 直埠镇空间破碎化
特征分析

三　直埠镇空间破碎化生态效应及存在问题分析

（一）文化景观空间破碎化的生态效应分析

本书的传统文化景观空间破碎化的生态效应评价，主要针对破碎化对文化景观产生的影响，带来的生态结果进行评价，采用层次分析法构建了传统文化景观空间破碎化的生态效应评价指标体系，主要从 B1 连通性、B2 整体性、B3 稳定性、B4 传统保有率四个层面进行评价。

1. 直埠镇景观空间连通性分析

从连通度来看，自然廊道的连通性主要考虑水系，因为水系是江南水乡的重要特征，把它作为生态廊道连通性的高低的重要研究对象。水系是区域生态和生态网络的重要骨架。江南水乡水网密集，构成了其独具特色的景观生态环境，大大小小的河流和水渠相互交织构成了水网，提供传输通道、生境，是能量、物质和生物生存不可缺少的载体。人工廊道的连通性主要考虑道路系统，道路对人类起到连接和物质传输作用，但同时分割传统文化景观空间，是导致其破碎化的一个因素，道路的连通性基本代表了人工廊道的连通性。

表 5 – 38　　　　　　　　　**直埠镇景观空间廊道连通度**

		连通度 R	廊道数量 L	廊道节点数 V
直埠镇	人工廊道	0.52	629	407
	自然廊道	0.62	28	17

注：人工廊道主要指道路等人工连接空间用地；自然廊道主要指河流等自然连接空间用地。

直埠镇连通性得分为 5.00 分（表 5 – 40 B1），连通性较高，其中 C11 人工廊道的连通性和 C12 自然廊道的连通性都较高，具体分析如下：直埠镇的水系主要有流经东部地区的西浦阳江、几十条小河流及数量众多的水塘构成；水塘多、分布散乱，河流数量少，节点数量适中（图 5 – 89），经计算连通度较好，为 0.62（表 5 – 38 廊道数量 L 为 28，廊道节点数 V 为 17）。从生态流传递的方面分析，细小的水系支流分布不集中且没有连成网络，不利于生态流传递。直埠镇的道路系统主要有浙赣铁路、三姚线、诸永高速、沪昆高速 G60 从其境内穿过。分布呈现出大部分树枝状、局部网状，总体来说数量多但节点适中，经计算连通度为 0.52，连通度较高（廊道数量 L 为 629，廊道节点数 V 为 407）。（图 5 - 90）

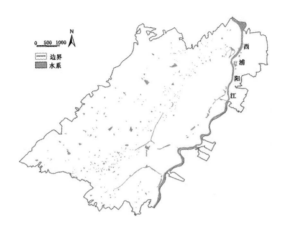

图 5 - 89　直埠镇水系分布图

图 5 - 90　直埠镇道路分布图

2. 直埠镇景观空间整体性分析

整体性得分为 2.11 分（表 5 - 40 B2），整体性较差。其中 C21 传统建筑用地的整体性最差（1 分）（图 5 - 91），C22 传统公共空间用地、C23

传统农业的整体性也较低（3 分），具体分析如下。从图 5 - 86 看出，直埠镇传统空间的整体性分布呈现以下特点：传统农业分布相对集中主要分布在东部西浦阳江两岸，传统建筑的分布相对分散（图 5 - 92）；河流和穿越境内的高速、铁路是区域生态流的主要障碍，传统空间的整体性较弱。

传统公共空间用地的数量较少，分布大部分在传统区域内部，对整体性影响不大。

图 5 - 91 直埠镇传统建筑分布

图 5 - 92 直埠镇传统农业分布

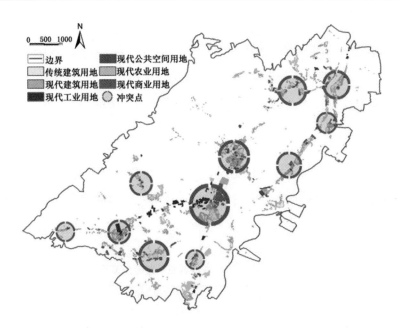

图 5 - 93　直埠镇传统建筑与现代空间的冲突点

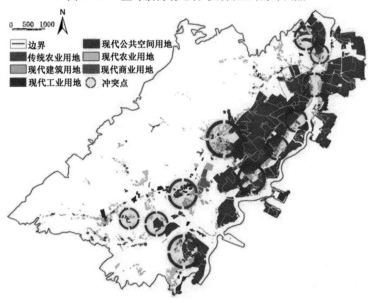

图 5 - 94　直埠镇传统农业与现代空间的冲突点

3. 直埠镇景观空间稳定性分析

从稳定性层面看，直埠镇稳定性得分为3.15分（表5-40 B3），稳定性中等，具体分析如下：直埠镇共有14种用地类型（表5-38），景观多样性指数处于中等为1.53，说明直埠镇的景观类型不够丰富；传统空间与现代空间的协调与缓冲性较低为1.3分（表5-40 C32协调与缓冲性），传统建筑与现代空间、传统农业与现代空间的冲突点较多，如图5-93、图5-94，由于现代建筑、现代商业、现代工业在整个研究区域的分布较分散，传统空间受到的冲击较多，呈现出景观单元间的落差大，景观整体性差、稳定性低的特征。

表5-39　直埠镇景观多样性指数、传统保有率、破碎度及协调与缓冲性

空间类别名称	斑块个数	面积（平方米）	PLAND（%）	景观多样性指数（%）	传统保有率（%）	破碎度	协调与缓冲性
传统建筑用地	838	818999	1.39	5.95	30.82	0.1012	—
传统公共空间用地	212	293805	0.50	2.64	54.60	0.0255	—
传统农业用地	612	22947387	38.96	36.73	98.50	0.0497	—
传统商业用地	0	0	0.00	0.00	0.00	0	—
传统工业用地	0	0	0.00	0.00	0.00	0	—
现代建筑用地	978	1837954	3.12	10.82	—	—	—
现代公共空间用地	115	244282	0.41	2.27	—	—	—
现代农业用地	164	349356	0.59	3.04	—	—	—
现代商业用地	84	257764	0.44	2.38	—	—	—
现代工业用地	132	335306	0.57	2.94	—	—	—
林地	1205	23623975	40.11	36.64	—	—	—
草地	1224	2049147	3.48	11.68	—	—	—
湿地	0	0	0.00	0.00	—	—	—
旅游用地	0	0	0.00	0.00	—	—	—
其他用地	403	1751609	2.97	10.45	—	—	—
人工连接空间用地	629	1729815	2.94	10.36	—	—	—
自然连接空间用地	39	997663	1.69	6.91	—	—	—
水系（河流、坑塘）	485	1662750	2.82	10.07	—	—	—
整个研究区域	7120	58899812	100	1.53	—	—	1.3

图 5 - 95 直埠镇传统建筑与现代建筑分布

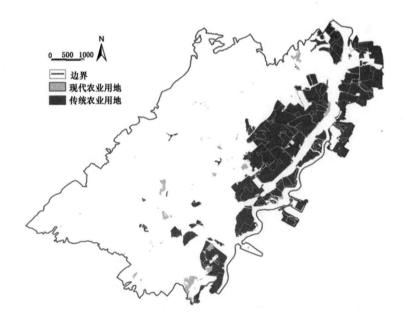

图 5 - 96 直埠镇传统农业与现代农业分布

4. 直埠镇景观传统保有率分析

从传统保有率来看得分为 2.00 分，传统保有程度较低，直埠镇的传统农业景观分布相对完整集中、但传统建筑分布较分散（图 5 - 97），传统景观的整体风貌现状堪忧。具体各主要传统用地类型的分布呈现出以下特点：传统农业的保有率最高为 98.50%，说明传统农业的保存度最高，传统农业景观得到了较好的延续；传统建筑其保有率仅为 30.82%，传统建筑受到了较严重的冲击，综合性居民地规模的增加，带来了现代建筑用地对传统建筑用地的大面积吞噬；另外高架的修建，带动的现代建筑用地和草地的发展，主要是占用农田和林地，从而引起综合性的居民地规模的扩大，使分散的居民点有所连接，进一步加速了传统建筑用地的消失。

5. 直埠镇文化景观空间破碎化的生态效应分析小结

生态效应的评价结果为 2.83，生态效应值较低（表 5 - 40）。连通性得分为 5.00，连通性较高，其中水系、道路的连通性均较高。整体性得分为 2.11，整体性较差。其中 C21 传统建筑用地、C22 传统公共空间用地、C23 传统农业的整体性均较低，主要受到地形限制及现代空间的冲击，导致空间破碎化较高。稳定性得分为 3.15，稳定性中等，协调与缓冲性较低为 1.3 分，主要由于传统建筑与现代空间、传统农业与现代空间的冲突点较多。景观多样性指数中等，得分为 5.00 分，说明景观类型不够丰富。传统保有率得分为 2.00，传统保有程度较低，传统农业景观保有率最高，其余传统景观空间的保有率都较低，传统景观的整体风貌现状堪忧。

各约束层的评价结果为：B1 连通性在四个约束层中得分最高，为 5.00，属于中连通性；其次为 B3 稳定性为 3.15，属于中等稳定性；B4 传统保有率和 B2 整体性得分较低，分别为 2.00 和 2.11，属于极低传统保有率和整体性。

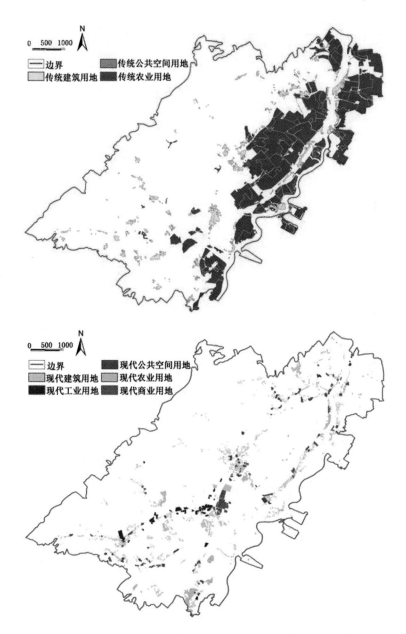

图 5 – 97　直埠镇传统空间与现代空间分布

表 5－40　　　　　直埠镇文化景观空间破碎化生态效应评价分析

约束层	权重	得分	因素层	权重	因素层基础数据	分级赋值
B1	0.1731	5.00	C11	0.2986	0.52	5
			C12	0.7014	0.62	5
B2	0.2911	2.11	C21	0.2613	0.1012	1
			C22	0.3255	0.0168	3
			C23	0.2275	0.0328	3
			C24	0.1205	无	1
			C25	0.0653	无	1
B3	0.2448	3.15	C31	0.4993	1.53	5
			C32	0.5007	—	1.3
B4	0.2911	2.00	C41	0.3423	30.82%	1
			C42	0.3157	54.60%	1
			C43	0.1672	98.50%	7
			C44	0.1077	0.00%	1
			C45	0.0671	0.00%	1
总计			目标层 A 得分：2.83			

注：C32 协调与缓冲性为各专家分级赋值后的平均值，在本表中只出现结果。

（二）空间破碎化存在问题分析

对于传统文化景观空间破碎化存在问题的分析主要从廊道、典型斑块和斑块群组之间的关系三方面进行研究。廊道一方面是生态流传递的通道，另一方面对传统文化景观空间起到割裂的作用；存在问题的分析主要强调人类的影响，道路是人工廊道的代表，主要起到割裂景观空间的作用，更反映出对自然生态本底的冲击。传统建筑斑块是传统文化景观的核心斑块，该斑块的保存程度决定了传统文化景观风貌的优劣，将其作为典型斑块进行研究，主要强调文化景观空间典型斑块个体间的联系程度及该类型空间的整体性。传统景观斑块群组是传统文化景观的重要组成部分，传统文化景观空间破碎化的主要矛盾是现代景观斑块群组与传统景观斑块群组之间的矛盾，反映出各类型传统景观空间与周边现代环境的共生协调关系。

1. 道路（人工廊道）的分割加剧传统文化景观的破碎化，对自然生态本底产生冲击

直埠镇道路（人工廊道）的连通性较高（连通性得分 5.00），对传统文化景观的分割度及自然生态本底的冲击作用均较高，对空间破碎化影响较高。道路对人类起到连接和物质传输作用，但同时分割传统文化景观空间，是导致其破碎化的一个因素。直埠镇的道路系统主要有浙赣铁路、三姚线、诸永高速、沪昆高速 G60 从其境内穿过。分布呈现出大部分树枝状、局部网状，总体来说数量多但节点适中，连通度较高，加剧了传统景观的破碎化。

2. 传统建筑用地分布散落缺乏联系，景观连续性受到冲击

直埠镇传统建筑用地的分离度为 0.1087，分离度高，传统建筑彼此之间缺乏联系，景观连续性受到严重影响，景观的连续性较差。直埠镇的传统建筑，由于地形原因分布较分散，沿主要道路散落在区域内，经计算该研究区域传统建筑用地的分离度为 0.1087，分离度高（各案例空间分离度值分别为平山乡 0.043，千灯 0.0285，双闸 0.0474，钱桥 0.0869，直埠 0.1087）。另外，现代景观中主要干扰斑块为现代建筑、现代工业及商业，为点状分布于区域内，以多个集中的点向外蔓延扩张，辐射分割式的割裂，加剧了破碎化，传统建筑等其他传统景观彼此之间缺乏联系，景观的连续性较差，不利于传统文化景观的保护和延续。

3. 现代景观冲击传统景观，两者之间过渡空间少，景观单元间落差大

直埠镇现代居民点缺乏统一规划，与传统景观交织分布，传统景观被逐步吞噬，传统景观的稳定性、整体性受到严重冲击，呈现出几乎全部区域景观单元间的落差大的现状。传统建筑其保有率仅为 30.82%，传统建筑受到了较严重的冲击，综合性居民地规模的增加，带来了现代建筑用地对传统建筑用地的大面积吞噬；另外高架的修建，带动的现代建筑用地和草地的发展，主要是占用农田和林地，从而引起综合性的居民地规模的扩大，使分散的居民点有所连接，进一步加速了传统建筑用地的消失。传统建筑与现代空间、传统农业与现代空间的冲突点较多，由于现代建筑、现

代商业、现代工业在整个研究区域的分布较分散，传统空间受到的冲击较多，呈现出景观单元间的落差大、景观整体性差、稳定性低的特征。

第六节　小结

随着经济的发展，传统文化景观空间受到了严重的冲击，空间破碎化是其重要的特征。本章分析了不同等级破碎度下的文化景观空间破碎化特征、生态效应和存在问题：低破碎以扬州市平山乡（双侧边缘式）和昆山市千灯镇（单侧边缘式）为例，中破碎以南京市双闸街道（网状廊道式）和无锡市钱桥镇（填充式）为例，高度破碎化以诸暨市直埠镇（多核心式）为例。空间破碎化生态效应主要从连通性、整体性、稳定性、传统保有率等方面进行分析，存在问题从廊道、斑块群组关系、典型斑块三个方面入手分析。深入分析景观破碎化的特征、生态效应和存在问题，可以帮助我们了解景观破碎化的过程和特征，为后面传统文化景观空间破碎化空间规划途径和保护机制的建立做好理论支撑，采取适当方式和手段引导景观演变的方式，对于传承传统文化、保护遗产景观、塑造地方形象具有重要意义。

一　不同破碎度破碎化空间特征

低破碎化——扬州市平山乡、昆山市千灯镇。导致景观破碎化的干扰斑块从区域两侧或一侧边缘侵入；现代景观和传统景观都分布相对集中。千灯镇现代景观中主要干扰斑块为现代工业，主要集中于边缘处向内蔓延，构成了千灯镇传统文化景观的分割破碎，干扰模式为从区域一侧边缘侵入。平山乡现代景观中主要干扰斑块为现代工业及现代建筑，主要沿S244 和 X101 两条道路从两侧边缘侵入，构成了平山乡传统文化景观的分割破碎，干扰模式为干扰斑块从区域两侧边缘侵入。

中度破碎化——南京市双闸街道、无锡市钱桥镇。现代景观作为干扰斑块，沿主要道路或河流以填充式的方式对传统景观进行侵蚀；传统景观与现代景观交织分布，只其一分布相对集中（传统景观分布相对集中或现代景观分布相对集中）。双闸街道传统景观分布相对集中，钱桥镇现代景观分布相对集中。双闸街道现代景观中主要干扰斑块为现代工业及现代建筑，沿着道路与水系构成的网状干扰廊道从靠近市区的边缘处渐进地对传统文化景观进行侵蚀，构成了传统文化景观的分割破碎；干扰模式为干扰斑块沿网状干扰廊道侵入。钱桥镇现代景观中主要干扰斑块为现代工业及现代建筑在孔隙间发展起来并逐渐扩展，以替代和侵蚀的方式造成传统文化景观的破碎，干扰模式为干扰斑块以填充式的方式侵入。

　　高度破碎化——直埠镇。该镇传统景观和现代景观，均分布分散。各景观斑块由于地形原因分布分散，且随着现代化进程加快斑块类型增多，现代景观中主要干扰斑块为现代建筑、现代工业及商业，为点状分布于区域内，以多个集中的点向外蔓延扩张，使传统文化景观造成了辐射分割式的破碎，干扰模式为干扰斑块从区域内部呈多核心式向外蔓延，造成了辐射分割式的破碎（表5-41）。

表5-41　　　　　　　　破碎化空间特征及存在问题对比

	案例地	破碎化空间特征	破碎化空间特征示意图	破碎化生态效应及存在问题
低破碎	平山乡、千灯镇	主要干扰斑块为现代工业、现代建筑，导致景观破碎化的干扰斑块从区域两侧或一侧边缘侵入；现代景观和传统景观都分布相对集中		低破碎化空间的生态效应值高于中、高破碎化空间；其中整体性、稳定性值高于后两者；连通性低于后两者。存在问题：（1）道路的连通性相对于中、高破碎化空间较低，割裂作用较弱，对生态本底的冲击较低；（2）现代景观与传统景观分布相对集中，传统景观与周边现代环境的共生协调性较差；（3）传统建筑用地分离度相对较低，分散程度低，斑块个体间的联系程度弱

	案例地	破碎化空间特征	破碎化空间特征示意图	破碎化生态效应及存在问题
中破碎	钱桥镇、双闸街道	主要干扰斑块为现代工业、现代建筑，现代景观；沿主要道路或河流以填充式的方式对传统景观进行侵蚀；传统景观与现代景观交织分布，只其一分布相对集中（传统景观分布相对集中或现代景观分布相对集中）		中破碎化空间的生态效应值处于中等水平，介于低破碎化空间和高破碎化空间之间；其中整体性、稳定性值均高于高破碎化空间；连通性高于低破碎化空间。存在问题：（1）道路的连通性相对于低破碎化空间较高，割裂作用强，对生态本底的冲击程度高；（2）传统建筑用地分布散落缺乏联系，或现代景观分布分散，现代景观与传统景观交织分布，两者之间的共生协调性非常差；（3）传统建筑用地分离度介于低破碎和高破碎之间，分散程度高，斑块个体间的联系程度非常弱
高破碎	直埠镇	主要干扰斑块为现代建筑、现代工业，分布分散，点状分布于区域内，以多个集中的点向外蔓延扩张，造成辐射分割式的破碎；传统景观和现代景观，均分布分散		高破碎化空间的生态效应值最低；除连通性高于低破碎化空间，其整体性、稳定性值最低。存在问题：（1）道路的连通性同与中破碎化空间，相对于低破碎化空间较高，割裂作用强，对生态本底的冲击程度高；（2）传统建筑用地分离度高，分布散落缺乏联系，斑块个体间的联系程度极弱；（3）现代居民点缺乏统一规划，与传统景观交织分布，传统景观被逐步吞噬，传统空间与现代环境的共生协调性极差

二 空间破碎化生态效应及存在问题

（一）空间破碎化生态效应总结

从破碎化程度高低与生态效应总体评价结果的关系看，低破碎化空间的生态效应值最高，其次为中度破碎化空间，高度破碎化空间的生态效应值最低。如表5-42，千灯镇和平山乡属于低破碎化空间，双闸街道和钱桥镇属于中破碎化空间，直埠镇属于高破碎化空间，明显生态效应值低破

碎化空间 > 中度破碎化空间 > 高度破碎化空间。

从破碎化的程度与各约束层的关系看，整体性、稳定性基本呈现出一个负相关的趋势，破碎化程度越高，整体性、稳定性越低：低破碎化空间 > 中度破碎化空间 > 高度破碎化空间；连通性是中高破碎化空间的连通性高于低破碎化空间的连通性；传统保有率与破碎化之间的关联性也不是很大，没有明显的负相关、正相关的关系。

表 5 - 42 　　　　　　　　　　生态效应评价汇总

破碎程度	案例地	A 空间破碎化生态效应评价结果	B1 连通性	B2 整体性	B3 稳定性	B4 传统保有率	破碎度
低	平山乡	4.43	4.40	4.91	6.75	2.00	0.0061
	千灯镇	4.33	4.40	3.93	6.70	2.69	0.0025
中等	钱桥镇	3.48	5.00	3.24	4.85	1.67	0.0137
	双闸街道	3.88	5.00	2.26	5.20	3.72	0.0188
高度	直埠镇	2.83	5.00	2.11	3.15	2.00	0.1015

（二）空间破碎化存在问题分析总结

对于传统文化景观空间破碎化存在问题的分析主要从廊道（以人工廊道——道路）、典型斑块和斑块群组之间的关系三方面进行研究。不同程度的破碎化空间存在共同的问题，但程度不同：（1）道路（人工廊道）的分割加剧传统文化景观的破碎化，对自然生态本底产生冲击。低破碎化空间道路的连通性低，对传统文化景观空间的割裂作用较低；中度破碎化、高度破碎化道路的连通性高，对传统文化景观空间的割裂作用高。（2）典型斑块——传统建筑分布分散，影响斑块个体间的联系程度，景观连续性受到冲击。低破碎化空间传统建筑分布相对集中，斑块个体间的联系程度较弱，景观连续性受到较小冲击；中破碎化空间传统建筑分布比低破碎化空间分散，斑块个体间的联系程度非常弱，景观连续性受到较大冲击；高破碎化空间传统建筑分布最分散，斑块个体间的联系程度极弱，景观连续性受到极大冲击。（3）斑块群组关系——现代景观冲击传统景观，两者之间的缓冲空间与共生协调性受到冲击。低破碎化空间现代景观与传统景观分布相对集中，现代景观对传统景观的冲击较小，两者的共生协调性较差；中破碎化空间现代景观与传统景观只其一分布相对集中，现代景观对传统景观的冲击较高，两者的共生协调性非常差；高破碎化空间，现代景观与传统景观均分布相对分散，二者交织分布，现代居民点缺乏统一规划，传统景观被逐步吞噬，传统空间与现代环境的共生协调性极差。

第六章 传统文化景观空间破碎化因素及作用机理

在我国快速城市化进程中和新农村建设高潮来临之际，城市边缘村落和中国广袤大地上的众多村落景观正面临前所未有的冲击。只有为数不多的古老村落被认定为历史文化名村而得到较好的保护，大多数一般性传统村落则面临毁灭性的冲击。同时，在城市扩张过程中，原居民被迁居到全新的社区中。这种对乡土景观和本土居民的忽视带来众多严重的社会文化和生态问题。这些都是导致作为传统文化景观空间主要载体的乡村景观破碎化现象的最直接的诱因。

通过实地调查、现场走访与资料的收集整理，发现文化景观破碎化最直接的影响因素是"四化"（城市化、工业化、现代化、商业化）的冲击，保护与发展政策的不完善是影响文化景观破碎化的间接因素。"四化"冲击带来文化景观空间特征的变化，而保护与发展政策的不完善，加剧了这种空间变化，最终导致破碎化的出现（图6－1）。根据分析，总结出目前传统文化景观空间存在以下问题亟待解决。

（1）空间规划存在问题——规划层面上如何保护典型的景观要素和景观区域，从整体上强化并展示地域景观的传统文化特征；如何对分散的甚至是隔离状态的传统文化景观单元、景观斑块进行整合，塑造完整的景观意象；如何实现传统文化景观与区域生态环境的协调发展。

（2）古镇保护规划等相关规划方案缺乏公众参与——如何在古村落、古镇的改造中使原住民的意愿得到体现，传统文化景观空间保护的主体是民众，如何激发民众和社会参与的积极性，是持续保护的关键。

（3）经济利益与传承传统文化的矛盾——如何使利益兼顾，平衡古村落居民对现代物质、文化生活的向往与中华文化保护、延续和再创造，使更多的人意识到保护传统文化与经济利益不冲突，促进当地非物质文化遗产的合理保护。

（4）缺乏引导鼓励当地居民保护传统文化景观的政策——如何通过制定相关政策改善村民的经济条件，并调动他们保护文化景观的积极性。

（5）原有设施无法满足现代生活，现代生活与传承传统文化的矛盾——居民如何改善村民等的居住和生活条件，使大量的原住民留在古镇，并调动他们保护文化景观的积极性，扭转传统文化景观空间感知意向，使原有的民俗民风得到一定的保留。

（6）工业技术等级不高——如何控制工业的性质和规模，减少工业造成的环境污染，使工业在拉动当地经济增长的同时不破坏环境，做到经济发展与环境保护的双赢。

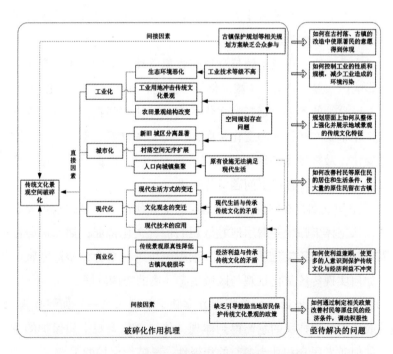

图 6-1 破碎化影响因素及亟待解决的问题

第一节　空间破碎化直接因素

一　工业化与研究区域传统文化景观

工业化是经济中各行业企业的生产组织，其特征是专业化和劳动分工，运用技术、机械、电力来补充和代替人的劳动，它也是现代的、一体化的，以城市为基地制造业的建立。工业化是指在社会经济发展当中，由以农业经济为主过渡到以工业经济为主的一个特定的发展阶段和发展过程。工业经济实现后还会向服务业为主的阶段过渡。工业化在推动经济发展的同时，也带来传统文化景观空间的风貌的变迁。主要表现在以下方面：首先乡村工业用地冲击传统文化景观使区域景观空间异质性、分异现象加强；其次工业化推动农业生产技术变革，使农田景观结构改变；再次工业化带来生态环境恶化，使区域景观生态安全出现问题（图6-2）。

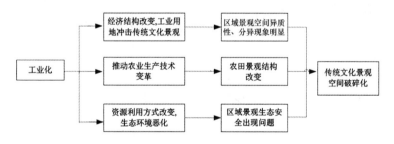

图6-2　工业化对传统文化景观的影响分析

（一）工业化带来经济发展和经济结构转变，乡村工业用地冲击传统文化景观使区域景观空间异质性、分异现象加强

工业化带来经济发展和经济结构转变，区域土地利用景观发生改变，大量乡村工业用地出现。一方面乡村工业用地冲击传统文化景观使区域景观空间异质性加强，不同发展阶段的乡村工业对传统景观造成不同的影响；另一方面工业化推动区域景观空间的集聚化，分异现象明显，带来传

统文化景观的边缘化问题。

乡村工业用地冲击传统文化景观使区域景观空间异质性加强，不同发展阶段的乡村工业对传统景观造成不同的影响。乡村工业的发展与布局彻底改变传统文化景观。首先乡村工业用地作为一种新的用地类型增强了区域景观的异质性，但发展在不同阶段的乡村工业，由于其用地布局方式不同，对传统文化景观空间的冲击作用也不同：初级阶段的乡村工业，用地分布分散，造成了传统文化景观空间的高度破碎；中级阶段的乡村工业，用地分布相对集中，对传统文化景观空间的影响减弱，破碎程度为中等；高级阶段的乡村工业，用地分布绝对集中，对传统文化景观空间的影响最弱。

工业空间布局演变的总体趋势是从分散趋向集中，这种布局的方式同样影响着传统文化景观的空间特征。从空间布局形态的演变来看，乡村工业大致分为3个阶段：（1）乡村工业的发展初期：受建设资金、建设规模、职工来源、生产性质、发展基础和规划管理所限，多就地布局，形成较为分散的格局。由于大多是在乡村手工业的基础上发展起来，形成以铁木农具、修砖瓦、小水泥、农副产品粗加工为主的产业结构。这一时期乡村工业发展总的来说是"村村点火，户户冒烟"。这一时期的工业用地对传统景观的影响较大。（2）中级阶段：由于个别企业规模的扩大或高起点的企业布局，使得工业分布空间不平衡，特别是市域和镇域范围，出现重点建设区域，相对集中的分布对传统景观的破碎度影响减弱。（3）高级阶段：由若干企业成组布局，或进行工业园区建设，统一配置公用的基础设施，区域出现明显的城镇功能分区。该阶段独立工业区的出现，对传统景观的破碎度影响最弱（图6-3）。

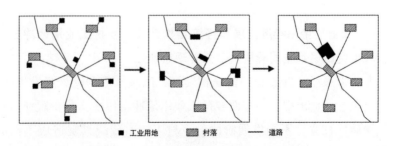

■ 工业用地　　▨ 村落　　—— 道路

图6-3　工业用地布局结构变迁示意图

案例中的平山乡和千灯镇，工业分布非常集中，都规划有独立的工业园，与乡村工业发展的高级阶段比较接近。平山乡的工业大多集中在江阳工业园内（图6-4）。江阳工业园于2001年批准，是江苏省省级工业园，规划面积10平方公里，基础设施已相对完善，并配套有数十套居住小区和商业服务一条街，提供基本生活服务。千灯镇的工业园规划面积约26平方公里，主要有分布在S343（机场路）以北的化工园区、线路板工业园和位于大唐村的大唐工业园（图6-5）。这种工业的集中用地布局方式，降低了生产成本、运输成本以及交易成本，与工业生产的规模化和高效率相匹配，工业生产的规模经济效益，更促进了工业用地的集聚。这种集中的用地分布，对传统文化景观的冲击较小，从一定程度上减缓了当地的破碎化现象，是该区域为低破碎化空间的一个重要条件。

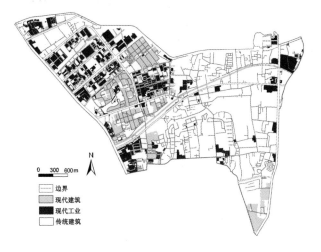

图6-4　平山乡现代工业用地分布

钱桥镇和双闸街道工业用地分布相对分散，只有部分地区出现了相对集中发展的趋势，与乡村工业发展的中级阶段较为接近，距离乡村工业发展的高级阶段——独立工业园区的建立还有一定差距，工业用地分散的布局，割裂传统文化景观，使破碎化加剧。钱桥镇靠近市区的东北部区域工业用地分布相对集中，其余区域相对分散，未建立集中的工业园区，工业

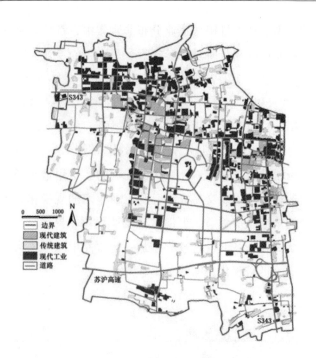

图6-5 千灯镇现代工业用地分布

用地见缝插针地填充在传统空间中（图6-7）；双闸街道的工业用地分布依托主要道路，分布较为分散，只有东北部靠近市区方向的工业用地分布相对集中（图6-6）。这种散乱的布局不仅不利于规模化和高效率的工业生产，运输成本加大，而且对传统文化景观的冲击较为明显，钱桥镇和双闸街道的传统景观的破碎化程度都为中度破碎化。

直埠镇工业分布非常分散，工业用地有集中发展的趋势，但目前并未形成一定规模的集聚，与乡村工业发展的初级阶段较为接近，但比初级阶段有所进步，介于初级阶段和中级阶段之间。直埠镇的工业生产，主要以鞋业为主，是远近闻名的鞋业之乡，制鞋专业村很多，如直埠、紫草坞、赵源、祝谢、孙郭等，乡村工业发展初期的特征——一村一工厂的特征延续了下来。直埠镇，呈现出东部河谷平原、西部丘陵山地的两大单元地貌组合，两者各占50%。村庄多分布在山前阶地上，呈现出南北带状分布特征。受该地形的限制，没有足够的适宜的平地进行大面积的工厂建设，对

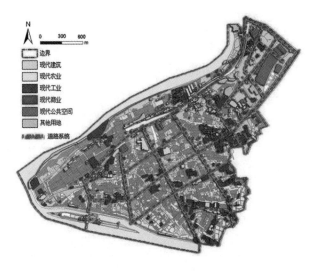

图 6-6　双闸街道现代工业用地分布

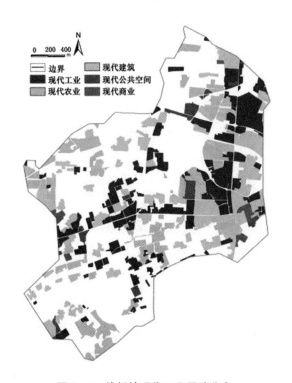

图 6-7　钱桥镇现代工业用地分布

工业的集中造成一定影响。这种分散的用地分布，使现代工业用地与传统用地交织在一起，对传统文化景观的冲击较大，从一定程度上加重了当地的破碎化现象，是该区域为高破碎化的一个重要因素。

工业化推动区域景观空间的集聚化，分异现象明显，带来传统文化景观的边缘化问题。工业化的快速发展使传统地域景观出现了边缘化问题：部分地区由于发展过程中偏离经济的中心地区和热点地区而成为经济发展相对的"冷区域"，经济发展相对落后，社会变革相对缓慢，传统文化景观空间得以保存。但由于交通变化和对外联系途径的变化而失去往日繁华的地位，在空间上成为被遗弃的区域从而具有边缘化特征。如千灯古镇核心区，由于经济发展相对落后，社会变革相对缓慢，交通变化和对外联系途径的变化而失去往日繁华，在空间上成为被遗弃的区域从而具有边缘化特征。平山乡东部传统景观区同样存在类似的问题，经济发展相对落后，整个景观风貌趋于古朴，居民渐渐往外搬迁去靠近工业园的新区。但边缘化使这些传统景观区域付出保护与发展的巨大机会成本，并因为与周边环境间巨大的差异而形成巨大的文化和心理反差，进一步加大人们对现代文化的渴望和需求，从而加强了景观边缘化的格局。

（二）工业化推动农业生产技术变革，使农田景观结构改变

一方面工业化推动农业生产技术变革，成为乡村及农业景观空间变化的主导力量；另一方面工业基地的郊区化挤压乡村景观带来农田景观结构的差异。

农田景观规则性增强。随着工业的发展吸引了大批农村的劳动力去工厂工作，带来大批农村劳动力的转移。另外，随着农业生产机械化、生物化和科技水平的提高，农业生产规模逐渐扩大，农地的集中耕作使得以往每家每户小面积土地得到整合，农用地的斑块数量减少，从而农田景观的破碎度减小，集聚度提高。如截止到2009年6月，千灯土地流转成效明显，全镇1.5万农户签约率达99%以上，30197亩土地通过流转，统一发包给301个大农户耕种，为土地规模化和机械化经营树立了典范。

景观类型更加多样化。随着农业的产业化、市场化、生态化和智能化水平的提高，农田景观也呈现多种多样的面貌。如近几年大面积出现的都市农业、观光农业，不仅给城市居民提供了更好的食物与休闲场所，更使得土地的种植和经营发生了翻天覆地的变化，经济作物（特别是苗木花卉、蔬菜和水果）种植规模大幅度上升（图6-8）。与此同时，随着农业生产机械化、现代化和生态化的发展，传统农业生产模式逐渐消失，成片的大棚生产基地、无土栽培技术以及精准农业、绿色农业等新的发展模式使得乡村农业景观改头换面（图6-9）。千灯镇的大唐生态农业园就是一个典型，集生态农业、观光、休闲于一身，占地规模大，且园林化处理完全失去传统文化景观的特点。

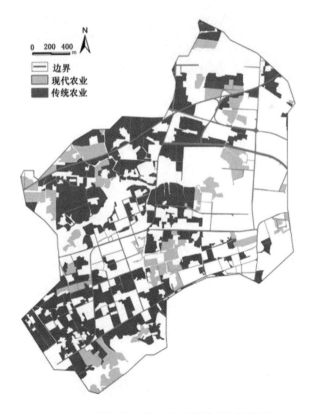

图6-8　钱桥镇现代农业对传统农业的渗透

图 6 - 9　钱桥镇农业新景观

（三）工业化使资源利用方式发生改变，带来生态环境的破坏

工业化使资源利用方式发生改变，由原来的以农业用地为主变为大量的工业用地，产生大量的工业废气、废水，带来生态环境恶化，区域景观生态安全出现问题。通过实地调研发现，在千灯镇工业比较集中的地区，河岸硬化、水质污染，空气中含有大量的悬浮物，其他镇也存在不同程度的环境污染问题。另外，问卷中也反映出受访者对工业污染反映特别强烈（表 6 - 1），一半以上的受访者（56.4%）认为周边的工业发展对环境已经产生了较大危害，应该在发展经济的同时注意环境保护；13.0% 的受访者认为周边的工业发展已经彻底破坏了当地环境，应该取缔造成污染的企业，以环境为重。千灯镇的工业主要以电子、化工、纺织、金属为主且处于行业低端，附加值低。这些工业易造成环境污染，如电子线路板企业、精细化工企业（树脂类、IT 产业配套助剂类及日用化工类的精细化工）产生的工业废气，对环境造成严重危害，影响了居民的正常生活。

表6－1　　　　　　周边工业对当地环境影响的看法统计

选项	人数	百分比
周边工业的发展使村里人富裕起来，这比什么都重要，环境的改变微不足道	34	7.3%
周边的工业发展对环境有点危害，经济发展起来之后，会注意到环境保护	108	23.3%
周边的工业发展对环境已经产生了较大危害，应该在发展经济的同时注意环境保护	261	56.4%
周边的工业发展已经彻底破坏了当地环境，应该取缔造成污染的企业，以环境为重	60	13.0%

二　城市化与研究区域传统文化景观

日本的上田正夫认为：城市化（城镇化）是一种进行状态，即在某一地域内，随着生产力的发展、资本的积累，产生了现代化的生产方式，然后在工业化的推动下，以一个与国家经济发展相适应的形式，吸引人口相对集中。根据他的理解，人口城市化是因为城市中能够提供大量的就业机会和比乡村更先进的生活条件，而创造就业机会和生活条件的因素在于第二产业和第三产业在空间上向城市集中。反映在物质和形态上的城市化包括：人口的集中、空间形态上的变化等。本书主要从人口数量的增长、空间集聚、城镇空间、村落空间的变化等方面研究城市化对传统文化景观风貌的影响（图6－10）。

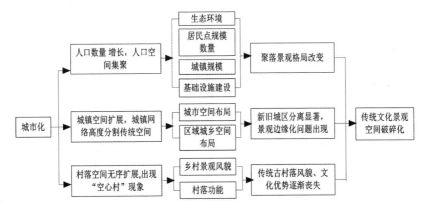

图6－10　城市化对传统文化景观的影响分析

（一）人口数量的增长导致区域景观结构和生态格局的根本转变；人口的空间集聚使得乡村景观的多样性、优势度和破碎度发生明显变化，呈现新的聚落景观格局

1. 人口总量增长对传统乡村地域文化景观的影响

人口数量的变化对于地域文化景观演变的影响主要表现在：人口数量的增长，加重了资源环境承载量，在土地及其他自然资源有限的情况下，人们只能依靠现代技术的支持，加大资源利用强度，获取更多的生存空间和生活资料；另外，人口数量的增长，也加重了地域空间的承载量，导致居民点规模与数量、居住形态的变化。

人口数量的增长导致区域景观结构和生态格局的根本转变。人口数量的增长刺激人类拓展生存空间，也改变着原有生存空间的景观格局。人类加剧向自然界索要生活资源，开山辟路、毁林种田，人口与资源、环境的关系日益紧张；伴随着人口数量的增长，建设用地不断增加，林地、草地、耕地的面积和比例都发生了相应的变化，土地利用景观发生了很大改观；伴随着人类改造自然、利用自然能力的不断增强，区域景观多样性增强，景观的破碎度增加，景观结构与生态格局发生根本变化。

人口总量的变化影响居民点数量和规模的变化，进而改变着建筑、居住形态，引起城市和乡村聚落景观改变。人口增长是城市扩展的重要驱动力，城市作为人们居住、工作、交通、游憩的场所，人口的增长客观上导致相关居住用地、产业用地、基础设施及公用设施用地的增加，城市规模扩展；人口的增长也导致乡村居民点增多，新的村庄和集镇不断出现，并且村庄、集镇规模不断扩大。另外，中心城镇的扩张和新农村建设，村镇住宅及公共建筑的景观面貌也随之出现新的变化。除中心城镇建筑风貌、城镇格局等景观面貌有很大改变之外，在许多传统村落的周边甚至一些古村落内部，也出现了许多与传统风貌完全不一致的建筑景观。在广大乡村地区，人口增加直接导致住房需求的增加，有条件的居民也多建两层楼代替传统的院落平房民居，以获得更多的使用面积，扩大单位土地的居住容量。

2. 人口的空间集聚对地域文化景观演变的影响

人口的空间集聚促进了农业生产的改革、城镇的扩展、公共交通和基础设施的增加，使得乡村景观的多样性、优势度和破碎度明显发生变化。首先，人口向城镇的集聚带来交通、基础设施等相关用地需求的迅速膨胀，特别是建设用地的大幅度扩展，加之城镇工商业发展对土地需求的不断增加，城镇公共用地在区域景观结构中的比重越来越显著。同时，城镇人口的增加也直接导致消费需求的增长，特别是拉动农产品的消费需求。随着经济发展及城镇用地增长使得后备土地资源有限，调整与优化农业结构，采用现代化的种植技术成为提高农产品产量的主要途径，客观上促进农业生产景观的变革。

乡村人口的重新分布和集中趋势使得居民点的空间布局发生改变，呈现新的聚落景观格局。乡村人口向城镇集中的同时，村落逐渐向着交通便利的区位扩展，人口向着规模较大、经济基础较好的村庄集中。以直埠镇为例，由 2005 年 31 个村合并为 2007 年 11 个村，村庄数量有所下降。村落数量减少的同时，人口规模上升。

人口的空间集聚对古村落景观的影响尤为深刻，一方面城镇化改变着古村落所处的区域景观环境，另一方面也导致了古村落自身景观的变化。一些偏远地区的古村落，村民尤其是年轻人为了寻求工作机会或者向往城镇生活向城镇迁移，导致古村落的"空心化"现象，大量的古民居无人居住，年久失修，古村落日渐衰落下去；而另外一种极端现象则是，一些交通便利、经济基础较好的古村镇自身则经历了快速城镇化的过程，成为人口、商业集聚的中心。然而古村镇在向现代城镇迈进的同时，问题也随之出现：人口的集中产生大量的住房、设施建设需求，由于缺乏有效的规划管理，无序的开发建设造成了严重的古村落传统文化景观危机；在常住人口大量集中的同时，古村落内诸如污水处理之类的必要设施依然缺失，生活污水和固体垃圾得不到相应的集中处理，加剧了古村落的生态危机。

（二）城镇空间扩展，新旧城区分离显著，城镇网络高度分割传统空间，城市化拉大了区域景观的进一步分异，使乡村景观和自然景观不断地处在一个边缘化的过程中，景观边缘化问题出现

新旧城区分离显著，打破了传统景观的延续性。自 20 世纪 80 年代以来，沪宁杭地区小城镇空间拓展十分迅速，由此促进了原有镇区的改造和新城区的建设与发展。由于原有城镇空间格局较为混乱，并且改造难度大，因此很多小城镇在空间拓展的过程中，选择在老城区周边区位较好的地方进行重建。还有一些城镇为了保持传统的格局与古老的建筑风貌，城镇规划时多另辟新地进行新区的开发与建设。与此同时，乡镇企业的扩展也需要另辟新地，与居住区和商贸区相隔一定距离，由于老城区的功能仍旧以商贸和居住为主，因此新建工业区多围绕老区附近进行建设。由此在一些发展较快的小城镇，出现新与旧、传统与现代、古老与时尚界限明显的两个区域。如千灯镇，紧邻千灯古镇外围建了新区，新旧对比明显，打破了传统景观的延续性。

城市化的分散发展和成片推进造成对传统文化景观空间的分割。主要表现在这些古镇在自己核心保护区外围进行的新城建设、工业区建设和开发区建设，在连续的空间景观上出现古镇景观—现代新城景观—现代产业景观交替出现的景观分割格局。现代城市化景观将传统景观分割，使区域景观失去整体性，呈现出破碎化状态，如千灯镇、平山乡。

城市化拉大了区域景观的进一步分异，形成完全不同类型的景观系列。城市化过程不断促进城市扩张并进一步分化与自然景观、乡村景观等自然半自然景观类型的差异，使乡村景观和自然景观不断地处在一个边缘化的过程中。由边缘到城市中心分别形成完全自然景观、半自然景观、半乡村景观、乡村景观、半城市化景观、城市化景观等完整的景观序列。

（三）村落空间无序扩展，空心村现象出现，村落格局日趋衰弱，使传统古村落风貌、文化优势逐渐丧失

线状蔓延显著（图 6-11）。村落空间线状蔓延显著，打破原有的生长机理，带来无序扩张。随着生活条件的改善和就业的变化，农民在选择新住宅区

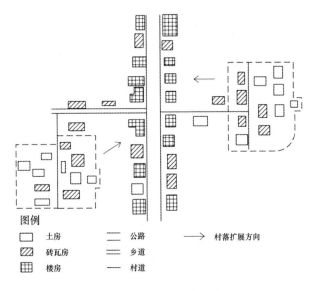

图例

□	土房	＝	公路	⟶	村落扩展方向	
▨	砖瓦房	≡	乡道			
▦	楼房	—	村道			

图6－11　村落沿路扩展

位时对耕作方便与否的考虑已大大降低。目前，沪宁杭地区大部分农村劳动力已经脱离土地，以从事第二、第三产业为主，每天不是在居所与耕地之间往返，而是在居所和城镇、工厂之间穿梭。由于沿路修建房屋不仅出入方便，而且潜在商业价值较大，因此只要符合政策，农民多选择在村落对外交通干线旁新建住房。20世纪80年代末90年代初，村落建设多照搬城市建设模式，呈现出"十里长街"的"排字房"，格局统一，既无单体建筑美，更无群体构造美，形成毫无特色的村落空间结构和单调的视觉效果。村落沿路扩展形成较为分散的格局，不仅浪费耕地，同时距离道路较近使得村庄的基础设施难以有效设置，如直埠镇的现代建筑用地大部分都沿交通道路布置（图6－12）。

　　"空心村"加速传统文化景观的破碎。随着乡村居民工作与生活方式的变化，居民更愿意到城镇买新房而不愿意在村庄新建住宅，加之城镇的工作机会更多，因此人口逐渐向城镇转移，出现了"空心村"现象。如钱桥镇，调研中发现当地居民大都迁入市区或新镇公寓式住宅，而将传统平房或留给老人居住，或出租给外来务工人员，抑或闲置着，出现了"空心村"甚至"空村"。"空心村"的消极作用是导致稳定协调的乡村人居环境受到破坏。由于

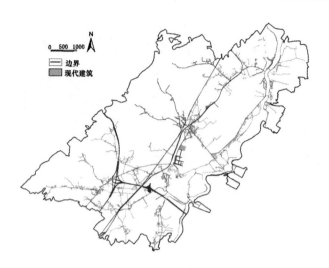

图 6 - 12 直埠镇现代建筑用地分布

村庄的外延式发展，导致村庄内部更新滞缓，物质环境不断老化，整个村落呈现出外光内糠的形态。大部分空心村，破败的旧房占据着村中央的宅基地。同时，由于空心村是一种核心和边缘的空间分异现象，空宅地、废弃地等均大多位于村中央，这对以后的村庄改造以及退耕还田均造成一定的困难。

村落功能改变带来村落景观风貌及村落格局的改变。村落建设出现盲目模仿大中城市建设式样，打破传统建筑风貌，使传统村落格局日趋减弱。一方面，村落功能的改变影响传统文化景观。传统的村落基本属于农业型村落，"日出而作，日落而息"，乡村居民的工作、生活半径基本局限在村界内。随着经济的发展，村落的功能发生变化，现代村庄的职能除具有居住功能外，也开始向第二、第三产业转化，出现了生产生活混杂型、居住小区型（"卧村"）村落。生产生活混杂型村落，工业用地分布在村落之中，破坏了村落原有的格局，对传统文化景观造成一定的冲击。乡镇企业的蓬勃发展是沪宁杭地区经济的最大特色和优势。目前，仍然有很多作坊式的小工厂分布在村落之中。由于受到土地、资金、技术等多方面的影响，无法集中到镇区的工业区，只有靠廉价的劳动力、房屋和土地租用费以及传统的手艺进行着小规模的生产。同时，一些基础好、建设时间早的大型村办企业已占据村中大片土地，高昂的搬迁费也使得它们仍然滞留在村落中，与居民生活区房屋相连，这打破了原有的村落格局，而且会造成一定的环境污染。居住小区型（"卧村"）的形成，改变了原来的邻里关系、古朴的乡村风情。居住小区型多为集中规划新建的村落。由于农民大多在企业工作，村落只是回家休息和与亲人聚会的场所，成为"卧村"。这些村落大多在城镇周边，内部格局与外部面貌与城市居住小区相差无几，并且多为整齐划一的别墅型建筑或公寓式楼房，基础设施配套齐全。

　　另一方面，随着经济和生活方式现代化的冲击，村落建设出现盲目模仿大中城市建设式样，打破传统建筑风貌，由此区域特色和文化优势逐渐丧失。在新修建的村落中，行列式的住宅小区布局形式随处可见。传统住区中活泼自然的特色和亲切自然的生活气息被城市型聚落结构破坏，加之血缘和地缘的影响力下降，往日融洽和睦的邻里关系也在生硬的楼房间日趋淡漠。接近自然、与环境紧密相关的传统村落不仅是景观层面的问题，更是生存层面的需求。目前村庄的建设中存在大修大建，建筑盲目追求现代化、时尚化和规模化，使得村庄"似城非城、似村非村"，不仅造成资源的极大浪费，也远离了村庄应有的清新面貌。正因为如此，那些保存完好的古村落在乡村旅游中受到大众青睐。

三　现代化与研究区域传统文化景观（图6-13）

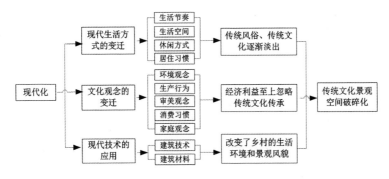

图6-13　现代化对传统文化景观的影响分析

现代化（Modernization），又译近代化，该词常被用来描述现代发生的社会和文化变迁的现象。根据马格纳雷拉的定义，现代化是发展中的社会为了获得发达的工业社会所具有的一些特点，而经历的文化与社会变迁的全球性过程。现代化的影响重点反映在生活方式、文化观念（人文精神）和现代技术应用上。数千年的农耕生活，形成同质性较强和超稳定的心理结构。进入社会转型期以来，社会转变改变着人们的观念、行为以及心理结构。

（一）现代生活方式的变迁使传统风俗、传统文化逐渐淡出传统聚落

现代化快节奏的生活方式冲击传统文化景观。生活节奏加快，以农耕文化为背景的恬淡的田园生活方式转向现代化的快节奏的生活方式。居民的主要收入来源已不是农业而变为打工和个体经营，就业多样化趋势明显（表6-2），从事农业生产的居民不足10%，企业员工和个体经营者最多，均占到22%以上，是主要的就业方式。如千灯镇几乎看不到面朝黄土背朝天的农民。不是因为没有农业，而是规模化生产和产业化经营让多数农民不再需要守着农田过日子，直接从事农业生产的农民不足200人。乡村日出而作日落而息的生活模式随之发生变化，上下班的节奏使得乡村生活与城市生活差距越来越小，生活模式更加城市化和现代化。原本具有农业社会质朴特征的聚落逐渐被现代居住小区替代，传统文化因子也逐步淡出传统聚落。

表6-2　　　　　　　　　　**居民职业构成**

选项	人数	百分比	选项	人数	百分比
政府官员、公务员	33	7.1%	企业员工	125	27.0%
企业管理人员	33	7.1%	自由职业者	18	3.9%
个体经营者	136	29.4%	农业	42	9.1%
专业人士或技术员	53	11.4%	其他	18	3.9%
教师学生	5	1.1%	总计	463	100%

生活空间的广泛化、人际交往的多元化，改变了原有的传统风俗和生活习惯。首先，生活空间更为广泛。就业方式的改变，使得乡村居民的工

作、生活半径都大大拓展，不再局限在村界范围内，而是延伸到集镇、城市甚至更广泛的地域。正如吴金明研究所示，伴随着农家消费行为、资源需求、市场交往、婚姻关系、交际对象的变化，农家生活空间经历了不断拓展的结构变迁过程（图6-14）。在这一过程中，自行车、摩托车、汽车等交通工具的出现和使用，使得村民的出行更为便利，刺激活动空间拓展。其次，人际交往多元化。随着乡村的发展和生产生活方式的改变，社会交往也摆脱以往的封闭、狭小、单调的形式，开始向多元化发展。交往的对象由亲戚邻里扩展到朋友、同事等多元化的群体；交往的方式也由串门闲聊为主，转变为以交流信息为主；交往的频度增加，打破以往的节日集中交往，社会交往日常化；交往的途径，除了面对面的直接接触以外，增添了电话、邮件等多样化的交往渠道。

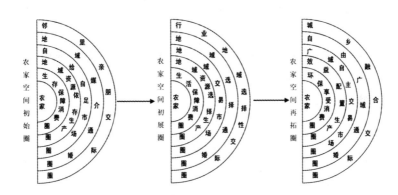

图6-14 农家空间圈层结构变迁

现代消费理念，多元化的休闲娱乐方式冲击传统文化景观。从"精打细算"向自我服务观念转变。我国传统文化崇尚节俭，强调储蓄和积累，并且一生中的消费主要用在建房、婚丧嫁娶、子女上学等少数几件大事上。调查发现，现代居民的主要消费仍以日常所需、住房、文化教育为主，分别占到33.9%、20.3%、18.4%，但休闲娱乐也占到较高比例为18.8%，出行的花费相对较小（表6-3）。这说明随着现代化的发展，居民现代自我服务的观念逐渐形成，特别是先富裕起来者逐步形成"多挣钱、会花钱"的现代消费观，并开始追求高层次消费，尝试以丰富多样的形式求得精神上的放松和生活上的享受。

表 6 - 3　　　　　　　　　居民收入构成

选项	人数	百分比（%）	选项	人数	百分比（%）
日常所需	157	33.9	出行	34	7.3
休闲娱乐	87	18.8	其他	6	1.3
文化教育	85	18.4	总计	463	100
住房	94	20.3			

休闲活动的内容更加丰富，这主要由于工作方式的改变，乡村居民的闲暇时间相应增加，并且分布较均匀。调查表明（表 6 - 4）看电视成为家庭休闲的主要方式，占到 44.9%；其次是上网 27.6%；村落集体活动相对较少，为 4.5%。说明在电视与网络的大量普及下，传统民风中"鸡犬相闻"的邻里关系被逐渐疏离，人们对集体活动缺乏积极性与参与性，显露出城市人的情感特征。

表 6 - 4　　　　　　　　居民闲暇娱乐方式构成

选项	人数	百分比	选项	人数	百分比
传统娱乐（戏曲、刺绣、麻将等）	75	16.2%	上网	128	27.6%
参加村里组织的活动	21	4.5%	其他	31	6.7%
看电视、看电影	208	44.9%	总计	463	100%

休闲方式的改变，刺激了休闲服务业的发展，网吧、游戏厅、歌舞娱乐场、影像制品店等文化经营场所出现并快速增长。生活方式的变化，加大了对供水、供电、银行、通信、邮电等公共服务的需求，导致公共服务设施与景观的变化。特别是在发展旅游业的古村落里，传统婚嫁、祭祀、歌舞等民俗活动逐渐演变为单纯为招徕、愉悦游客的商业行为，而不再是古村落居民传统活动的有机组成部分，导致乡村地区传统民俗景观的巨大

变迁。

（二）文化观念的变迁使地方文化的认同感、经济观念、审美观念发生改变，最终导致经济利益至上忽略传统文化传承

1. 地方文化认同的危机

根据调查发现有 10.6% 的受访者完全不在意传统文化的丢失，有 46.2% 的受访者有点担心传统文化的丢失（表 6 - 5），这充分表明，尽管绝大部分居民对传统文化持有认可的积极态度，但是这种文化的束缚力已经大大减弱，居民们更加倾向于在可能的条件下就地或者异地改善目前的居住条件和生活环境。调查问卷有 39.1% 的受访者认为理想的居住点以现代风貌为主较好，有 10.8% 的人认为完全以现代风貌取代传统风貌比较好（表 6 - 6），这说明尽管他们知道这种改变可能会带来古村落景观的巨大改变，但追求现代生活的意愿已经超越传统文化的束缚力。

表 6 - 5　　　　　　　　　**居民对于当地民俗传统丢失的看法**

选项	人数	百分比
完全不在意，那都是老掉牙的东西了，不适合现在的环境，应该丢弃	49	10.6%
有点担心，原来的传统都是老一辈留下来的，应该保留一些	214	46.2%
很担心，原来的传统有很积极的一面，应该大部分保留并为今所用	141	30.5%
完全反对丢弃民俗传统，新的一代会因此丢失自身的文化根基	59	12.7%
总计	463	100%

表 6 - 6　　　　　　　　　**居民对理想居住点风貌意向**

选项	人数	百分比
传统的好，环境更接近自然	86	18.6%
保持较多的传统风貌，现代的有一点就够了	146	31.5%
以现代风貌为主较好，保留优秀的传统风貌就可以了	181	39.1%
完全以现代风貌取代传统风貌，要不就没有发展，太落后了	50	10.8%
总计	463	100%

2. 保守型经济观念向现代市场经济观念的转变

由情感式的保守型经济观念向现代市场经济观念转变，恋土情节逐渐弱化。土地是农民的生活之源，在传统的乡村社会中，一份属于自己的土地并维护好这份家业几乎成为乡民的最高境界。随着经济的发展，土地作为谋生的根基日益松动，乡民的经济活动逐渐超出"种地"范围，对土地的依赖不断弱化。表 6 - 7 显示一半以上的受访者家中有外出务工的家人，这说明城乡之间的差异也使得乡村中的年青一代普遍存在着脱离土地的强烈冲动，随着乡镇企业的发展，绝大多数青年人在工作和生活方式上已与城市青年没太大区别，承包给他们的土地仅是一种安全保险和口粮。

表 6 - 7 　　　　　　　　　　　　居民外出务工比例

选项	人数	百分比
有常年在外打工的亲人	142	30.7%
有季节性在外打工的亲人	124	26.8%
没有	197	42.5%
总计	463	100%

3. 审美观念的变化

伴随城市化及乡村现代化的发展，特别是城乡交流的广泛和深入，居民的审美观念和审美情趣随之发生变化。相比于他们熟悉不过甚至习以为常的传统文化元素，他们对城市的、现代的、时尚的元素表现出浓厚的兴趣；更是出于对城市生活的向往，或者对西方文化的好奇，他们不断地将这些元素搬进自己的日常生活，导致建筑风格、装修装饰、衣着服饰等诸方面景观的变化。

（三）现代技术的应用、基础设施的修建，改变了乡村的生活环境和景观风貌

1. 基础设施的修建，改变了乡村的生活环境和景观风貌

调查问卷中有约一半的居民认为基础设施发生了重大改变（表 6 - 8）。主要表现在交通工具与道路设施的变化、家庭用水来源的变化等。调查显

示现在居民主要的出行方式为公共交通占到47.1%（表6－9），说明交通设施有很大改观。

表6－8　　　　　　　　　　当地近几年基础设施建设力度

选项	人数	百分比
基本没有任何基础设施建设	21	4.5%
基础设施建设速度一般，公共环境逐步改善	189	40.8%
基础设施建设速度较快，公共环境有较大改善	234	50.5%
基础设施建设日新月异，已经基本和城里没区别了	19	4.1%
总计	463	100%

表6－9　　　　　　　　　　居民出行方式构成

选项	人数	百分比	选项	人数	百分比
步行	59	12.7%	自驾车	62	13.4%
自行车	44	9.5%	助动车	73	15.8%
公共交通	218	47.1%	其他	0	0
出租车	7	1.5%	总计	463	100%

交通基础设施建设改变了区域景观环境和城乡空间关系。伴随高速公路、铁路、机场建设而形成的便利的交通网络，增加了到达这些古镇的便捷性。5个案例地均交通发达：平山乡宁启铁路、西北绕城公路横贯东西，扬天公路、扬菱公路纵贯南北；双闸街道中心距南京市中心6公里，距南京机场15公里，禄口机场25公里，南与宁芜公路、绕城公路相连，西与纬七路接壤，油棉路、水西路、江东南路贯穿全境；直埠镇诸姚公路、浙赣铁路、杭金衢高速公路南北贯通；钱桥镇紧靠无锡市区，312国道、锡陆公路和锡宜高速公路、直通无锡市区的惠山大道贯穿全镇；千灯镇离苏州市中心35公里，距上海虹桥机场30公里，北有沪宁铁路、沪宁高速公路、312国道等道路使古镇对外交通更加便利，对外联系更加紧密，自然环境的封闭性伴随交通网络的完善而彻底改变。另外，交通线路的开辟与

建设往往成为城乡用地扩展的伸展轴，对城乡空间形态的演化起到重要的决定和引导作用。交通网络的生长使得城镇建成区的范围不断突破原有的边界而延伸到更远的地方，原来属于城市郊区的区域不断被改造和建设，新的发展又不断地使那些未经开发的乡村和绿地成为新的郊区，从而导致城乡结构和空间形态发生变化。

更重要的是，交通廊道同时也是文化与信息廊道。在基础设施建设不断加强地区空间相互依赖的同时，文化的交流更为频繁。传统文化与现代文化碰撞、地域本土文化与异质文化的交融，引起地域文化景观的剧烈变化。交通便利、基础设施完善的地方，往往是景观变化最大、传统文化特色遗失最严重的地方。

基础设施的修建改变了居民的用水方式。问卷调查中显示 97.8% 的居民家庭用水来源为自来水（表 6-10），改变了当地居民的用水方式，从之前的在河边淘米、洗碗、洗衣服转而用自来水，使传统的生活场景不再存在。

表 6-10　　　　　　　　　　居民家庭用水来源

选项	人数	百分比	选项	人数	百分比
自来水	453	97.8%	其他	1	0.2%
井水	9	1.9%	总计	463	100%
自然河塘	0	0			

2. 现代技术的应用直接影响人们对资源利用的方式和强度，从而对传统村落景观演变起到重要的影响作用

一是日常生活的高技术应用对古村落生态与景观的影响。古村落的生态系统与景观形态是与消费可再生能源、技术含量极低的传统生活方式相适应的，而现代生活方式是富于高技术含量的。高技术含量的现代生活设施的使用，一方面使古村落的生产、生活、居住景观呈现明显的现代化特征，另一方面高技术含量的日用品消耗产生了对古村落环境有严重危害的副产品，如白色污染等。

二是现代建筑技术因素对古村落建筑景观的影响。传统乡土建筑所采用的雕刻、建造技术是适用于其特定经济形态、建筑材料、自然环境、技术水平等综合因素的地方适用性技术，在当时这些适用性技术的应用对于聚落环境改善及景观建设的促进作用非常明显。伴随着历史的演进和社会的发展，孕育传统建筑的自然环境、社会环境发生了巨大的变化，传统的建筑技术逐渐被淘汰和淡忘。在现代化与高科技背景下，现代建筑技术与现代建筑材料的结合，使得现代建筑景观的外在形态、内部结构、装饰装修与传统乡土建筑形成鲜明的景观差异。即使基于保护目的而采用传统技术手法来修复、整修古建筑，也大多会因为材料变化、设计水平不高或者施工上的技术落后等因素，难以体现传统地域特色。

四 商业化与研究区域传统文化景观（图6-15）

商业化是传统文化景观空间本身商品化现象的体现，商品化的过程拉动了对传统文化景观空间的市场消费需求，旅游业的发展就是典型的文化景观商品化的代表。

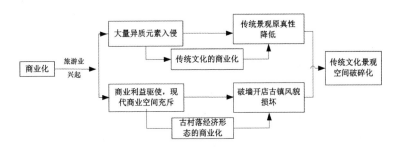

图6-15 商业化对传统文化景观的影响分析

根据调研发现5个案例地，千灯镇旅游业发展最为迅速，对传统文化景观的冲击最为典型。千灯镇旅游业发展迅速，2011年千灯接待游客百万人次，2012年国庆中秋双节期间游客突破10万人。熙熙攘攘的游客使古镇变得喧闹不适宜居住，使水乡不再静谧可亲。调查显示千灯镇有74.6%居民认为旅游业开发已经影响到了他们的日常生活（表6-11）。

表 6 - 11　　　　　　　　　　居民对旅游业开发的态度

选项	人数	百分比
基本没有影响，旅游业开发会带来一定收益	49	25.4%
有一些影响，偶尔会觉得游客太多太吵闹，同时旅游业开发会带来一定收益	87	45.1%
有很大影响，游客太多太吵闹影响正常休息，宁可舍弃旅游业开发会带来的收益	57	29.5%
总计	193	100%

（一）大量异质元素入侵使传统景观原真性降低

传统文化景观空间推动旅游业的发展的结果是在较小的空间中短时间集中了大量的以同样产品为目的的消费者，形成了包裹在表面传统景观中的虚假的文化景观产品。这种产品是不真实的和人工模仿的。但正是这种"虚假"与"真实"之间的博弈，推动了传统文化景观空间不断被复制和消费的商业化特征。商业化是传统文化景观空间真实性的最大弊端。

另外，旅游活动的开展往往带来大量异质因素：外来的文化、行为活动、思想意识、商品等，同时为了迎合市场自身也在不断改变，这两股内外因的作用使得传统文化景观空间逐渐被虚假所粉饰，商业化是传统文化景观空间失去原真性的最主要因素之一。

（二）商业利益驱使，现代商业用地充斥，破墙开店使古镇风貌损坏

古镇商业化大多采用了商业街模式，将保护与开发高度集中在一条街上并形成了商铺林立的格局。商业成为居民参与旅游的重要方式，调查问卷（表 6 - 12）显示千灯约有 1/5 的居民参与到旅游业中，数十栋民居破墙开店，店铺泛滥破坏古镇风貌。同时商业经营活动对传统文化进行时尚化、现代化和艺术化的包装，将古镇传统文化展示完全转变为一种商业行为，使传统文化的真实性严重下降。

表6－12　　　　　　　　　　千灯镇居民职业构成

选项	人数	百分比	选项	人数	百分比
政府官员、公务员	19	9.8%	企业员工	43	22.3%
企业管理人员	29	15.0%	自由职业者	14	7.3%
个体经营者	40	20.7%	农业	15	7.8%
专业人士或技术员	23	11.9%	其他	10	5.2%
教师、学生	0	0	总计	193	100%

第二节　空间破碎化间接因素

一　古镇保护规划等相关规划方案缺乏公众参与

传统文化景观空间的整合涉及社会公众利益，其保护目标、规划方案、土地征收、房屋拆迁补偿、住户安置等，均与居民的产权和生活居住权密切相关。但调查中发现，与古镇相关的规划方案，当地居民很少知道，缺少公众参与的意识和途径。如表6－13，在463名受访者中有85.7%没有参与过本镇的规划方案的意见征集。

问卷调查显示（表6－13）其余14.3%规划编制过程中的公众参与主要为：规划设计院以调查现状、分析基地现存问题为目的而走访群众（5.2%）；规划完成后，公众参与的渠道主要是去规划相关部门的公开网站上看公示的规划图纸、规划内容（6.3%），但这部分公示内容较专业，且公示时间短，公民看不懂或者来不及看，均起不到公众参与的效果；在规划实施阶段的公众参与主要是一种被动式参与，多表现为由于某项建设活动产生的绿地、交通、噪声等问题严重妨碍了公众正常的工作、生活、学习或侵害了私人、团体利益，公众才会向主管部门、新闻媒体反映这些问题，甚至提出行政诉讼（1.7%）。这说明公众参与的渠道较少，公众意见得不到反馈和实现。

表6-13   居民对本镇的规划方案参与的方式

选项	人数	百分比
没有参与过	397	85.7%
规划设计院因为调查现状、分析基地现存问题为目的而走访群众，回答设计人员问题	24	5.2%
去规划相关部门的公开网站上看公示的规划图纸、规划内容、留言提问等	29	6.3%
由于某项建设活动产生的绿地、交通、噪声等问题严重妨碍了自己正常的工作、生活，向主管部门、新闻媒体反映这些问题	8	1.7%
规划听证会	5	1.1%
其他	0	0.0%
总计	463	100%

另外，现实中规划审批阶段的公众参与也主要是专家论证，地方人大审议，这种公众参与仅局限于学术研究机构和地方政界的精英层次，使得公众参与在当地政要的左右下流于形式。

因而，如何制定一定的公共参与决策机制，保证公众参与通过固定渠道顺利进行，保证公众的想法、意见能够表达出来，使当地居民积极参与到古镇、古村落的保护规划及开发中，是需要解决的问题。

二 缺乏引导鼓励当地居民保护传统文化景观的政策

在现场调研中发现，昆山市千灯镇旅游开发较为成熟，2011年接待游客近百万人次。古镇的主要街道石板街上，沿街开有较多的商店，是主要的商业设施。

旅游开发主要由昆山市千灯镇旅游发展有限公司运营管理。调查问卷显示（表6-12），当地居民的收入主要靠在工厂打工，旅游业收入较少，而在走访中通过与当地居民聊天得知，古镇旅游开发公司仅提供了一定的就业岗位，而旅游开发收入反哺给当地人、反哺给生态环境的较少；而同时大量的游客会对古镇造成冲击、对古镇居民的正常生活造成困扰、对生态环境造成压力，影响到当地人文生态系统的和谐，这势必带来当地居民的不满情绪，会影响当地居民保护传统景观的积极性。

另外，随着经济的发展，人们的生活方式改变，时尚化、便捷化、现代化成为主流，古镇中的人们也希望过舒适便捷的现代生活，势必要进行房屋的改造，吸收先进的生活理念。问卷调查中显示（表6－6）39.1%的受访者认为理想的居住点以现代风貌为主较好，10.8%倾向于完全以现代风貌取代传统风貌，表达出当地人对现代生活方式的向往。对于居住环境的调查，如果有经济实力有约1/3的居民愿到村外新建房屋，有40.2%的人会改善房屋内部设施（表6－14）。这种对现代生活方式的向往，必然会抛弃一些传统习俗，这就出现了文化传承与现代时尚生活的矛盾。

表6－14　　在有足够的经济实力的条件下，居民对居住环境改善意愿

选项	人数	百分比
原地重建房屋	37	8.0%
到村外新建房屋	142	30.7%
改善房屋内部设施	186	40.2%
搬离本地	98	21.2%
总计	463	100%

如何改变这种状况，合理调整收益分配，使旅游开发的收益合理有效地反哺给生态环境，促进旅游业的可持续发展，同时让原住民在当地旅游开发中得到实惠，生活得到改观，并在文化传承的基础上调动起原住民保护文化景观的积极性；如何使利益兼顾，平衡古村落居民对现代物质、文化生活的向往与中华文化保护、延续和再创造，使更多的人意识到保护传统文化与经济利益不冲突，促进当地非物质文化遗产的合理保护，是需要解决的问题。

第三节　影响因素系统分析

在城市化、工业化、现代化、商业化的冲击及保护与发展政策不完善

的共同作用下，出现了传统文化景观空间破碎化现象。工业化推动了生产技术的变革、经济的发展，推动了城市化进程，同时工业化和城市化引起了生活方式的变化，引入现代化、商业化，新的生活方式又改变着原来的生活环境，创造着新的景观形态。保护与发展政策的不完善，使传统文化的传承没有受到足够的重视，现代景观元素取代传统景观元素，加速了传统文化景观的破碎化。在这些因素的综合作用下，传统文化景观经历着从精神到物质、从区域到整体的演变。

分析表明，城市化、工业化、现代化、商业化的冲击是文化景观破碎化的直接因素，保护与发展政策的不完善是影响文化景观破碎化的间接因素。

直接因素的作用机理为：①工业化，乡村工业用地冲击传统文化景观，使区域景观空间异质性加强，不同发展阶段的乡村工业对传统景观造成不同的影响，工业化推动了区域景观空间的集聚化和规模化，使传统地域景观出现了边缘化问题；工业化推动农业生产技术变革，成为乡村及农业景观空间变化的主导力量，工业基地的郊区化挤压乡村景观带来农田景观结构的差异；工业化使资源利用方式发生变化，带来生态环境的破坏。②城市化，人口数量的增长导致区域景观结构和生态格局的根本转变；人口的空间集聚使得乡村景观的多样性、优势度和破碎度明显发生变化，呈现新的聚落景观格局；新旧城区分离显著，城镇网络高度分割传统空间，城市化拉大了区域景观的进一步分异，使乡村景观和自然景观不断地处在一个边缘化的过程中，景观边缘化问题出现；村落空间无序扩展，空心村现象出现，村落格局日趋衰弱，使传统古村落风貌、文化优势逐渐丧失。③现代化的影响重点反映在生活方式、文化观念（人文精神）和现代技术应用上：现代生活方式的变迁主要是快节奏的生活方式、现代消费理念及多元化的休闲娱乐方式使乡村生活模式更加城市化；文化观念的变迁体现在地方文化认同的危机、保守型经济观念向现代市场经济观念的转变和审美观念的变化，使人们对现代生活的向往取代对传统文化的遵从；现代技术应用主要指基础设施的修建，改变了乡村的生活环境和景观风貌以及现代建筑技术因素对古村落建筑景观的影响。④商业化与研究区域传统文化景观，旅游业的发展就是典型的文化景观商品化的代表。商业化对传统文化景观的冲击主要体现在大量异质元素入侵使传统景观原真性降低，破墙开店使古镇风貌损坏等方面（图 6-16）。

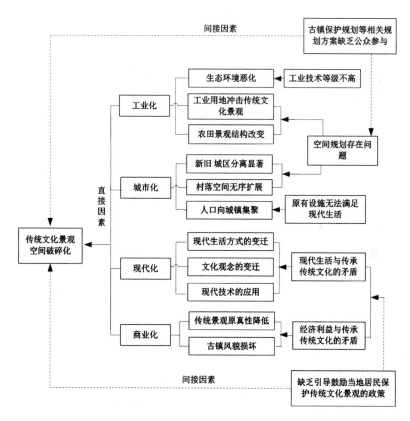

图 6-16　影响因素系统分析

　　景观破碎化的间接因素：保护与发展政策的不完善，一是古镇保护规划等相关规划方案缺乏公众参与、公众的意见得不到反馈和实现，二是缺乏引导鼓励当地居民保护传统文化景观的政策，利益的驱使会使部分当地人产生一定程度的破坏古村落的行为。这些间接地使保护规划和政策得不到很好的实施。

　　"四化"冲击带来文化景观空间特征的变化，而保护与发展政策的不完善，加剧了这种空间变化，直接因素与间接因素的综合作用，最终导致传统文化景观破碎化的出现（表6-15）。

表6-15　　　　　　　　　　　　影响因素作用机理

影响因素			作用途径	影响效果
直接因素	工业化	经济结构改变，工业用地增加	影响土地利用类型 影响区域景观格局 影响区域产业景观	工业用地增加，冲击传统景观；景观多样性增强、破碎度增加；区域景观空间的集聚化，景观边缘化出现
		生产技术变革	影响农业景观	农田景观规则性增强；景观类型更加多样化
		资源利用方式的变化	影响生态环境	不可再生资源消耗、环境污染、生态恶化
	城市化	总量人口的增长	影响生态环境 影响居民点规模与数量 影响建筑、居住形态	人类生存空间不断拓展，索取更多生产生活资料；城市扩展，乡村居民点规模与数量增加；新建房屋增加，建设高层建筑
		人口的空间集聚	影响城镇规模 影响基础设施建设 影响村镇体系结构 影响古村落景观	人口向城市和集镇集中；城镇建设用地增加、规模扩展、设施配套；人口不均衡，边远村落空心化，中心村镇人满为患；污染与生态负担加重
		城镇空间扩展	影响城市空间格局 影响区域、城乡空间布局	城市的形成和扩展；乡村生活环境的改善；文化趋同现象，传统地域文化特色消失
		村落空间扩展	影响乡村景观风貌 影响村落功能	乡村现代化景象，打破原有生长机理；乡村性减弱
	现代化	现代生活方式切入	影响生活节奏 影响生活空间 影响休闲方式 影响居住习惯	生活、休闲更加丰富；工作、交往的空间半径增加；改善居住环境、居住宽敞舒适、要求独立的生活空间；享用现代化、高科技的生产生活设施；衣着服饰时尚化，交通工具现代化
		多元文化观念形成	影响环境观念 影响生产行为 影响审美观念 影响消费习惯 影响家庭观念	利用、改造自然的力度不断增加；就业多样化，新的产业景观要素不断出现；思想开放，易于接受新事物；传统文化认同感失落；消费水平提高，现代审美观念；模仿城市衣着打扮、生活方式
		现代技术应用	影响物质景观	现代建筑技术和材料作用下的建筑景观与传统建筑景观形成鲜明对比
	商业化	旅游业的兴起	影响经济形态	古村落经济形态的商业化、传统文化的商业化

续表

影响因素		作用途径	影响效果
间接因素	保护发展政策不完善	相关保护规划方案缺乏公众参与	影响用地空间布局规划	工业空间布局、城镇用地空间布局不合理性增强
		鼓励引导保护政策缺失	影响保护积极性	未得到旅游开发收益，对传统文化景观保护的意识弱化

第四节　小结

本章主要分析了传统文化景观空间破碎化的演变机理。"四化"（城市化、工业化、现代化、商业化）的冲击和保护政策的不完善，这些因素的综合作用造成了传统文化景观空间的破碎化。其中重点分析了人口的变化、城镇和村落空间扩展、经济结构改变工业用地增加、生产技术变革、资源利用方式的变化、现代生活方式切入、多元化观念形成、现代技术应用、旅游业的兴起对传统文化景观空间破碎化的影响作用。

分析表明，城市化、工业化、现代化、商业化的冲击是文化景观空间破碎化的直接因素，保护与发展政策的不完善是影响文化景观空间破碎化的间接因素。

在这些因素的综合作用下传统文化景观空间不断呈现新的变化。一方面，伴随着经济发展、社会进步，乡村居住环境得到彻底改善，物质生活条件大幅提高，乡村居民充分享受到现代化成果；但另一方面，由于盲目开发建设，加之传统文化保护意识淡薄，乡村地区也遭受了生态恶化、传统文化遗失、景观趋同等现代化通病，严重威胁到地域文化多样性的维护和乡村景观遗产的保护。

根据以上分析，总结出目前传统文化景观空间存在以下问题亟待解决：

（1）空间规划存在问题——规划层面上如何保护典型的景观要素和景观区域，从整体上强化并展示地域景观的传统文化特征；如何对分散的甚至是隔离状态的传统文化景观单元、景观斑块进行整合，塑造完整的景观意象；如何实现传统文化景观与区域生态环境的协调发展。

（2）古镇保护规划等相关规划方案缺乏公众参与——如何在古村落、古镇的改造中使原住民的意愿得到体现，传统文化景观空间保护的主体是民众，如何激发民众和社会参与的积极性，是持续保护的关键。

（3）经济利益与传承传统文化的矛盾——如何使利益兼顾，平衡古村落居民对现代物质、文化生活的向往与中华文化保护、延续和再创造，使更多的人意识到保护传统文化与经济利益不冲突，促进当地非物质文化遗产的合理保护。

（4）缺乏引导鼓励当地居民保护传统文化景观的政策——如何通过制定相关政策改善村民等原住民的经济条件，并调动他们保护文化景观的积极性。

（5）原有设施无法满足现代生活，现代生活与传承传统文化的矛盾——居民如何改善村民等原住民的居住和生活条件，使大量的原住民留在古镇，并调动他们保护文化景观的积极性，扭转传统文化景观空间感知意向的改变，使原有的民俗民风得到一定的保留。

（6）工业技术等级不高——如何控制工业的性质和规模，减少工业造成的环境污染，使工业在拉动当地经济增长的同时不破坏环境，做到经济发展与环境保护的双赢。

"四化"发展趋势及其对地域文化景观的影响作用是不可避免的，但是可以通过政策、技术、管理、规划等干预措施对景观演变的内容、方式加以调控，控制景观演变的负面影响，引导景观演变方向。实现既能保护传统地域文化、又能促进现代经济发展的目的。

第七章 基于破碎化分析的传统文化景观保护机制与空间规划途径

在第五章传统文化景观空间破碎化空间特征及存在问题和第六章传统文化景观空间破碎化因素和作用机理分析的基础上，提出了传统文化景观保护机制和空间规划途径（图7-1）。

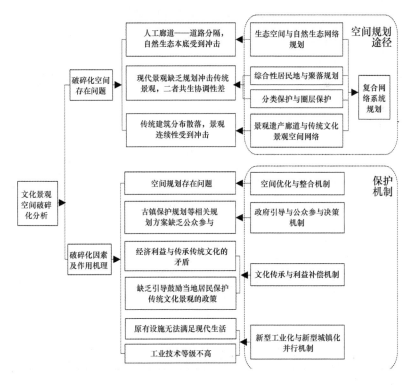

图7-1 传统文化景观保护机制与空间规划途径分析技术路线

第一节 传统文化景观空间保护的目标、原则

一 传统文化景观空间保护目标

近年来，快速城市化进程中传统文化景观空间受到了强烈的冲击，尤其是其破碎化程度由于动力因素的不同而深浅不一，造成了传统文化景观空间具有景观尺度大、构成要素复杂等多方面特征。因此，相对应这些特征对于传统文化景观空间的保护需要实现多方面的目标，见表7-1。

表7-1　　　　　　　　传统乡村地域文化景观保护模式

保护对象	保护内容	保护思路	保护目标
整体人文生态系统保护	景观空间 乡土风貌 民俗文化 经济行为 建设材料	1. 规划景观遗产廊道。对传统区域景观有效保护和隔离。 2. 严格土地利用规划，协调整体景观的连续性和有效性。	人文生态系统完整性 区域景观协调性 景观格局安全性
物质文化景观保护	传统农业景观 聚落景观 乡土建筑 文物遗址 街巷空间 村落形态	3. 调控环境容量，再现传统生活场景。 4. 制定相关政策，实施规划与管理的一体化途径。 5. 通过发展旅游实现传统聚落建筑的复兴和保护。 6. 旅游开发过程中，实施景区分区、建筑分类、游览分线、服务建区，严格保护历史文化景观。	乡村景观连续性 农业景观多样性 传统建筑乡土性
非物质文化景观保护	乡土文化 传统耕作方式 传统生活方式 传统生产工艺 传统节庆、习俗	7. 建立生态博物馆，保护民族地域文化景观。 8. 通过社区教育，加强居民地方认同感和自豪感，增强主动保护意识。	地域文化真实性 地域文化典型性 地域文化多样性

第一，要实现整体人文生态系统的保护，使传统文化景观空间保留其整体性、连续性及区域景观的协调性的特点；第二，要保护并呈现典型的景观区域，确保特定区域内传统文化景观的典型性和代表性；第三，要保护并传承地域文化精神，确保地域文化传承的延续性。

在上述目标的指引下，结合前文研究区域的文化景观的构成要素及分布特征，本章着力探讨一种基于空间破碎化生态效应评价研究的区域景观整合方案，以实现传统文化景观的保护。

二　传统文化景观空间保护原则

（一）整体性与连续性原则

传统文化景观空间的保护首先要注重区域景观整体人文生态系统的整体性和连续性，避免传统景观和现代景观犬牙交错，防止传统文化景观空间被现代的城市建设分割成为破碎化的斑块，进一步形成孤岛。区域空间的整合必须注重景观整体效益，把区域内各种要素综合起来考虑，从区域景观的高度和角度对各种景观元素进行整合，合理配置景观资源，使得传统文化景观空间实现时间序列、空间构成、元素组合上的整体性和连续性。

（二）可持续发展原则

可持续发展原则作为现代社会的主要发展观，在社会各个领域都得到了重视。可持续发展观是处理人与自然、资源、环境关系上的最有力的科学发展观。传统文化景观空间的整合与保护的目标就是要实现文化景观的可持续利用和可持续发展，避免急功近利使优秀的传统地域文化毁于现代化建设的浪潮中。传统文化景观空间的整合就是根据自然景观的适宜性和文化景观的独特性，以延续传统文化景观空间为前提，以景观资源的合理配置为出发点，在传统文化景观空间的保护与发展中探求可持续发展途径。

（三）地方精神原则

传统文化景观空间的物质空间的存在和发展与当地的文化传统、风俗民情是不可分离的，传统文化景观空间的整合与保护要尊重地方特色，延续地方精神，突出当地的历史文化特色和乡土民俗。地方精神的保护有利于特色鲜明的地域文化景观风貌的保护和延续。

（四）公众参与原则

传统域文化景观的形成、发展与延续和在那里世世代代从事生产、生活的居民密不可分的。优秀的地域文化景观是自然和人类共同的杰作。离开了活动的主体，便不会有如此丰富多彩的文化景观。当地的居民是传统文化景观空间保护的利益主体，因此无论是政府部门还是规划师在强调保护的同时不能损害当地居民的利益，而是应当让当地的居民充分发挥主人翁的精神，参与到当地传统文化景观的保护与发展当中来，发挥居民的积极性。一方面居民充当着传统文化景观保护与发展的规划者，加强对家乡的认同感，有利于传统文化景观空间的保护；另一方面，要保证当地居民是保护规划的获益者，使他们能够平等地享有经济效益、社会效益和环境效益。

第二节　传统文化景观保护机制

一　空间优化与整合机制

（一）空间优化与整合机制需要解决的主要问题

1. 如何保护典型的景观要素和景观区域，从整体上强化并展示地域景观的传统文化特征

城市化发展不断吞噬着传统地域具有典型地域特色和文化传承意义的景观要素和景观区域，导致了地域传统文化表征的不断弱化，对传统地域文化的延续和地方特色的保护带来了巨大的威胁。因此，如何保护典型性的景观要素或者景观区域，从整体上强化并展示地域景观的传统文化特征，成为区域景观整合需要首先解决的问题。

2. 如何对分散的甚至是隔离状态的传统文化景观单元、景观斑块进行整合，塑造完整的景观意象

城市化和乡村现代化的发展，加剧了景观的破碎化趋势，尤其是交通基础设施建设对区域景观的分割作用尤为明显。传统文化景观与城市化、工业化和现代化景观交替出现，使传统文化景观失去整体性和连续性特征。伴随着区域景观格局的变化，如何对分散的甚至是隔离状态的景观单元、景观斑块进行整合，塑造完整的景观意象，体现地域文化的连续性特征也是亟待解决的问题。

3. 如何实现传统文化景观与区域生态环境的协调发展

过去，在传统的自然观和生存观指导下，传统文化地域形成了区域的生态安全格局，这种格局成为地域文化传承和景观保护的生态基础设施。然而，伴随着城市化进程而愈加严重的资源耗竭、环境污染、生态恶化等一系列问题正在摧毁这些生态基础设施，使得传统文化景观生存环境遭遇巨大威胁。因此，构筑安全的景观生态环境，确保传统文化景观与区域生态环境的协调也是区域景观整合需要重点解决的问题。

（二）空间优化与整合的目标与思路

传统文化景观空间在现代化、城市化、工业化和商业化的冲击下呈现出高度破碎化和孤岛化的特征。传统文化景观空间的整合就是要保护传统文化景观空间的完整性和连续性，使得传统文化景观空间得以保护和延续。

对于传统文化景观空间的整合需要实现多方面的目标：第一，要实现整体人文生态系统的保护，确保传统文化景观空间的整体性、连续性及区域景观的协调性；第二，要保护并呈现典型的景观区域或景观元素、景观符号，确保传统文化景观的典型性和代表性；第三，要保护并传承地域文化精神，确保地域文化传承的真实性和延续性。

在上述目标的指引下，结合沪宁杭传统文化景观空间所面临的破碎化特征及问题，本书着力探讨从区域的角度与高度整合传统文化景观空间。首先对传统文化景观空间判别，挖掘典型的文化景观区域和特色的景观要素，如江南地区的古镇、古村落具有典型的江南传统地域风貌和独特的文化内涵，从区域的角度和高度去对其进行重点保护和制定具体发展策略。其次对由于城市化、工业化冲击而具有了孤岛化特征的地域进行空间上的整合，建立景观遗产廊道和景观生态网络，连接处于分散、隔离状态的景观孤岛，增强其整体性和连续性。

（三）空间优化与整合的实施策略

1. 严格土地利用规划，协调整体景观的连续性和有效性

土地利用规划是从宏观层面上引导区域景观形态变化和景观格局演变的重要途径。通过科学的、前瞻性的土地利用规划，可以保护农用地，控制建

设用地蔓延，科学引导工业用地布局和基础设施建设，减少盲目性开发建设、土地利用调整对区域景观的负面影响。同时，通过土地利用的约束，可以引导区域人口、产业、设施的空间平衡及其与环境、生态、历史文化景观的和谐发展。严格土地利用规划尤其要注意在土地利用规划的实施过程中，要改变以往仅仅注重对土地使用性质和开发强度的控制，而要综合考虑土地利用规划实施的空间形态和景观环境效应，统一部署、约束实施。

2. 制定相关政策，实施规划与管理的一体化途径

无论是宏观层面上对于土地利用规划的制定实施，还是具体的景观整合策略、遗产保护行动，都需要强有力的行政推动和政策保障，而不能过于依赖甚至迁就市场力量。根据国际经验，国家和当地政府的政策对乡村环境和遗产保护作用十分显著。因此，区域尺度的景观整合，既要有完善的规划，也要有切实可行的规范监督体系。以政府为主导，以完善的法律法规以及相关政策条例来统筹和约束传统乡村地域经济发展和景观保护的相关工作，加强景观整合的管理手段，对于控制城市扩张、保护乡村景观遗产、防治污染、改善生态环境、保障传统乡村地域文化景观的良性演变具有重要的意义。

3. 形成多方参与的综合保护方法

作为既传承历史文脉又承载现代人们生活的统一体，传统乡村地域文化景观的整合与保护需要国家、当地政府、各种保护团体和个人的共同参与，强调各级政府部门（规划部门、建设部门、文物部门、环保部门等）、商业机构（旅游开发公司、建筑设计公司、景观咨询机构）、研究机构（各级大学、科研院所）、非营利组织（各种国际组织、行业协会等）以及个人等不同实体之间建立景观保护的合作伙伴关系，以期解决景观区域内面临的复杂问题。

（四）空间优化与整合模式

1. 村落尺度——构建细胞单元模式

江南水乡由大大小小的村落组成，每一块具有地域特色的村镇所展示的自然肌理是水乡大地景观的基本细胞。每个村落由传统建筑、农田、水

系、道路等构成，每一个都是相对有机、独立的个体。通过建立细胞单元保护模式（图7-2），强化古村落原真性，延续古村落农业社会聚落的质朴性特征。

图7-2　细胞单元模式概念

①识别传统乡村文化景观有保护价值的传统村落，把每个村落视为细胞单元（传统文化景观基地），进行整体的规划保护，取代对建筑单体的保护。通过林地、水田等自然空间和半自然空间把重点村落围合为整体，林地、水田起到缓冲带的作用，把村落与现代空间隔离开。②保护质朴性的景观特征，利用当地建筑艺术特点、村落空间完整性和水乡文化的丰富性特点，深层挖掘其蕴含的历史和文化内涵，将历史背景与村落发展紧密连接起来，还原传统生活场景，使之成为鲜活的历史博物馆，延续古村落农业社会聚落的质朴性。③强化村落原真性，江南水乡古村落是以桥文化、船文化以及恬淡质朴的田园生活氛围为特征，如今到处充斥着现代化、城市化和时尚化的现代因子，与原有的村落特征相背离，因此应该梳理整治与原真性相背离的因素，强化古村落的价值核心。

2. 镇域尺度——构建文化景观空间网络模式

传统文化景观网络、生态空间网络是区域景观中广泛存在的两种网络空间，这是区域景观整体性保护的重要平台，这两种网络既相互交织又相对独立。规划依托传统文化景观廊道将传统文化景观保护的细胞单元连接，通过自然生态空间形成文化景观的踏脚石连接体系，共同构成了传统文化景观遗产廊道体系。传统文化景观遗产廊道的整合有两种类型：一级廊道以历史性的线状景观为基础，这种线状廊道以古道、河流最为典型，把传统文化景观细胞单元联系成整体。通过适当的景观梳理和整治形成联系传统文化景观关键点具有一定景观效果和生态意义的景观通道。二级廊道以村镇公路为基础，通过适当的景观整治与塑造措施，展示传统的文化景观符号，形成区域性纽带。重点在于对线路本身的景观改造和对线路两侧可视范围内村落、建筑物进行景观风貌控制和景观生态恢复，以实现现代交通廊道在区域景观结构中具有积极意义的景观引导和景观过渡功能，实现传统文化景观斑块连通及其保护。

二 文化传承与利益补偿机制

（一）文化传承与利益补偿机制需要解决的主要问题

1. 如何使利益兼顾，使更多的人意识到保护传统文化与经济利益不冲突，促进当地非物质文化遗产的合理保护

随着经济的发展，人们生活方式的转变，时尚化、现代化、便捷化日益成为我们生活中的主导，典型的传统文化习俗、风俗习惯开始与我们的生活产生距离，古镇里的人们要过舒适便捷的现代生活，势必要进行房屋的改造，要吸收先进的生活理念、生存方式，必然会抛弃一些传统习俗等。如何使文化得以传承，促进当地非物质文化遗产的合理保护是需要首先解决的问题。

2. 如何权衡旅游开发收益，促进当地人文生态系统的和谐

旅游开发带来很大的经济收益，但伴生的过多的游客对古镇造成的冲击、对生态环境造成的压力、对古镇居民造成的困扰同样存在。如何权衡旅游开发收益，使旅游开发的收益合理有效地反哺给当地人，反哺给古镇，反哺给生态环境，促进人文生态系统的和谐，旅游业的可持续发展，也是亟待解决的问题。

3. 如何通过制定相关政策改善村民等原住民的经济条件，并调动他们保护文化景观的积极性

古村落、古镇旅游业的发展往往都是以企业介入开发经营的方式进行

的，这就造成古村落"所有权与经营权的分离"，会造成村民没有任何收益，收入得不到改观，会有一定的不稳定因素，甚至出现部分村民（尤其是没有得到任何收益的那部分村民）可能会产生一些不同程度破坏古村落、古镇资源的行为。如何改变这种状况，并调动起原住民保护文化景观的积极性是必须要解决的问题。

（二）文化传承与利益补偿的目标与思路

传统文化景观空间在现代化、城市化、工业化和商业化的冲击下呈现出高度破碎化和孤岛化的特征，只有对其进行空间上的优化与整合，才能保证传统文化景观空间的完整性和连续性，使得传统文化景观空间得以保护和延续。在这个过程中势必牵扯到房屋的动迁、资金的投入等因保护传统文化景观而付出或牺牲的经济利益，为了使这种保护长期和有效，必须对因保护而损失利益的群体进行补偿。

文化传承与利益补偿的目标：

第一，利益兼顾。在传统文化景观空间得到保护的前提下，应当充分保障相关各方面人们的正常生存与发展，基本生存得到保障了，才能有余力对传统文化景观空间进行保护。

第二，合理权衡旅游开发收益，促进当地人文生态系统的和谐，确保有足够的资金进行传统文化景观空间的保护。

第三，建立公平的收益机制，使原住民在古镇、古村落旅游开发中享有收益分配的权利，调动其保护文化景观的积极性。

正常生存和发展，就要不断探索、建立和完善科学的文化传承与利益补偿机制，调动相关各方面保护传统文化景观空间的积极性，使当地政府和人民乐于保护传统文化景观空间。

（三）文化传承与利益补偿的实施策略

建立文化传承与利益补偿机制，对因保护传统文化景观而付出或牺牲的经济利益，进行有效补偿，这是传统文化景观空间可持续发展的重要保障。这种文化传承与利益补偿的实施策略包括：

（1）建立和完善财政转移支付制度，由各级政府设立国家和省级传统文化保护补偿专项基金，并动员社会捐助，建立民间保护基金。

（2）彻底转变传统文化景观空间所在地区的经济发展方式，改变传统文化景观空间所在地政府单纯以 GDP 为主的经济考核指标，增加对传统地域及其非物质文化遗产项目保护的考核指标等。倘若能够真正建立起有法可依的文化传承与利益补偿机制，这对传统文化景观空间的保护与传承，将是一个永恒的物质保障。它必将促进传统文化景观空间所在地区保护与建设步入良性健康的发展轨道。

（3）建立公平的收益机制，使作为主人翁的原住民也享有收益分配的权利。响应党的十八届三中全会提出的"赋予农民更多财产权利，推进城乡要素平等交换和公共资源均衡配置"政策，在古村、古镇的旅游开发中，推行农民资产化，将涉及的所有村民，每家每户都以自己的土地和房产入股，制定一定的分红政策，让原住民切实体会到旅游开发带来的收益，优先吸收原住民作为工作人员，调动村民参与保护的积极性，保证古村落原真乡村生活的呈现和传统文化的延续，也避免原住民自发无序的低层次饭店、旅馆等建设的破坏性开发，使村民们成为真正意义上的古村落强有力的保护者。

（四）文化传承与利益补偿的实施模式

1. 文化传承模式

（1）家庭传承模式，如千灯镇当地的手工作坊店。文化的传承者为父母与长辈，传承媒介主要为语言、家庭生活与生产实践。其传承主要通过言传身教、熏陶进行。

（2）学校传承模式，如民间文化进课堂的形式。通过定期在学校里学习相关的民俗课、邀请民间艺人进课堂，教授相关的民俗知识。其他的媒介还有典籍、书籍、图片、符号、工具等，具有文化传承的目的性、规范性和长期性，达到文化传承的目的。

（3）市场传承模式，包括旅游商品生产型和旅游表演型。旅游商品生产型，依托传统的手工艺与专门从事旅游商品生产的企业，通过企业文化及员工的学习与模仿来进行文化传承。旅游表演型，可依托地方文化资源和创新文化艺术形式来传承传统文化。如编导千灯镇风俗表演，在对传统的艺术加工与整合的基础上，进行艺术的舞台化和旅游表演。

（4）社会传承模式。可以通过组织相关研究机构、整理传统文化精髓，推动传统文化传承。如文化局组织编撰千灯镇文化丛书等，搜集千灯镇相关的文化故事、风俗民情等。开展相关旅游节庆、文化赛事与文化宣传活动，促进文化传承与创新。如开展千灯镇旅游商品设计大赛、旅游商品展销大会等。

2. 利益协调与补偿模式

该模式要解决的主要问题是：旅游开发与当地生态环境的矛盾，开发商（旅游开发公司）利益与当地居民利益的分配问题。主要的协调因素——地方政府、开发商、古镇居民。

（1）以政府为主导协调开发商与古镇居民的利益关系。政府制定政策，政府在利益协调中充当主导作用，制定相关政策，约束开发商和古镇居民的行为，使利益达到一定的平衡。政府：引导、监管、利益协调。①利益补偿政策或制度的"制定者""规范者""监管者"。制定相关的政策，积极引导旅游开发反哺给当地建设和当地居民，促进古镇旅游健康成长。政府引导包括政策性引导、信息引导等多个方面。如制定政策使古镇居民以股份制的形式参与到旅游开发中，与旅游开发利益共享。可以通过资产评估，把已经属于每家每户或者各个宗族的古建筑以股份制的形式纳入旅游投资中以风险共担，利益共享，多投多得，作为分配原则，以此调动古镇居民参与保护历史文化及文物的积极性。②开发公司与居民的利益协调组织者，建立合理的利益分配机制，从政策和制度上，制定符合当地实际、具有前瞻性、相对公平合理、公司和居民都能接受的保障机制。

（2）公司：盈利的同时注重旅游开发的可持续发展。①重视发展政府、投资公司、居民的合作关系，注意从利益分配中适当提取公益金，作为环境的整改资金，改善道路交通、维护环境、卫生及各种公共基础设施，这是确保古镇旅游资源和谐开发的有效途径。②为当地居民提供就业岗位，促进当地经济发展。

（3）居民：古镇居民是这里的主人，他们的生活也是吸引游客去观赏、体验的重要因素。①居民要逐渐培养自己的旅游业意识，正确认识旅游开发的正、负面影响，善待接待、娱乐等工作对他们造成的不利影响。②学会处理个人与开发公司、游客直接的关系，正当索取旅游开发可能获得的实际利益及对生活质量提高的要求。③主动维护各种公用的基础设施，共同维护古镇旅游的良好声誉。

三　政府引导与公众参与决策机制

公众参与就是在社会分层、公众需求多样化、利益集团介入情况下采取的一种协调对策，它强调公众（市民）对城市规划编制、管理过程的参与、决策和管理。

（一）政府引导与公众参与决策机制要解决的主要问题

如何在古村落、古镇的改造中使原住民的意愿得到体现，传统文化景观空间保护的主体是民众，如何激发民众和社会参与的积极性。

一方面随着公民维护自身权利意识的增强，公民也迫切需要参与到涉及自身利益的决策以及监督中，如果公众没有参与，仅靠政府操纵、掌握，势必有一定的局限性。另一方面，我们尤其不能忽视的一个事实是，传统文化景观空间保护的主体是民众。如何激发民众和社会参与的积极性，是持续保护的关键。

（二）政府引导与公众参与决策的目标与思路

传统文化景观空间的整合涉及社会公众利益，其保护目标、规划方案、土地征收、房屋拆迁补偿、住户安置，等等，均与居民的产权和生活居住权密切相关。

政府引导与公众参与决策的目标就是使古村落、古镇的居民参与到传统文化景观的保护中来，使原住民的意愿得到体现，并激发公众参与保护规划的积极性。

最好的保护不是大量建立狭义的博物馆，而应将重点工作放在维护保护区内民众生产与生活的现有生态环境不受破坏，或者修复已经受到破坏的生态环境，尊重当地民众的意愿，真正将保护区内丰富多彩、形式多样的非物质文化遗产原真性地活态保护和传承下去。

（三）政府引导与公众参与决策的实施策略

1. 完善公众参与的组织形式——成立文化景观保护公众参与委员会

公众参与不局限于个人对某一部分社会活动的直接参与，而是泛指加入公众参与的很多方式，它并非是公众对保护规划结果的被动了解和接受，而是对保护规划过程的主动参与，是一种观念和思想交流的整合过程。目前，我国的保护规划已有了一定程度的公众参与，但从规划的整个过程来看，公众参与保护规划的广度、深度仍然不够。

但凡古镇、古村落的保护及更新规划，在规划编制过程中的公众参与主要是规划设计院以调查现状，分析基地现存问题为目的而走访群众，很少聆听公众对预期规划的想法；在规划审批阶段的公众参与也主要是专家论证，地方人大审议，这种公众参与仅局限于学术研究机构和地方政界的精英层次，使得公众参与在当地政要的左右下流于形式；在规划实施阶段的公众参与主要是一种被动式参与，多表现为由于某项建设活动产生的绿地、交通、噪声等问题严重妨碍了公众正常的工作、生活、学习或侵害了私人、团体利益，公众才会向主管部门、新闻媒体反映这些问题，甚至提出行政诉讼。因而，保护规划的公众参与迫切需要加强组织机构的建设，确保公众参与通过固定渠道顺利进行。

根据我国政治、文化传统的实际情况，在不改变我国现行整体行政体系及不增加机构的前提下，可以构建非官方、具有体制保障的公众参与组织——公众参与委员会（以下简称委员会），使公众参与拥有体制化的基础，在规划决策中发挥持久作用。

委员会是处于规划局和建委等政府部门之外的一种非官方、有机制保障的独立机构。委员会的最高机构为主席团，在成员构成上要明显体现多极化特点：由同等数目的当选代表、市政官员和规划专业人员组成。委员会下设三个单元：行业代表单元、有关利益集团单元、个体公众参与单元（图7-3）。

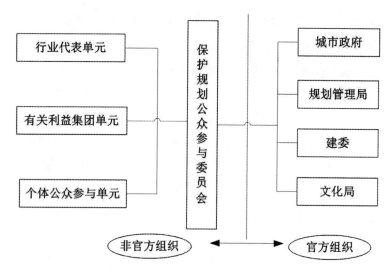

图7－3　文化景观保护规划公众参与委员会组织形式

行业代表单元主要由具有特殊技能的人才、在某一领域内有突出贡献的专家学者、各利益集团代表、规划专家组成，成员只代表他们自己，也可以作为他们各自所属机构的非正式代言人，从而对保护规划取得共识。

有关利益集团单元的成员主要是传统文化景观空间整治、改造项目安排所涉及的相关利益团体，委员会应秉持公正、客观的原则对有关利益集团作以界定，并为它们创造持续不断的对话环境，使它们在交换更多信息的同时，认识到公共利益的重要，并理性地做出让步。

个体公众参与单元主要注重个体的参与，在参与形式上采用听证会、公众展示会等形式，对公众的不合理意见予以回应。

委员会通过多层次单元的建立，最大限度地提高公众参与的范围和推进民主政治进程，实现公共利益、各私人利益最大化。

2. 加强公众参与的法律保障——建议公众参与立法

从我国城市规划立法现状来看，主要注重于对规划建设部门的授权，而公众参与的立法还相当薄弱，我国"政府强制实施，公众被动配合"的一边倒城市规划法制体系容易造成历史街区居民及公众的合法权益受到侵害。在这种法制体系下，社会公众群体无法进入保护更新中的决策层面，仅有的民意调查、规划展示会等公众参与形式变成了当政者体察民情的过场以及开发商蒙蔽居民的形式。因而，迫切需要加强城市规划（包括保护规划）中公众参与的法制建设，制定相关法律法规，以明确行政机关（规划管理局）承担的义务以及公众、各类团体拥有的权利，并对公众参与保护规划编制、审批、实施的形式和范围做出制度化保障。在历史街区保护规划公众参与委员会的运作独立性上，也应给予相应的决策和监督权限，使公众参与纳入制度化、法制化轨道。

为了确保从法规上体现和保障公众的利益和公众参与的权利，历史街区保护的公众参与立法中应注重以下几个原则：

其一，公正原则。公正原则要求行政机关在实施决策的过程中，平等地对待政府、开发商以及居民等各方面当事人，排除各种可能造成不平等或者偏见的因素。

合法公正的程序是实现公正的保证，可称之为"程序正义"。

其二，公开原则。公开原则是实现公众对保护决策和执行行使"知"的权利。行政机关要通过一定的方式和途径，让公众了解历史街区保护规划编制、审批决策、实施管理各个阶段的状况，公开和透明是公众参与的前提条件。这不仅可以提高公众对规划实施过程的配合度，也有利于监督行政执法过程，克服官僚主义，促进清正廉洁。

其三，参与原则。参与原则是让公众实现"为"的权利。《中华人民共和国行政处罚法》第五章第三节的听证程序可以说是我国程序性立法规定的一个飞跃，但仅仅是适用比较重大、复杂的行政处罚事件。听证制度应成为历史街区保护规划公众参与的一种主要制度性安排，让公众参与规划编制与实施的各个环节。

其四，效率原则。在保证历史街区居民和公众权益的前提下，能够尽量简单、迅速、低成本地做出决策和行政执法行为，以提高行政效率。例如，可以根据保护规划的不同性质和阶段，采取正常的或简易的程序。

3. 明确公众参与的实施方式

在城市社会结构日益复杂、透明度日益提高的情况下，运用公众参与对社会的多种目标在城市规划的运行管理中进行协调，能最大限度地利用社会资源建设我们共同的家园。在决策监督阶段，传统文化景观空间保护公众参与的实施运作有以下几种方式。

（1）参与保护立项。文化景观保护项目立项阶段的公众参与是保证其保护规划科学编制和顺利实施的基础。通过调查、听证、访谈等方式，调查传统文化地域发展历史及各项设施现状，了解民众的需要，合理划定历史街区保护范围，合理制定保护目标、保护性更新的具体方式、措施和步骤，这些过程都需要通过公众参与，取得居民的理解与配合。

（2）参与规划编制。为保证文化景观保护规划反映居民的愿望和利益，当地居民应在规划编制阶段参与意见，实现改善基础设施和居住环境与维护当地景观风貌的结合，避免因建设破坏当地整体风貌的情况。同时，也会使得规划成果更加科学、规范、合理。对于居民自我更新改造的项目，让建筑师提前介入房屋改造计划之中，可根据住户实际经济条件，协助住户做好可行性分析，避免住户盲目建设，以便及时改进设计以及施工中出现的问题。

4. 建立公众参与的监督体系

在保护规划审批之后，即立法之后，在尊重行政管理部门对规划主体执法地位的同时，强调公共参与，建立开放的监督机制，加强对执行规划的监督。一方面被拆迁户与项目实施单位之间是对等的合同关系；另一方面公众与项目实施单位是消费者与生产者的关系，应参与更新项目的验收。项目实施单位不得以保护项目的公益性或低效益为借口剥夺公众参与实施监督的权利。同时，对于规划管理部门执法应进行评估，作为公众对行政管理部门政绩评定的指标和依据，对于未能严格执行规划而造成重大损失者，甚至可以向辖区人民法院提起行政诉讼。

（四）政府引导与公众参与决策的实施模式

1. 公众参与模式

（1）在具体政策制定阶段的参与。可以由社区居民组成公众咨询委员会，代表当地居民的态度和利益，向有关政府提出相关建议；任命或选择当地居民参与到政策制定过程中，及时反映当地居民意见。

（2）在设计和选择政策方案阶段的公众参与。由当地居民通过公开投票表示他们对于官方指定的公共政策的赞成或反对态度；当地居民通过讨论会的形式对决策提出异议。

（3）政策实施阶段的居民参与。首先可以要求政府雇用当地居民到官方机构工作，起到相应的监督作用；其次通过多种教育方式使当地居民得到相关训练，更好地参与到对政策实施阶段的监督中。

2. 政府引导模式

（1）建立健全基层民主制度。在现有的法律法规基础上，总结基层民主自治的经验，使之法律化、制度化，使基层民主制度更为完善。规范基层民主监督，保证公开的内容、形式、时间、程序、管理规范，使基层事务管理的全过程处于公众的密切监督中。

（2）提高人民群众的对公众参与重要性的认知。通过群众喜闻乐见方式，向大家宣传，公众参与及相关的知识背景，提高群众参与积极性，并在参与的过程中提供相关的知识培训和辅导。让群众切实感受到公众参与所带来的实惠，感受到自己的参与对古镇发展的重要性，激发群众参与的积极性。

（3）积极培育非政府组织。非政府组织是现代公共管理的重要力量，在解决公共问题、反映社会诉求、规范社会行为上发挥着重要作用。政府对其进行一定的资金支持，提升其社会的经济实力，使其正常、合法、有效运转进而发挥协调利益、化解矛盾的作用，同时政府要保证非政府组织的独立性，着重对其宏观管理，不干涉其内部事务；政府也应将部分社会管理职能与非政府组织共享，建立起政府与非政府组织的合作伙伴关系，建立起多中心治理的公共管理框架。

四　新型工业化与新型城镇化并行机制

（一）新型工业化与新型城镇化并行机制需要解决的主要问题

（1）如何控制工业的性质和规模，减少工业造成的环境污染，使工业在拉动当地经济增长的同时不破坏环境，做到经济发展与环境保护的双赢。

研究案例中，一些镇的经济发展主要靠工业推动如千灯镇（2008年第二产业占全镇生产总值的71.8%），工业的作用举足轻重，但是同时带来了严重的环境污染，对区域生态安全造成了很大威胁。千灯镇的工业主要以电子、化工、纺织、金属为主且处于行业低端，附加值低。这些工业易造成环境污染，如电子线路板企业、精细化工企业（树脂类、IT产业配套助剂类及日用化工类的精细化工）产生的工业废气，对环境造成严重危害，影响了居民的正常生活。因此如何减少工业造成的环境污染，使其在推动当地经济发展的同时不破坏环境是亟待解决的问题。

（2）如何改善村民等原住民的居住和生活条件，使大量的原住民留在古镇，并调动他们保护文化景观的积极性，扭转传统文化景观空间感知意向，使原有的民俗民风得到一定的保留。

由于古镇和古村落原有的基础设施较差，无法满足居民的生活需求，越来越多的人搬迁至新的社区或者城市中生活，原有的古镇渐渐没落，如何改变这种现状，使大量的原住民留在古镇是需要重点解决的问题。

（二）新型工业化与新型城镇化并行的目标与思路

新型工业化是指利用高新技术特别是信息网络技术对传统工业进行改造，使工业的发展以高新技术、信息技术为动力，具有可持续性。新型工业化强调创新和发展新兴产业，对传统产业进行改造以适应新的社会需求，从而可以减少部分传统产业向乡村地区转移对农村生态环境的破坏，有利于农村经济可持续发展。新型工业化强调降低工业化的资源和能源耗费，降低工业化发展成本，提高工业化发展的可持续性。

新型城镇化是指社会生产力在市场化、信息化的基础上，在经济制度、经济结构、人口素质、人口居住等方面，由传统农村文明转变成为现代城镇文明的自然历史过程，也是城市生活方式不断向农村扩散和传播的社会过程。新型城镇化有利于生态环境保护，走可持续发展之路，新型城镇化有利于降低城市发展的物质资源消耗，降低城镇化发展的资源、环境、人口承载压力，降低人口城市化的迁移成本。城镇化与工业化之间是一种相互联系、相互促进、相互制约的关系。工业化是城镇化发展的动力。城镇化是工业化发展的土壤，工业化是城镇化的经济支撑，城镇化是工业化的空间形态。

对于传统文化景观地区，新型工业化与新型城镇化并行的目标是：第一，实现对当地环境的保护，把工业对当地环境的污染降到最低；第二，在保护古镇原有的景观风貌的前提下，改善当地的基础设施，使原住民的生活和居住条件得到改善，达到使大量的原住民留在古镇的目的，并使原有的民俗民风得到一定的保留，确保地域文化传承的原真性。

（三）　新型工业化与新型城镇化并行的实施策略

建立新型工业化与新型城镇化并行的机制，新型工业化强调创新和发展新兴产业、降低工业化的资源和能源耗费，提高工业化发展的可持续性，达到保护环境的目的；新型城镇化强调在延续传统文化景观风貌的同时，加强原有基础设施的建设，改善村民等原住民的居住和生活条件，使大量的原住民留在古镇，这是传统文化景观得以延续的重要保障。

具体实施策略包括：

（1）建立严格的企业准入制度，提高项目准入门槛。

对于新引入的企业，以低能耗、低污染、高科技含量为主，入园项目必须符合国家产业政策，采用清洁生产技术及先进的技术装备。入园项目必须开展环境影响评价工作，并将环境风险评价作为危险化学品入园项目环境影响评价的重要内容，提出有针对性的环境风险防控措施。实行工业园区污染物排放总量控制制度。根据"十二五"期间明确的园区化学需氧量、氨氮、二氧化硫、氮氧化物等四项主要污染物排放总量，将园区总量指标和项目总量指标作为入园项目环评审批的前置条件实施总量控制。

尤其强化化工企业环境风险评价。在化工企业环境影响评价中，根据风险识别、区域重大风险源分析和综合预测分析结果，评价产业布局、结构和规模以及原料、产品运输和贮存可能对区域生态系统和人群健康的影响。加强化工企业的布局规划，严格落实建设项目卫生防护距离要求，卫生防护距离内环境敏感目标未搬迁完毕的，项目不得试生产。

（2）加强工业排污监管，提高废水污染治理水平和园区大气污染治理水平。

对原有企业，要求其改造升级，鼓励通过结构调整、产业升级、循环经济、技术创新和技术改造等措施减少园区污染物排放总量，提高废水污染治理水平。园区内企业必须建设废水预处理设施，实现废水分类收集、分质处理，并强化对特征污染物的处理效果；废水经企业预处理达到污水处理厂接管标准后，方可接入污水处理厂集中处理。做到"清污分流、雨污分流"，生产废水原则上应经专用明管输送至集中式污水处理厂，并设置在线监控装置、视频监控系统和自动阀门。

加强园区大气污染治理。园区内企业应加强对废气尤其是有毒及恶臭气体的收集和处理，严格控制挥发性有机物（VOC）、有毒及恶臭气体的排放，并配备相应的应急处置设施。推进化工企业更新改造技术工艺，逐步淘汰挥发性有机物含量高的产品，削减二氧化硫、氮氧化物等大气污染物排放总量。

（3）加大基础设施建设力度，使村民享受到和城镇居民均等的公共服务，如升学、医疗保险等，改善村民等原住民的居住和生活条件，使大量的原住民自愿留在古镇。

生活场景是古镇文化展现和文脉延续与保护的灵魂。古镇中的居民是生活场景的主体，古镇、古村落中必须生活着居民才能保证它的原真性和生活场景的完整性。古镇居民的减少，主要由于原有的基础设施无法满足现代生活的需求，立足于此，在延续传统景观风貌的同时，通过改造内部设施，新增教育、医疗设施等，使村民享受到和城镇居民均等的公共服务，通过对现代化建设的选择，来满足原住民对现代生活的需求，并维护区域景观文化的连续性和完整性。

（4）城镇化过程中对古镇、古村落的改造，加强城镇风貌引导，做到科学的规划管理，延续传统文化景观风貌。

古镇、古村落是反映人与自然和谐关系的独特景观，其景观整合的重点是保护或者再现正在或已经消失的当地生活方式和历史记忆。虽然有很多文化景观都是独特的和有价值的，但只有当地方社区联合起来重视景观资源并制定相应的保护规划时，它们的风采和价值才能充分地展现。因此，古镇、古村落要得到合理有效的保护和开发，首先得有科学的规划，盲目地无计划地开发，只能加速传统村落、传统古镇的毁灭；其次要加强古镇、古村落的保护研究，成立专家组织，指导、协调、监督古村落的景观保护工作，制定建筑景观风貌的控制要求，延续传统文化景观；再次要严厉打击违反国家的法律、法规，破坏古镇、古村落的任何行为，尤其要加强古镇、古村落保护的地方监管工作。

（四）新型工业化与新型城镇化并行的实施模式

1. 新型工业化模式

政府的角色：（1）政府充当新型工业化战略的组织者。我国的新型工业化发展战略，必须充分发挥信息化的作用，利用科技创新改造传统产业，政府既是新型工业化战略的提出者，更是战略的主要参与者、协调者。（2）政府利用直接或间接的各种生产要素的配置，为新型工业化提供资源支撑。可通过掌控的国有企业资源，引导资源合理流动。（3）政府可通过政策支撑、制度约束来保证产业结构的优化。例如，对信息产业、现代服务业、资源深加工项目给予财政、税收等方面的扶持，对企业的科技创新给予资金支持和政策，对于管理高耗能高污染的企业的发展进行制约和引导。

企业的角色：（1）追求运用高新技术改造传统产业，建立自己的技术研发中心，增强研究投入，把开发和市场、生产、销售结合起来，增强核心竞争力。（2）加强与大学和科研机构的联合协作，促进高新技术研究和基础研究等原始创新，参与重大技术开放性研究，逐渐成为高新技术产业的发展动力。（3）重视人才，提高人才素质。加速培育和引进优秀科技人才。首先引进科研院所和高等院校的科技人员、留学海归人员来企业任职，为企业技术进步服务。其次充分发挥工人技师的作用，尤其高级技工的作用，设立创新基金，鼓励其进行科技创新。再次加大筹资力度，建立以企业为主体，政府扶持、社会各界支持的技术进步投资体系，激励各类技术创新。

2. 新型城镇化模式

传统文化景观所属地区的新型城镇化涉及旅游开发与生态环境的平衡、古镇居民生活现代化与传统文化景观保护的平衡，必须做到古镇复兴与保护，让古镇居民享受到现代文明。

严格控制新城拓展对古镇的影响。古城镇的拓新建设都应以古镇为中心，严格实行功能分区，以古城旅游带动新区发展，以新区发展为古城保护提供便利和物质保证。新城、古镇的建设应体现地域特征，尽量统一艺术风格；古城与新城之间应有一定的缓冲距离，保证古镇的风貌不被破坏，但同时应通过其他手段加强联系，如新城与古城之间建立景观缓冲绿廊。

加强基础设施建设。为了满足当地居民的现代化生活需求，古镇的排水系统、输电线路等都应进行改造。基础设施建设应该在古镇原有设施基础上，采用现代技术进行隐蔽性更新与改造。改造实施的原则是保证古镇的原始风貌，具体实施过程中建筑风格、装饰、材料严格遵循古风古味。

加强生态环境保护，提高居民的生态意识，继承和维护古镇内"小桥、流水、人家、绿树"良好生态环境；加强对水体的保护，严禁将污染物倒入水体中；加强古树名木保护，并在原有绿地基础上适当增加公共开放绿地，但形式与风格必须与古镇协调一致。

如对千灯镇的新型城镇化建设，古镇与新城，由生态缓冲空间加强了二者之间的联系，同时又有相应的分离；千灯古镇内部的水电系统都进行了改造，极大方便了当地居民的生活；古镇当地政府制定了相应的生态保护指导规范，加强对古镇保护。

第三节　传统文化景观保护的空间规划途径

一　分类保护与圈层保护

分类保护，按保护对象景观特征、保护价值不同和脆弱程度采取不同的保护力度和保护方法。根据传统文化景观的现状特点，划分为敏感区域、次敏感区域和非敏感区域。敏感区域一般为传统景观分布多且集中的区域，具有重要的历史文化价值或地域特色，通常能较完整地反映特定历史时期的传统风貌、民俗风情、地域特色，且具有较高的历史文化价值和艺术审美价值。次敏感区域为传统景观与现代景观过渡的区域，一般位于古镇、古村落外围与现代新城、现代工业区边缘之间，传统景观受到现代景观的冲击，分布散落且景观风貌有一定程度的损坏。非敏感区域为现代景观区，基本无传统景观（图7-4）。

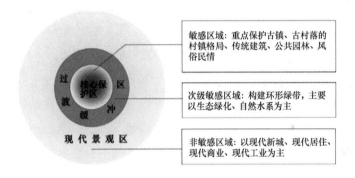

图7-4 分类保护与圈层结构

圈层景观整合模式依据分类保护中的具体分类，以典型敏感区域为中心，划分不同的景观圈层，实施从古镇、古村落核心景观到外围环境的整体保护和景观风貌维护。其中核心保护区属于敏感区域，需要重点保护。协调缓冲区属于次级敏感区域，而现代景观区则属于非敏感区域（图7-5）。圈层景观整合模式通常包含三个层次。

图7-5 圈层结构模式演变

（1）核心保护区。古镇、古村落中保存得较完好、相对集中的传统风貌区。核心保护区重点保护的对象有村落的规划格局、传统建筑、公共园林、风土民俗等。古镇、古村落的选址通常都离不开山水情怀和风水堪舆，古镇、古村落的格局也因地理环境的不同而各具特色，江南古镇、古村落的格局通常和水有着密切的关系。传统的民居建筑、文化建筑、公共建筑、公共园林具有较高的历史文化价值，形象地展示了地域的文化特色。核心保护区要体现古镇、古村落的原真性，严格保护历史形成的村镇格局、街巷肌理、传统民俗和构成传统风貌的特色景观元素。古镇、古村落传统风貌和现代城市化的新景观有着很大的差异性，在现代化、工业化建设的浪潮冲击下容易遭到破坏，因此属于保护区的敏感地带，需要政府、规划师、当地居民共同协作才能取得较好的保护效果。

（2）过渡缓冲区。将核心保护区外围和现代新城、现代工业区边缘之间的带形区域划为过渡缓冲区。调研中发现，一些传统文化景观保存较好的村镇外围紧邻现代工业用地、现代居住用地等，现代景观与传统景观对比较为强烈，整个景观风貌极不协调。保护古镇不仅要保护其自身的完整性和原真性，同时也要保护其赖以生存的环境，因此在古镇保护区外围建立过渡缓冲区就显得尤为重要。过渡缓冲区可以充当传统风貌与现代风貌之间的桥梁，使二者自然过渡，协调传统与现代之间的关系。缓冲区应当以生态绿化、水系等自然要素为主；该区域的古镇、古村落是受现代景观扩张影响景观变化较为明显的区域，破碎化现象相对严重，但仍然有一定保护利用价值。该区域保护的力度较核心保护区适当放宽，景观整治应当延续核心区文化特征，使其成为核心区景观展示的缓冲地带。根据功能需要，适度调整局部景观，新建、改建、扩建的建筑，须保持与核心区风格协调，营造形似景观。

（3）现代景观区。过渡缓冲区的一侧为保护区，另外一侧则为现代景观区。现代景观区在保护上为非敏感地带，可以进行各种现代化的建设。其主要由现代的居住景观、现代商业景观、现代工业景观所构成。现代城市风貌的营建要符合本地的地域特色，可以运用传统风貌的符号和保护区形成呼应。

　　千灯镇分类保护与圈层保护规划设计。千灯镇传统文化景观空间主要位于该镇西部区域，将其划为核心保护区，现代景观区主要位于该镇东部区域，过渡缓冲区位于核心保护区和现代景观区之间，起到缓冲过渡的作用（图7-6）。核心保护区要展现传统文化景观，严格保护历史形成的街巷肌理、传统民俗文化等，禁止建设现代建筑；过渡缓冲区内可以有林地、绿地、农田、河道等自然因素，由此形成一条自然的生态走廊，成为古镇风貌和现代的城市景观过渡的区域。而且自然的生态走廊可以延伸出数条枝状的绿带如同触角深入到现代的城市景观中，和城市中的绿地构成一个景观生态网络。对位于过渡缓冲区内的建筑进行甄别，依据对核心保护区影响的程度和拆建的难度进行分类，可以采用拆除、改建、修复、保留等不同的方式进行改造。

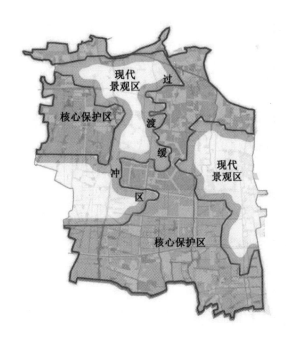

图7-6　千灯镇分级与圈层保护规划

二 景观遗产廊道与传统文化景观空间网络规划

景观网络是联系廊道与斑块的空间实体，景观组分间的交互作用必须通过网络，并借此产生能量、物质及信息的流动与交换。文化景观的空间网络是联系各种类型文化景观斑块的载体，网络的连接增强其整体性，其中文化景观空间网络的构成包括文化景观节点（保护的关键点）和串联这些节点的两个等级的景观遗产廊道。辨别出传统文化景观保护重点景观节点斑块，依托文化景观遗产廊道串联起这些重点斑块进行整合保护，构建物质能量传递的文化景观网络。

（一）文化景观节点

借鉴保护区概念，划定传统文化景观保护重点斑块。"保护区"（conservation area）是英国遗产保护工作中提出的一个重要概念，保护区是指"那些具有特殊建筑艺术价值和历史意义的区段，其特点、风貌值得保护和改善提高"。概念的诞生源自于人们对一些历史古迹生存环境的担忧。英格兰历史建筑委员会在负责管理历史建筑修复工作时发现，以古城为代表的遗产区域其建筑之间、建筑与道路、建筑与开放空间具有很强的关联性，有些建筑并不是文物保护对象，但却是历史环境中不可分割的组成部分，应该得到系统的保护，由此产生"群体价值"的概念，并进而发展成"保护区"的概念。其最显著的特征就是将对建筑遗产的保护从建筑单体的保护拓展为建筑单体连同建筑环境的整体保护。保护区概念对于传统乡村地域文化景观保护尤为适用。

以江南水乡为例，散落的历史村落、传统商业集镇、水埠码头、古道等景观单元是江南水乡的景观特色和场所记忆的代表，蕴含丰富的历史信息，是重要的景观遗产。本书中将文化景观节点定义为承载着传统文化景观空间的文化景观村落。

（二）景观遗产廊道

廊道概念来源于景观生态学，指的是景观中具有通道或屏障作用的线状或带状镶嵌体。美国首创了"遗产廊道"的概念，解释为"拥有特殊文化资源集合的线性景观。通常带有明显的经济中心、蓬勃发展的旅游、老建筑的适应性再利用、娱乐及环境改善"。例如，美国昆博格与谢它科河河谷国家遗产廊道，就是依托河谷线性通道，改造利用了区域内大量的纺织工厂，讲述并再现了该地区纺织产业的发展历史与产业文化。借鉴遗产廊道的理念，可以通过建立"景观遗产廊道"来整合乡土文化景观资源。将传统文化景观资源保存较好的古村落、古镇进行串联，以线路本身的景观特征为基础，达到传统文化景观整体性、连续性的保护目的。

从江南水乡的用地历史沿革分析其重要传统景观村落、古镇由于受交通方式的影响，主要分布在水利条件便利的主干河流两侧。所有现存传统文化景观的遗产廊道主要通过两种廊道载体进行连接。一级文化景观遗产廊道，以当地的主要交通方式为依托，工业文明之前江南地区的主要交通方式为水运，主干河流成为当时居民的传统交通方式的载体，以主干河流为载体的廊道自然成为串联文化景观节点和实现当地居民传统生活需求的空间依托。二级文化景观遗产廊道以通过高清晰遥感影像识别后提取的村镇连接道路为依托，这些道路包括自然的未经硬化的乡间小路和新农村建设后翻新提升的硬化道路，这些道路从产生到现在一直被使用着，是场所记忆的代表，蕴含丰富的历史信息，是传统文化景观的重要组成部分。

千灯镇文化景观空间网络规划。在本书中通过文化景观空间实地调研，以村落为单位，选取传统景观风貌好、传统保有率较高的村落为文化景观保护的关键村落。千灯镇的千灯古镇、陶桥村、善浦村、大唐村、东徐泾、汤灯、库里村、庙巷、田度、北张家浜、朱角村、倪家浜、东庙泾、陆家桥村等14个村落为保护的关键村落。其中千灯古镇、陶桥村、大唐村、陆家桥村为文化景观重要节点（图7-7）。

同时，千灯镇传统文化景观具有明显的区划特征。因此，规划对研究区域文化景观空间网络的构建提出两纵、两横、四区、四核的结构。两纵、两横指以研究区域主干河流为载体的传统文化景观廊道。四区指受地理条件影响所形成的传统水乡田园风貌区、城市近郊的快速城镇化风貌区、远郊乡野田园风貌区及现代工业景观风貌区（图7-8）。

图7-7 千灯镇文化景观节点

规划首先对传统文化景观以斑块的形式进行分析，具体斑块类型包括传统建筑用地、传统村镇公共空间、传统农业用地，然后对传统文化景观类型进行整合。这些用地在空间上的分布相对分散，但它们因为相应的主体功能从而联系成为相对集聚的整体，而这些整体往往以传统村落的空间形式展现出来，承载起各个主体功能，这些村落就是文化景观的节点。所有现存的传统文化景观用地主要通过两种廊道载体进行连接，一级文化景观廊道以当地居民的传统交通方式为载体，在前工业化社会之前研究区域的远距离交通主要依托舟船，因此这些以主干河流为载体的廊道就成为串联人文景观节点和实现当地居民传统生活需求的空间依托。二级文化景观廊道是通过对高清遥感影像的识别提取的村镇连接道路，这些道路或者是未经硬化的乡间小道，或者是随新农村建设而翻新提升的硬化道路，这些道路从产生至今一直被使用着，其不仅仅是一种设施，同时也承载着当地居民长久的回忆，是文化景观的重要组成（图7-9）。

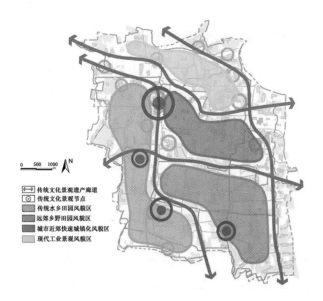

图 7-8 传统文化景观空间网络结构

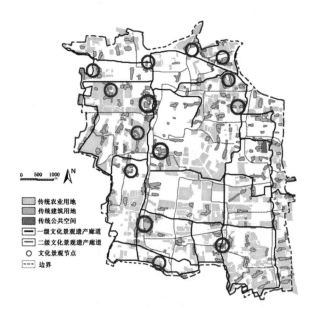

图 7-9 传统文化景观空间网络

三　生态空间与自然生态网络规划

生态网络是以网络作为介质对景观格局的研究，也是以网络作为手段，对生态空间的宏观规划，它以绿色开放自然生态空间为基础，在景观生态学等原理的指导下，以生物多样性的保护、自然景观整体性恢复为目的，利用绿色生态廊道的形式将景观中镶嵌的具有重要价值的资源斑块进行有机的连接，使之具有重要生态功能的网络体系。

作为一种有效的规划整合手段，生态网络的构建被广泛地应用于快速城镇化地区内处于破碎状态的自然生态要素的整合。区域自然生态网络的构成包括生态斑块、三个等级的生态廊道和生态节点三部分。生态斑块主要包括拥有良好生境的自然山体及其周边具备良好植被覆盖的生态空间、保留良好的田间林地草地、拥有完整生境的湿地坑塘等。生态廊道分为三级：一级廊道主要依托高等级公路高速路、主要河流形成的带状生态空间。二级生态廊道的载体为部分河流支流、城镇内部道路、县道、乡道等，依托这些载体形成完善自然生态网络结构的带状生态空间。三级廊道主要依托灌溉渠道及田间林带。生态节点是各级别廊道交错的交点，是重要的生态空间，这些空间是物种迁移及繁衍的核心生境所在地。

千灯镇区域内的自然生态本底自北向南随着城镇化的强度不断提升而呈现出递增的破碎化趋势。本案对千灯镇提出了四纵、三横、六核的自然生态网络规划构想。四纵指四条依托南北贯通整个区域的河流形成的生态廊道。研究区域生态过程的主要方向为南北向流通，因此这四条最终汇入淀山湖的河流可以作为区域自然生态网络构建的核心骨架。三横指三条横向构成区域自然生态网络骨架的河流及道路廊道。这些廊道多为人工作用下形成的带状生态空间，长期的存在已使得这些廊道与自然生态本体融为一体，因此规划将这些廊道作为自然生态网络格局的重要组成。六核指区域内六处大型生态节点，这些节点多为现状存在的大型水体、坑塘湿地、天然林地及其周边保留良好的生境，通过六个生态绿核进一步完善区域自然生态网络格局的组成（图7-10）。

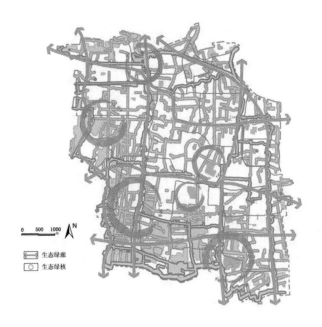

图 7 - 10　传统文化景观生态网络结构

区域自然生态网络的组成要素具体包含生态斑块、生态节点和三个等级的生态廊道。生态斑块主要包括拥有良好生境的自然山体及其周边具备良好植被覆盖的生态空间、保留良好的田间林地草地、拥有完整生境的湿地坑塘等，总面积 0.76 平方公里，占规划区面积的 1.85%。生态节点是各级别廊道交错的交点，是重要的生态空间，这些空间是物种迁移及繁衍的核心生境所在地，总面积 1.13 平方公里，占规划区面积的 2.75%。一级生态廊道共 7 条，主要为依托高等级公路、主要河流形成的带状生态空间，一级廊道总长度 48.03 公里。二级生态廊道的载体为部分河流支流、城镇内部道路、县道、乡道等，依托这些载体形成完善自然生态网络结构的带状生态空间，二级廊道总长度 42.52 公里。三级廊道主要依托灌溉渠道及田间林带，三级廊道总长度 39.75 公里（图 7 - 11、表 7 - 2）。其中一级廊道宽度分为 200 米与 100—150 米两类，二级廊道宽度为 50—100 米，三级廊道宽度为 20—50 米。

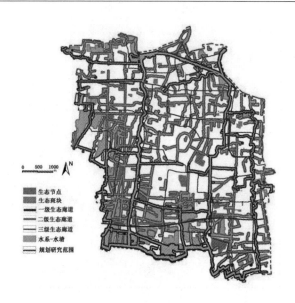

图 7 – 11   传统文化景观生态网络规划

表 7 – 2   **千灯镇生态网络构成要素**

类型	面积/平方公里	长度/公里	占规划区面积百分比
一级生态廊道	5.71	48.03	13.90 %
二级生态廊道	2.66	42.52	6.48 %
三级廊道	1.38	39.75	3.36 %
生态斑块	0.76	—	1.85%
生态节点	1.13	—	2.75%
总计	11.64		28.33%
研究范围	41.08	—	100%

四 综合性居民地与聚落规划

关于土地利用的空间格局优化，借鉴 Forman 教授基于生态空间理论的景观规划原则，提出"集中与分散相结合的模型"。理想的整合空间的主要原则是发展有一定规模的斑块，整合零星斑块，在保持林地—农田的基质上，让斑块的面积增大，斑块数量减少，从而降低区域景观的破碎化程度；斑块的规划设计上，一个较大的核心区配以与导流具有相同延伸方向的缓冲带；在同一斑块类型的配置上，应该有主次之分，比如综合性的居民地斑块类型，一定区域范围内，就应该有斑块面积大小之分且一个大斑块配以多个小斑块的最优景观格局原则；不同斑块类型应考虑它们间的关系，是互补还是对立的，比如综合性居民地斑块和现代工业用地就是对立关系，就应该考虑它们间的缓冲区（图7-12）。

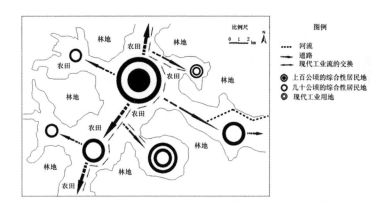

图7-12 综合性居民地与聚落规划意向

综合性居民地规划，构成"大集中与小分散"规划格局。传统村落是地域文化景观的重要载体，对于传统文化景观的保护层面，综合性居民地与传统的居民地是互补发展的，规划大型的综合性农村居民地和中小型农村居民地，构成"大集中与小分散"规划格局。对于传统风貌保存不是很好的村落，进行整合集中，建立大型综合性居民地。大型综合性居民地，可增加村民集聚，共用基础设施，强化现代城镇服务功能，并减少了用地规模，利于减少景观破碎化。针对传统风貌保存较好的传统村落，建立中小型农村居民地。中小型居民地，分布灵活，保留其村落斑块格局和原有规模，只进行部分调整减少现代景观斑块的成分，将移除的部分空间转化成为缓冲空间，可对传统村落进行原汁原味的保护。

工业用地集中布置，引导向现代工业园集聚区发展。对于工业用地，与传统景观是对立的关系，必须采用集中布局模式，减少对传统景观的冲击，降低景观破碎化。现代工业用地是造成传统景观破碎化的重要原因，分散的布局，使其与传统文化景观相间分布，相互渗透，加之其零星无序的扩张，造成了传统文化景观高度的破碎化特征和分散有余集中不足的景观格局。工业用地的集中布置，大大降低景观破碎度，同时可提高资源配置利用率，利于工业的发展。

千灯镇综合性居民地与聚落规划。千灯镇的千灯古镇、陶桥村、善浦村、大唐村、东徐泾、汤灯、庠里村、庙巷、田度、北张家浜、朱角村、倪家浜、东庙泾、陆家桥村等 14 个村落传统风貌保存较好，建立中小型的农村居民地；其余传统风貌保存不是很好的村落，结合现代建筑用地的发展现状，建立两个大型的综合性居住地，将现代建筑用地和传统风貌保存不是很好的村落全部并入两个综合性居住地中，一个以位于千灯古镇东侧的新镇为基础建立新镇社区，另一个在原石浦镇基础上扩大建立石浦社区。大型综合性居住地，可增加村民集聚，共用基础设施，强化现代城镇服务功能，并减少了用地规模，利于减少景观破碎化。

工业用地规划。工业用地集中布置一个组团，位于镇区北侧 S343 以北区域，工业主要分两种类型：原有工业以功能调整为主，分期实现搬迁和置换；新入驻工业以新型产业为主，严格控制工业用地的开发强度，严格限制高污染企业进驻（图 7 – 13）。

图 7 – 13　千灯镇综合性居民地与聚落规划

五　传统文化景观复合网络系统规划

将圈层保护分区、聚落规划、传统文化景观网络与自然生态网络规划成果进行叠合，通过构建复合网络系统的方式最终实现对传统文化景观的整体保护。为实现四大网络系统的有机耦合，规划需通过以下方式对前期圈层保护分区、聚落规划、传统文化景观网络与自然生态网络规划成果进行调整。（1）圈层保护分区规划中的核心保护区和聚落规划中的重点文化景观节点作为复合网络系统规划保护的重点；（2）将自然生态网络的三级生态廊道进行梳理和调整与文化景观网络中的二级景观廊道进行合并，共同作为三级复合廊道；（3）强化不同文化景观空间与生态本底的关系。传统建筑用地和传统公共空间用地，通过外部的景观边缘带恢复及以三级复合廊道为主体的内部绿地系统的修复，强化与自然本底的关系；对传统商业用地强调其可达性，将可达性线路与三级生态廊道进行调整合并，强化其与生态本底的关系，最终达到整体人文生态系统的和谐。

规划后的传统文化景观复合网络系统结构上体现为"三区、五带、四心"。通过文化景观网络与自然生态网络的叠合发现，二者在骨架结构和核心组成上存在高度的叠合。同时规划通过分区的方式对各个区域传统文化景观的保护进行上位引导，划分为三个风貌区：郊野村镇景观风貌区、水乡田园景观风貌区和生态工业景观风貌区。

郊野村镇景观风貌区：这一类型的景观风貌片区以分布在昆山市外围的郊野城镇组团为依托，具体包括千灯新镇社区和石浦社区两个小城镇组团。该类型为城镇新区并具有江南水乡特色。水乡田园景观风貌区：该类型的生态风貌片区，主要位于千灯镇西部和南部，依托农田水系，构成以江南水乡农田为特征的景观风貌区，是该区域的生态大本底，是确保整体人文生态系统建设可持续发展的重要片区。生态工业景观风貌区：该类型的景观风貌片区主要位于镇区北侧，依托原有的工业景观，对其进行生态改造，运用当地传统风貌的符号形成符合本地的地域特色的生态工业景观，与江南水乡的传统文化景观形成呼应（图7－14）。

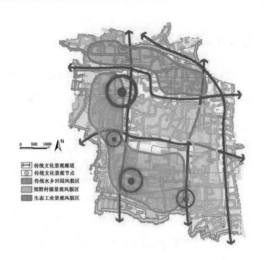

图 7 - 14　传统文化景观空间复合网络结构

　　结合传统文化景观复合网络系统规划（图 7 - 15），重新进行了用地规划与布局，结构为一个工业组团、两个现代居住组团、一个核心传统居住组团（图 7 - 16、图 7 - 17）。

图 7 - 15　传统文化景观空间复合网络规划

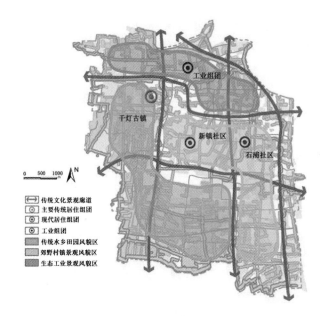

图 7-16　传统文化景观空间规划结构

图 7-17　传统文化景观空间规划

规划后主要用地的破碎度均变小，整体破碎度也达到破碎化的适中状态，由 0.0025 变为 0.00099（表 7 - 3）。

表 7 - 3　　　　　千灯镇景观要素斑块特征的破碎化分析结果

景观类型	原斑块个数	原破碎度	空间整合后斑块个数	空间整合后破碎度
传统建筑用地	461	0.0183	401	0.01191
传统公共空间用地	4	0.0001	4	0.00009
传统农业用地	577	0.0230	127	0.00375
传统商业用地	0	0.0000	0	0.00000
传统工业用地	0	0.0000	0	0.00000
现代建筑用地	45	0.0018	25	0.00071
现代公共空间用地	9	0.0003	9	0.00024
现代农业用地	141	0.0056	41	0.00119
现代商业用地	5	0.0002	5	0.00012
现代工业用地	435	0.0173	35	0.00101
林地	132	0.0052	52	0.00152
草地	4	0.0001	4	0.00009
湿地	0	0.0000	0	0.00000
旅游用地	11	0.0004	11	0.00030
其他用地	296	0.0118	46	0.00134
人工连接空间用地	262	0.0104	262	0.00777
自然连接空间用地	298	0.0118	48	0.00140
水系（河流、坑塘）	393	0.0156	153	0.00452
整个研究区域	3073	0.0025	1223	0.00099

（1）现代工业用地集中布置于镇区北侧 S343 以北区域。千灯镇现状工业用地主要分布于镇区北侧和东侧，零星分布于镇区西侧，分布呈现包围城镇居住空间的趋势，且对传统空间有较大冲击。规划后工业用地集中布置于镇区北侧 S343 以北区域，规划后降低了现代工业用地的破碎度（由 0.0173 降低为 0.00101），且减轻了对传统空间的冲击。

（2）规划两个大型综合性居民地将现代居住用地集中布置。千灯镇现状，北部有大量现代建筑涌现，南部也有少量现代建筑用地（分布相对分散），对传统景观造成了冲击；规划后将现代建筑用地和传统风貌保存不是很好的村落全部并入两个大型综合性居民地中，一个以位于千灯古镇东侧的新镇为基础建立新镇社区，另一个在原石浦镇基础上扩大建立石浦社区，降低了现代建筑对传统景观的冲击，现代建筑、传统建筑的破碎度都相应减少（传统建筑由 0.0183 降低为 0.01191，现代建筑由 0.0018 降低到 0.00071）。

（3）现代农业用地、传统农业用地结合景观风貌分区集中布置。千灯镇现代农业用地现状分布散乱，且部分位于传统景观区，对传统景观风貌造成了影响，部分地区（如千灯镇西南片区）传统农业景观的整体性受到冲击；规划后现代用地集中布置，主要分布在郊野乡镇风貌景观区和生态工业景观风貌区，降低了对传统景观的影响，现代农业用地的破碎度也相应降低（由 0.0056 降低为 0.00119）；传统水乡田园风貌区全部还原为传统农业用地，增强了传统景观风貌的整体性，传统农业用地的破碎度也相应降低（由 0.0230 降低为 0.00375）。

（4）自然生态体系规划。①建立大型生态斑块，强化生态空间的网络化，增强其整体性。扩大生态斑块规模和延续性，增大生态斑块——林地、草地等的面积，将面积小、零碎的林地、草地斑块，整合为大型斑块，并通过生态廊道的连接增强林地、草地、水系等生态空间的联系，整合原有斑块和廊道，形成网络化的生态空间，增强自然空间的整体性。如北部工业区，增大沿河绿地、道路两侧绿地面积，并在局部植被较好的地区建立大型生态绿地斑块，形成较为完整的绿廊结构并起到对工业用地的分割作用；增大现代居住组团和传统居住组团之间的自然生态空间面积，使两者有良好的衔接、过渡；居住组团与工业组团之间建立生态绿廊，减少工业对居住的影响，并在现代居住组团内部增加大型生态绿地，使绿地发挥其生态绿核的作用。②整治疏浚河流，形成贯穿全镇的河网结构，增强水系的整体性。包括被填河道的疏通、废弃河流的开发再利用，形成贯穿全镇的河网结构。恢复流通的水网结构，有助于建立完整的生态系统，加强生态流的传递，增强区域景观的整体性。规划后林地、草地、水系、自然连接空间用地的破碎度分别由 0.0052、0.0001、0.0156、0.0118，减少为 0.00152、0.00009、0.00452、0.00140）。

规划后增强了景观整体性。计算后破碎度为 0.00099，达到了破碎的适中状态（根据第四章破碎度的适中状态为破碎度在区间 $[1.4 \times 10^{-4}, 1 \times 10^{-3}]$ 之内）。

第四节　小结

结合第六章破碎化形成机理的分析，针对传统文化景观空间破碎化形成的内在原因及亟待解决的问题，本章提出了传统文化景观保护机制。

（1）空间优化与整合机制：通过严格土地利用规划，协调整体景观的连续性和有效性；制定相关政策，实施规划与管理的一体化途径；形成多方参与的综合保护方法来实施。

（2）文化传承与利益补偿机制：通过建立和完善财政转移支付制度，设立传统文化保护补偿专项基金，建立民间保护基金；彻底转变传统文化景观空间所在地区的经济发展方式，增加对传统地域及其非物质文化遗产项目保护的考核指标等；建立公平的收益机制，使作为主人翁的原居民也享有收益分配的权利。

（3）政府引导与公众参与决策机制：通过增加公众参与的组织形式；增强公众参与的法律保障；丰富公众参与的实施方式；完善公众参与的监督体系来实施。

（4）新型工业化与新型城镇化并行机制：通过建立严格的企业准入制度，提高项目准入门槛；加强工业排污监管，提高废水污染治理水平和园区大气污染治理水平；加大基础设施建设力度，使村民享受到和城镇居民均等的公共服务，升学、医疗保险等，改善村民等原住民的居住和生活条件，使大量的原住民自愿留在古镇；城镇化过程中对古镇、古村落的改造，加强城镇风貌引导，做到科学的规划管理，延续传统文化景观风貌等措施来实施。

根据第五章破碎化空间特征及空间存在问题，以千灯镇为例提出了文化景观保护的空间规划途径并验证了空间规划途径的可行性。

（1）分类保护与圈层保护：按保护对象的脆弱程度和保护力度可以划分为敏感区域——核心保护区、次敏感区域——过渡缓冲区和非敏感区域——现代景观区。核心保护区要体现古镇、古村落的原真性，严格保护历史形成的村镇格局、街巷肌理、传统民俗和构成传统风貌的特色景观元素。过渡缓冲区，该区域保护的力度较核心保护区适当放宽，景观整治应当延续核心区文化特征，使其成为核心区景观展示的缓冲地带。现代景观区，该区域风貌的营建要符合本地的地域特色，可以运用传统风貌的符号和保护区形成呼应。

（2）景观遗产廊道与传统文化景观空间网络规划：通过建立景观遗产廊道与传统文化景观空间网络，将传统文化景观资源保存较好的古村落、古镇进行串联，以线路本身的景观特征为基础，达到传统文化景观整体性、连续性的保护目的。景观遗产廊道分为两级：一级文化景观遗产廊道以当地的主要交通方式——舟船为依托，是以主干河流为载体的廊道，串联起文化景观节点和实现当地居民传统生活需求的空间；二级文化景观遗产廊道以通过高清晰遥感影像识别后提取的村镇连接道路为依托，这些道路包括自然的未经硬化的乡间小路和新农村建设后翻新提升的硬化道路，是场所记忆的代表，蕴含丰富的历史信息，是传统文化景观的重要组成部分。景观遗产廊道契合地域文化景观整体性和连续性的特征，建立由点及面至网络式的区域化景观网络，强化区域的传统文化景观特征。

（3）生态空间与自然生态网络规划：通过区域自然生态网络的构建，减缓和改善快速城镇化地区内处于破碎状态的自然生态要素，对其进行整合，形成以生物多样性的保护、自然景观整体性恢复为目的具有重要生态功能的网络体系，构建传统文化景观赖以生存的载体——生态大本底，并强化传统文化景观与生态大本底的耦合关系。区域自然生态网络的构成包括生态斑块、三个等级的生态廊道和生态节点三部分。

（4）综合性居民地与聚落规划：综合性居民地规划，构成"大集中与小分散"规划格局，降低现代建筑景观对传统景观的冲击；工业用地集中布置，引导向现代工业园集聚区发展，工业用地与传统景观是对立的关系，必须采用集中布局模式，减少对传统景观的冲击，降低景观破碎化。

（5）传统文化景观复合网络系统规划：将圈层保护分区、聚落规划、传统文化景观网络与自然生态网络规划成果进行叠合，通过构建复合网络系统的方式实现四大网络系统的有机耦合，最终实现对传统文化景观的整体保护。规划后重新计算了景观空间的破碎度为 0.00099，达到了破碎的适中状态（根据第四章破碎度的适中状态为破碎度 $\in [1.4 \times 10^{-4}, 1 \times 10^{-3}]$），验证了空间规划途径的可行性。

第八章　结论与展望

我国几千年的历史在不同地理环境空间上造就了丰富多彩的地域文化景观，是整体人文生态系统中文化生态的精华和结晶。随着时代的发展，地域文化景观也在不断地变化，城市的快速发展不仅使城市地区传统文化景观遭到破坏，同时快速城市化对周边的乡村文化景观形成巨大的冲击，在空间上呈现出破碎化状态，这种空间破碎化同时带来生态效应的变化。在这种大背景下，本书基于景观生态学、地理学等多学科，选取典型区域进行相关研究。

本书首先对文化景观的传统性进行界定，形成传统文化景观空间用地分类表，结合实地勘测，对遥感影像进行判读并建立相应的空间数据库，分析了破碎化的空间特征并建立了传统文化景观空间破碎化的生态效应评价指标体系，通过计算样本空间破碎化生态效应值建立了破碎度与空间破碎化生态效应的关系曲线，并理论推导出空间破碎化的适中状态值。以扬州市平山乡、昆山市千灯镇、南京市双闸街道、无锡市钱桥镇、诸暨市直埠镇为例分析了低、中、高破碎度下的破碎化空间特征及存在的问题，提出了文化景观保护的空间规划途径。分析了传统文化景观空间破碎化形成机理及亟待解决的问题，提出了传统文化景观空间保护的系统机制。并以昆山市千灯镇为例验证了文化景观保护的空间规划途径。

第一节 结 论

一 传统文化景观空间破碎化的生态效应评价指标体系的建立及破碎度与空间破碎化生态效应关系曲线的建立

本书采用层次分析法 AHP 构建了 4 个层次的空间破碎化生态效应评价指标体系。传统文化景观空间破碎化的生态效应评价从连通性、整体性、稳定性、传统保有率等 4 个约束层进行分析，每个约束层又分别对应子指标（连通性——人工廊道、自然廊道，整体性——传统建筑用地、传统村镇公共空间、传统农业用地、传统商业用地、传统工业用地，稳定性——景观多样性、协调缓冲性，传统保有率—传统建筑用地、传统村镇公共空间、传统农业用地、传统商业用地、传统工业用地）。

选取了 12 个样本空间在对其进行空间解析及分析的基础上，通过对样本空间破碎度指数的计算，划定传统文化景观空间破碎度的分级标准：$F < 10^{-3}$ 为无破碎化现象，$[10^{-3}、10^{-2})$ 为低破碎化程度，$[10^{-2}、10^{-1})$ 为中等破碎化程度，$[10^{-1}、1)$ 为高度破碎化程度。通过计算样本空间破碎化生态效应值建立了破碎度与空间破碎化生态效应的关系曲线，并用案例进行了验证，二者之间的相关性为：随着破碎度的升高，生态效应值是先增高后降低的一个过程，在零破碎化紧邻低破碎化的区段存在一个区间，生态效应值比零破碎化空间的生态效应值高，该区间生态效应值最高，该区间即为空间破碎化的适中状态 $[1.4 \times 10^{-4}，1 \times 10^{-3}]$。

二 破碎化空间特征及存在的问题

以扬州市平山乡、南京市双闸街道、诸暨市直埠镇、无锡市钱桥镇、昆山市千灯镇为例分析了破碎化的空间特征及存在的问题。

（一）空间特征

低破碎化——扬州市平山乡、昆山市千灯镇。现代景观和传统景观分布相对集中；主要干扰斑块为现代工业、现代建筑，导致景观破碎化的干扰斑块从区域两侧或一侧边缘侵入。

中度破碎化——南京市双闸街道、无锡市钱桥镇。传统景观与现代景观交织分布，只其一分布相对集中（传统景观分布相对集中或现代景观分布相对集中）；主要干扰斑块为现代工业、现代建筑，现代景观作为干扰斑块，沿主要道路或河流以填充的方式对传统景观进行侵蚀。

高度破碎化——直埠镇。传统景观和现代景观分布分散；主要的干扰斑块为现代建筑、现代工业，分布分散，点状分布于区域内，以多个集中的点向外蔓延扩张，造成辐射分割式的破碎。

（二）存在的问题

对于传统文化景观空间破碎化存在问题的分析主要从廊道（以人工廊道——道路）、典型斑块和斑块群组之间的关系三方面进行研究。不同程度的破碎化空间存在共同的问题，但程度不同：①人工廊道——道路的分割加剧传统文化景观的破碎化。低破碎化空间道路的连通性低，对传统文化景观空间的割裂作用较低；中度破碎化、高度破破碎化道路的连通性高，对传统文化景观空间的割裂作用高。②典型斑块——传统建筑分布分散，影响斑块个体间的联系程度，景观连续性受到冲击。低破碎化空间传统建筑分布相对集中，斑块个体间的联系程度较弱，景观连续性受到较小冲击；中破碎化空间传统建筑分布比低破碎化空间分散，斑块个体间的联系程度非常弱，景观连续性受到较大冲击；高破碎化空间传统建筑分布最分散，斑块个体间的联系程度极弱，景观连续性受到极大冲击。③斑块群组关系——现代景观冲击传统景观，两者之间的缓冲空间与共生协调性受到冲击。低破碎化空间现代景观与传统景观分布相对集中，现代景观对传统景观的冲击较小，两者的共生协调性较差；中破碎化空间现代景观与传统景观只其一分布相对集中，现代景观对传统景观的冲击较高，两者的共生协调性非常差；高破碎化空间，现代景观与传统景观均分布相对分散，二者交织分布，现代居民点缺乏统一规划，传统景观被逐步吞噬，传统空间与现代环境的共生协调性极差。

（三）传统文化景观空间的破碎化因素及作用机理

"四化"（城市化、工业化、现代化、商业化）的冲击和保护政策的不完善，这些因素的综合作用造成了传统文化景观空间的破碎化。其中重点分析了人口的变化、城镇和村落空间扩展、经济结构改变工业用地增加、生产技术变革、资源利用方式的变化、现代生活方式切入、多元化观念形成、现代技术应用、旅游业的兴起对传统文化景观空间破碎化的影响作用。分析表明城市化、工业化、现代化、商业化的冲击是文化景观破碎化的直接因素，保护与发展政策的不完善（一是古镇保护规划等相关规划方案缺乏公众参与、公众的意见得不到反馈和实现，二是缺乏引导鼓励当地居民保护传统文化景观的政策，利益的驱使会使部分当地人产生一定程度的破坏古村落的行为）是影响文化景观破碎化的间接因素。

根据分析总结出目前传统文化景观空间存在以下问题亟待解决：

（1）空间规划存在的问题——规划层面上如何保护典型的景观要素和景观区域，从整体上强化并展示地域景观的传统文化特征；如何对分散的甚至是隔离状态的传统文化景观单元、景观斑块进行整合，塑造完整的景观意象；如何实现传统文化景观与区域生态环境的协调发展。

（2）古镇保护规划等相关规划方案缺乏公众参与——如何在古村落、古镇的改造中使原住民的意愿得到体现，传统文化景观空间保护的主体是民众，如何激发民众和社会参与的积极性，是持续保护的关键。

（3）经济利益与传承传统文化的矛盾——如何使利益兼顾，平衡古村落居民对现代物质、文化生活的向往与中华文化保护、延续和再创造，使更多的人意识到保护传统文化与经济利益不冲突，促进当地非物质文化遗产的合理保护。

（4）缺乏引导鼓励当地居民保护传统文化景观的政策——如何通过制定相关政策改善村民等原住民的经济条件，并调动他们保护文化景观的积极性。

（5）原有设施无法满足现代生活，现代生活与传承传统文化的矛盾——居民如何改善村民等原住民的居住和生活条件，使大量的原住民留在古镇，并调动他们保护文化景观的积极性，扭转传统文化景观空间感知意向，使原有的民俗民风得到一定的保留。

（6）工业技术等级不高——如何控制工业的性质和规模，减少工业造成的环境污染，使工业在拉动当地经济增长的同时不破坏环境，做到经济发展与环境保护的双赢。

（四）传统文化景观空间保护的系统机制

针对传统文化景观空间破碎化形成的内在原因及亟待解决的问题，本书提出了传统文化景观保护机制。

（1）空间优化与整合机制：通过严格土地利用规划，协调整体景观的连续性和有效性；制定相关政策，实施规划与管理的一体化途径；形成多方参与的综合保护方法来实施。

（2）文化传承与利益补偿机制：通过建立和完善财政转移支付制度，设立传统文化保护补偿专项基金，建立民间保护基金；彻底转变传统文化景观空间所在地区的经济发展方式，增加对传统地域及其非物质文化遗产项目保护的考核指标等来实施；建立公平的收益机制，使作为主人翁的原住民也享有收益分配的权利。

（3）政府引导与公众参与决策机制：通过增加公众参与的组织形式；增强公众参与的法律保障；丰富公众参与的实施方式；完善公众参与的监督体系来实施。

（4）新型工业化与新型城镇化并行机制：通过建立严格的企业准入制度，提高项目准入门槛；加强工业排污监管，提高废水污染治理水平和园区大气污染治理水平；加大基础设施建设力度，使村民享受到和城镇居民均等的公共服务、升学、医疗保险等，改善村民等原住民的居住和生活条件，使大量的原住民自愿留在古镇；城镇化过程中对古镇、古村落的改造，加强城镇风貌引导，做到科学的规划管理，延续传统文化景观风貌等措施来实施。

（五）传统文化景观保护的空间规划途径及实例验证

根据破碎化空间特征及空间存在问题，提出了文化景观保护的空间规划途径，并以千灯镇为例验证了空间规划途径的可行性。

（1）分类保护与圈层保护：按保护对象的脆弱程度和保护力度可以划分为敏感区域（核心保护区）、次敏感区域（过渡缓冲区）和非敏感区域（现代景观区）。核心保护区要体现古镇、古村落的原真性，严格保护历史形成的村镇格局、街巷肌理、传统民俗和构成传统风貌的特色景观元素。过渡缓冲区，该区域保护的力度较核心保护区适当放宽，景观整治应当延续核心区文化特征，使其成为核心区景观展示的缓冲地带。现代景观区，该区域风貌的营建要符合本地的地域特色，可以运用传统风貌的符号和保护区形成呼应。

（2）景观遗产廊道与传统文化景观空间网络规划：通过建立景观遗产廊道与传统文化景观空间网络，将传统文化景观资源保存较好的古村落、古镇进行串联，以线路本身的景观特征为基础，达到传统文化景观整体性、连续性的保护目的。景观遗产廊道分为两级：一级文化景观遗产廊道以当地的主要交通方式——舟船为依托，是以主干河流为载体的廊道，串联起文化景观节点和实现当地居民传统生活需求的空间；二级文化景观遗产廊道以通过高清晰遥感影像识别后提取的村镇连接道路为依托，这些道路包括自然的未经硬化的乡间小路和新农村建设后翻新提升的硬化道路，是场所记忆的代表，蕴含丰富的历史信息，是传统文化景观的重要组成部分。景观遗产廊道契合地域文化景观整体性和连续性的特征，建立由点及面至网络式的区域化景观网络，强化区域的传统文化景观特征。

（3）生态空间与自然生态网络规划：通过区域自然生态网络的构建，减缓和改善快速城镇化地区内处于破碎状态的自然生态要素，对其进行整合，形成以生物多样性的保护、自然景观整体性恢复为目的具有重要生态功能的网络体系，构建传统文化景观赖以生存的载体——生态大本底，并强化传统文化景观与生态大本底的耦合关系。区域自然生态网络的构成包括生态斑块、三个等级的生态廊道和生态节点3部分。

（4）综合性居民地与聚落规划：综合性居民地规划，构成"大集中与小分散"规划格局，降低现代建筑景观对传统景观的冲击；工业用地集中布置，引导向现代工业园集聚区发展，工业用地与传统景观是对立的关系，必须采用集中布局模式，减少对传统景观的冲击，降低景观破碎化。

（5）传统文化景观复合网络系统规划：将圈层保护分区、聚落规划、传统文化景观网络与自然生态网络规划成果进行叠合，通过构建复合网络系统的方式实现四大网络系统的有机耦合，最终实现对传统文化景观的整体保护。规划后重新计算了景观空间的破碎度为 0.00099，达到了破碎的适中状态（根据第四章破碎度的适中状态为破碎度 $\in [1.4 \times 10^{-4}, 1 \times 10^{-3}]$），验证了空间规划途径的可行性。

第二节 不足与展望

国内对于传统文化景观空间破碎化的系统研究较少，限于资料的缺乏和个人知识结构的局限性，本书对于"基于破碎化分析的传统文化景观空间保护机制与途径"的研究只是一个初步、尝试性的探讨研究，书中仍有很多不足之处，需要今后在研究工作中继续深入和不断验证。

（1）文化景观空间破碎化的研究存在以下问题。对传统文化景观空间的分类需要进一步完善且分类很难做到清晰准确，用地类型之间不完全是并列关系，有一些景观类型存在彼此包含的关系，因此造成了某些用地类型的分类具有一定的含糊性；对遥感影像图的解译不能够做到完全的正确无误，有个人的主观判断；样本空间的选择及破碎化的分级问题有待进一步研究。

（2）空间破碎化生态效应的研究存在以下问题。本书首次提出的文化景观空间破碎化生态效应评价指标体系及适度破碎度有待大量的实践检验，对传统文化景观空间的保护规划比较理想化，和实际操作存在一定差距。

（3）文化景观空间保护机制与途径的研究存在以下问题。不同地域文化景观的演变具有不同的特征和规律，由于时间及资料获取的限制，本书只选取了沪宁杭地区少数村镇进行案例研究，制定了保护机制，要探讨普适性的传统文化景观空间保护机制与途径，尚需要更多的案例做研究；保护途径规划是以千灯镇为例，研究的结论只适用于与该地区地理特征相似的区域，对其他差异较大的地区尽管研究模式相似，但针对具体的区域还需要重新审视，希望在今后的研究中，能够从各个具体的案例中提炼出一些规律，以便适用于更多的对象。

基于破碎化分析的传统文化景观空间保护机制与途径研究是一个跨学科的研究课题，涉及景观学、规划学、地理学、城市设计学、建筑学、生态学、心理学等多学科知识。笔者受到学科背景限制，在研究过程中，难免存在疏漏不足之处，需要在今后的研究与实践工作中继续积累和总结，及时补充和更正。

附录 A 调查问卷

尊敬的各位居民：

　　您好！我们是同济大学景观学系的学生，近年来经济和社会都取得了长足的进步，同时经济的发展也对当地造成了一定的影响。为了就经济社会的发展对地区传统文化地域性景观的影响做深入研究，特设问卷，进行此次调查活动。如您能花费几分钟时间填写下列问题，并将问卷返还，我们将不胜感激。谢谢！

一　基本信息

1. 您的学历
　　A. 小学　　　　　　　　　　　　B. 初中
　　C. 高中（包括职高等技术学校）　　D. 本科及以上
2. 您是本地人吗（是、否）？在本地居住时间
　　A. 5 年以下　　B. 5—10 年　　C. 10—20 年
　　D. 20—30 年　　E. 30 年以上
3. 您从事何种职业
　　A. 政府官员、公务员　　B. 企业管人员　　C. 个体经营者
　　D. 专业人士或技术人员　　E. 教师、学生　　F. 企业员工
　　G. 自由职业者　　H. 农业　　I. 其他
4. 您家中是否有家人外出务工？
　　A. 有常年在外打工的亲人　　B. 有季节性在外打工的亲人

C. 没有

5. 您的收入主要用于以下哪些方面？

    A. 日常所需　　B. 休闲娱乐　　C. 文化教育

    D. 住房　　E. 出行　　F. 其他

二　日常生活的影响

6. 您对您现在的生活方式满意吗？

    A. 满意　　B. 一般，没什么感觉　　C. 不满意

7. 在您居住期间，这里的居住环境发生变化了吗？

    A. 没有变化　　B. 发生了一小部分变化

    C. 发生很大改变　　D. 完全改变

8. 您主要的出行方式是

    A. 步行　　B. 自行车　　C. 公共交通

    D. 出租车　　E. 自驾车　　F. 其他

9. 您的家庭用水来源

    A. 自来水　　B. 井水　　C. 自然河塘　　D. 其他

10. 您平时闲暇时间的娱乐方式是

    A. 传统娱乐（戏曲、刺绣、麻将等）

    B. 参加村里组织的活动

    C. 看电视，看电影　　D. 上网　　E. 其他

三　个人看法

11. 您觉得所在的乡镇对传统民俗的保留程度如何

    A. 大多数保留　　B. 保留一部分　　C. 基本没有保留

12. 您对当地民俗传统的丢失有什么看法

    A. 完全不在意，那都是老掉牙的东西了，不适合现在的环境，应该丢弃

    B. 有点担心，原来的传统都是老一辈留下来的，应该保留一些

    C. 很担心，原来的传统有很积极的一面，应该大部分保留并为今所用

    D. 完全反对丢弃民俗传统，新的一代会因此丢失自身的文化根基

13. 您对周边工业对当地环境影响的看法

    A. 周边工业的发展使村里人富裕起来，这比什么都重要，环境的改变微不足道

    B. 周边的工业发展对环境有点危害，经济发展起来之后，会注意到环境保护

    C. 周边的工业发展对环境已经产生了较大危害，应该在发展经济的同时注意环境保护

    D. 周边的工业发展已经彻底破坏了当地环境，应该取缔造成污染的企业，以环境为重

14. 当地近几年在基础设施建设方面力度如何

    A. 基本没有任何基础设施建设

    B. 基础设施建设速度一般，公共环境逐步改善

    C. 基础设施建设速度较快，公共环境有较大改善

    D. 基础设施建设日新月异，已经基本和城里没区别了

15. 本地的商业与前几年相比有哪些变化

    A. 基本没有变化

    B. 有一些变化，杂货商店和小超市明显多了

    C. 有很大变化，除了小商店增加，还有大型超市和购物广场开业

    D. 和城里差别不大了，有专门的商业街，想买的东西周围都能买到

16. 您认为理想的居住点是具有传统风貌还是现代风貌

    A. 传统的好，环境更接近自然

    B. 保持较多的传统风貌，现代的有一点就够了

    C. 以现代风貌为主较好，保留优秀的传统风貌就可以了

D. 完全以现代风貌取代传统风貌，要不就没有发展，太落后了

17. 您有足够的经济实力，您会选择

　　A. 原地重建房屋

　　B. 到村外新建房屋

　　C. 改善房屋内部设施

　　D. 搬离本地

18. 现在的旅游业开发影响到您的生活了吗？（针对千灯镇）

　　A. 基本没有影响，旅游业开发会带来一定收益

　　B. 有一些影响，偶尔会觉得游客太多太吵闹，同时旅游业开发会带来一定收益

　　C. 有很大影响，游客太多太吵闹影响正常休息，宁可舍弃旅游业开发会带来的收益

19. 您是否参与过本镇的规划方案（总体规划、控制性详细规划、保护规划等）的意见征集。

　　A. 没有（结束）

　　B. 参与过（请继续做第 20 题）

20. 参与的方式

　　A. 规划设计院因为调查现状，分析基地现存问题为目的而走访群众，回答设计人员问题

　　B. 去规划相关部门的公开网站上看公示的规划图纸、规划内容，会留言提问等

　　C. 由于某项建设活动产生的绿地、交通、噪声等问题严重妨碍了自己正常的工作、生活，向主管部门、新闻媒体反映这些问题

　　D. 规划听证会

　　E. 其他

附录 B 样本空间低、中、高度破碎化划分临界点专家评价问卷

日期（　　　　　　　）　　　　姓名（　　　　　　　）

亲爱的老师、同学你好：

由于论文需要，我需要大家帮忙给样本空间低、中、高度破碎化划分临界点进行打分，非常感谢！

以下样本空间（No. 1—No. 12，见图附 B），是一组一组渐变的、空间连续的破碎度由低到高依次排列的空间破碎化状态序列。请选择可定义为低破碎化、中度破碎化、高度破碎化划分临界点的样本空间，并对选中的样本空间赋值 1 分。

表 B 　　样本空间低、中、高度破碎化划分临界点专家评价问卷

样本空间名称	得分		
	可定义为低破碎化起始点	可定义为中破碎化起始点	可定义为高破碎化起始点
No. 1			
No. 2			
No. 3			
No. 4			
No. 5			
No. 6			
No. 7			
No. 8			
No. 9			

续表

样本空间名称	得分		
	可定义为低破碎化起始点	可定义为中破碎化起始点	可定义为高破碎化起始点
No. 10			
No. 11			
No. 12			

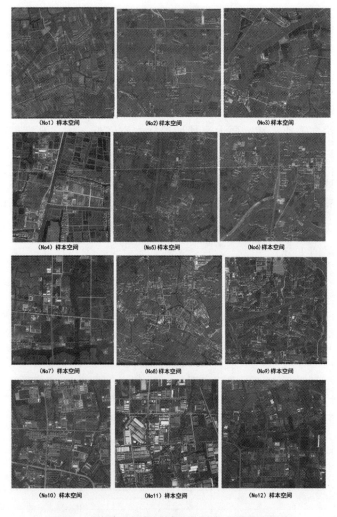

图附 B　传统文化景观破碎化样本空间遥感影像

附录 C 指标重要性关系打分问卷
（传统文化景观空间破碎化生态效应
评价指标体系）

日期（   ）   姓名（   ）

亲爱的老师、同学你好：

由于论文需要，我需要大家帮忙给指标体系（见表附 B 传统文化景观空间破碎化生态效应评价指标体系）中的各指标之间重要性关系进行选择打分，标度参照表附 C1。问卷后备注指标体系的详细描述，如有疑问请参考备注解释。非常感谢！

表附 C1   传统文化景观空间破碎化生态效应评价指标体系

目标层 A	约束层 Bi	因素层 Cij	指标估计
A 传统文化景观空间破碎化的生态效应评价	B1 连接（通）性	C11 人工廊道	C11—12 廊道连通度
		C12 自然廊道	
	B2 整体性	C21 传统建筑用地	C21—25 破碎化指数
		C22 传统村镇公共空间	
		C23 传统农业用地	
		C24 传统商业用地	
		C25 传统工业用地	
	B3 稳定性	C31 景观多样性	C31—景观多样性指数，C32 赋值由专家组评估后获得
		C32 协调与缓冲性	
	B4 传统保有率	C41 传统建筑用地	C41—45 传统空间面积比重
		C42 传统村镇公共空间	
		C43 传统农业用地	
		C44 传统商业用地	
		C45 传统工业用地	

表附 C2　　　　　　　　　标度含义重要性标度定义

重要性标度	定义描述
1	表示两个元素相比，具有同等重要性
3	表示两个元素相比，前者比后者稍微重要
5	表示两个元素相比，前者比后者明显重要
7	表示两个元素相比，前者比后者强烈重要
9	表示两个元素相比，前者比后者极端重要
2, 4, 6, 8	表示上述相邻判断的中间值

一、A 传统文化景观空间破碎化的生态效应评价包括 B1 连接性、B2 整体性、B3 稳定性、B4 传统保有率四个指标，请对四个指标的重要性关系进行选择。

1. 你认为 B1 对 B2 的关系是（　　）

2. 你认为 B1 对 B3 的关系是（　　）

3. 你认为 B1 对 B4 的关系是（　　）

4. 你认为 B2 对 B3 的关系是（　　）

5. 你认为 B2 对 B4 的关系是（　　）

6. 你认为 B3 对 B4 的关系是（　　）

二、连接性包括 C11 人工廊道连接性和 C12 自然廊道连接性两个方面

7. 你认为 C11 对 C12 的关系是（　　）

三、整体性包括 C21 传统建筑用地整体性、C22 传统村镇公共空间整体性、C23 传统农业用地整体性、C24 传统商业用地整体性和 C25 传统工业用地整体性五个指标，请对五个指标的重要性关系进行选择。

8. 你认为 C21 对 C22 的关系是（　　）

9. 你认为 C21 对 C23 的关系是（　　）

10. 你认为 C21 对 C24 的关系是（　　）

11. 你认为 C21 对 C25 的关系是（　　）

12. 你认为 C22 对 C23 的关系是（　　）

13. 你认为 C22 对 C24 的关系是（　　）

14. 你认为 C22 对 C25 的关系是（　　）

15. 你认为 C23 对 C24 的关系是（　　）

16. 你认为 C23 对 C25 的关系是（　　）

17. 你认为 C24 对 C25 的关系是（　　）

四、稳定性包括 C31 景观多样性和 C32 协调与缓冲性两个方面。

18. 你认为 C31 对 C32 的关系是（　　）

五、传统保有率包括 C41 传统建筑用地保有率、C42 传统村镇公共空间保有率、C43 传统农业用地保有率、C44 传统商业用地保有率和 C45 传统工业用地保有率五个五个指标，请对五个指标的重要性关系进行选择。

19. 你认为 C41 对 C42 的关系是（　　）

20. 你认为 C41 对 C43 的关系是（　　）

21. 你认为 C41 对 C44 的关系是（　　）

22. 你认为 C41 对 C45 的关系是（　　）

23. 你认为 C42 对 C43 的关系是（　　）

24. 你认为 C42 对 C44 的关系是（　　）

25. 你认为 C42 对 C45 的关系是（　　）

26. 你认为 C43 对 C44 的关系是（　　）

27. 你认为 C43 对 C45 的关系是（　　）

28. 你认为 C44 对 C45 的关系是（　　）

备注：指标体系的详细描述

传统文化景观空间破碎化生态效应评价指标体系：

本书的传统文化景观空间破碎化的生态效应评价，主要针对破碎化对文化景观产生的影响，带来的生态结果进行分析评价。文化景观格局产生了变化，生态效应也会发生改变，基于传统文化景观的角度，分析破碎化带来了哪些影响。

根据科学性、综合性、可比较性、可行性、精确性、动态性原则[94]，参照土地整理景观格局变化及其生态效应评价的指标体系[95]并结合传统文化景观自身的特点，本书在初步确定了传统文化景观空间破碎化的生态效应的影响要素后，进行了专家咨询。本次咨询的专家为景观规划与设计专业的高校老师和在读研究生计20人，其中教授1人，博士研究生11人，硕士研究生8人。根据专家的评估和筛选，本书认为可以从连接性、整体性、稳定性、传统保有率构建传统文化景观生态效应评价指标体系，分为3个层次。第1层为目标层，即传统文化景观生态效应（A）；第2层为约束层（Bi）；第3层为因素层（Cij），为隶属于约束层的各个具体指标［96，97］；第4个层次是指标层，即每个评价因子通过哪些具体指标来评价（见表附C1）。

约束层单项指标说明：

1. 连接（通）性

反映出传统文化景观空间维持物质、能量流通的能力，连接性越高，文化景观空间破碎化的生态效应越高。本书主要针对廊道的连通性进行分析，采用廊道连通度指标进行衡量，分为人工廊道和自然廊道2个因子。人工廊道主要指各等级道路等人工连接空间用地，其连通度反映出路网效应强度；自然廊道指水系及其他自然连接空间用地，其连通度反映出自然生态系统中物质、能量流动强度。

廊道连通度（R）是衡量网络复杂程度的指数。它是一个网络中连接廊道数与最大可能连接廊道数之比，R为0表示没有节点，R为1表示每个节点都彼此相连。计算公式如下：

$$R = L/Lmax = L/3(V-2)$$

式中，L 为连接廊道数，$Lmax$ 为最大可能连接廊道数；V 为节点数。

2. 整体性

从整体人文生态系统的角度分析，整体性是传统文化景观空间的最重要的特征，整体性与物质循环和能量流动有密切的关系，整体性越高物质循环和能量流动的能力越强，文化景观空间破碎化的生态效应越高。

采用破碎度作为衡量指标，本书中整体性是相对于破碎而言的，破碎度越高，传统文化景观空间的整体性越低。选取了与传统文化景观空间整体性密切相关的传统建筑用地、传统村镇公共空间、传统农业用地、传统商业用地、传统工业用地等传统用地类型的破碎化指数来衡量。

3. 稳定性

反映出文化景观结构的抗干扰能力、延续性及生态缓冲能力与景观协调性，分别用景观多样性和协调与缓冲性进行衡量。

景观多样性的衡量指标是景观多样性指数（异质性指数），该指数反映了生态系统的类型多少和景观丰富程度，是景观异质性特征的反映。景观多样性越高稳定性越高，景观异质性指数又称申农指数（shannon index）或申农多样性（shannon diversity），可以用下式表示：

$$HT = -\sum p_i \ln p_i$$

式中，HT 为申农多样性指数；p_i 为某一单元类型（土地利用/覆盖类型）占景观总面积的比例（值域 0—1），HT 的值域为 0—$\ln n$；

协调与缓冲性反映了文化景观空间的生态缓冲能力与景观协调性，二者呈正相关的关系，协调与缓冲性越高，文化景观空间破碎化的生态效应越高，计算方法采用专家组评分法。

4. 传统保有率

反映出传统景观的保有程度及传统景观风貌的一致性，是传统文化景观生态效应的重要特征之一，也反映出传统空间与现代空间的冲突强度，传统保有率越高，文化景观的生态效应越高。

采用传统空间占地面积比例来衡量，主要选取了传统建筑用地、传统村镇公共空间、传统农业用地、传统商业用地、传统工业用地等传统用地类型来衡量，传统空间占地面积越高，传统保有率越高。

参考文献

［1］Sauer C. O. The morphology of landscape ［M］. CA：University of California Press, 1974：210 – 241.

［2］王云才. 风景园林的地方性——解读传统文化景观空间 ［J］. 建筑学报, 2009 (12)：94—96.

［3］王云才. 传统文化景观空间之图式语言及其传承 ［J］. 中国园林, 2009 (10)：73—76.

［4］陆林, 凌善金, 焦华富, 等. 徽州古村落的景观特征及机理研究 ［J］. 地理科学, 2004 (6)：660—665.

［5］王云才, 石忆邵, 陈田. 传统文化景观空间研究进展与展望 ［J］. 同济大学学报（社会科学版）, 2009, 20 (1)：18—24.

［6］Marc Antrop. Why landscape of the parst are important for the future？ ［J］. Landscape and urban planning, 2005 (70)：21 – 34.

［7］Kelly R., Macinnes L., Thackray D. The cultural landscape：planning for a sustainable partnership between people and place ［M］. London：ICOMOS-UK, 2000：31 – 37.

［8］郝慧梅, 任志远. 基于栅格数据的陕西省人居环境自然适应性测评 ［J］. 地理学报, 2009, 63 (4)：498—506.

［9］王云才, Patrick Miller, Brian Katen. 文化景观空间传统性评价及其整体保护格局——以江苏昆山千灯—张浦片区为例 ［J］. 地理学报, 2011, 66 (4)：525—534.

［10］由畅, 周永斌, 于爱芬. 景观破碎化数量分析方法概述 ［J］. 中国农

学通报. 2006（8）：146—151.

[11] 郭明，马明国，肖笃宁，等. 基于遥感和 GIS 的干旱区绿洲景观破碎化分析［J］. 中国沙漠，2001，24（2）：201—206.

[12] 彭一刚. 传统村镇聚落景观分析［M］. 北京：中国建筑工业出版社，1992.

[13] 陆林，凌善金，焦华富，等. 徽州古村落的演化过程及其机理［J］. 地理研究，2004，23（5）：686—694.

[14] 张松. 小桥流水人家——江南水乡古镇的文化解读［J］. 时代建筑，2002，（4）：42—47.

[15] 角媛梅，胡文英，速少华，等. 哀牢山区哈尼聚落空间格局与耕作半径研究［J］. 资源科学，2006，28（3）：66—71.

[16] 孙业红，闵庆文，等. 农业文化遗产旅游资源开发与区域社会经济关系研究——以浙江青田"稻鱼共生"全球重要农业文化遗产为例［J］. 资源科学，2006，28（4）：138—143.

[17] 申秀英，刘沛林，邓运员. 景观"基因图谱"视角的聚落文化景观区系研究［J］. 人文地理，2006（4）：109—112.

[18] 谷东起，付军，等. 莱州湾南岸滨海湿地景观破碎化分析［J］. 海洋科学进展，2006，24（2）：213—219.

[19] 吴珊珊，张祖陆，等. 基于 RS 与 GIS 的莱州湾南岸滨海湿地景观类型与破碎化分析［J］. 资源开发与市场，2008，24（10）：865—867.

[20] 刘红玉，吕宪国. 三江平原流域湿地景观破碎化过程研究［J］. 应用生态学报，2005，16（2）：289—295.

[21] 赵安玖，胡庭兴，等. 区域森林景观破碎化分析［J］. 四川农业大学学报，2006，24（2）：187—193.

[22] 王志彬，王得祥，任广鑫. 秦岭菜子坪林区森林景观格局及破碎化分析［J］. 西北农林科技大学学报（自然科学版），2011，39（12）：95—100.

[23] 方晰，唐代生，等．湖南省林科院试验林场森林植被景观格局及破碎化分析［J］．中南林业科技大学学报，2008，28（4）：107—111.

[24] 杨国靖，肖笃宁．森林景观格局分析及破碎化评价——以祁连山西水自然保护区为例［J］．生态学杂志，2003，22（5）：56—61.

[25] 常学礼，高玉葆．科尔沁地区流动沙地景观破碎化与沙漠化过程分析［J］．南开大学学报（自然科学版），2006，39（1）：84—89.

[26] 覃凤飞，安树青，等．景观破碎化对植物种群的影响［J］．生态学杂志，2003，22（3）：43—48.

[27] 张韬，王炜．东阿拉善——西鄂尔多斯地区特有濒危植物适生生境景观破碎化与优先保护序的相关分析［J］．浙江林学院学报，2006，23（2）：193—197.

[28] 王春叶，李德志．千岛湖区破碎化生境景观的归一化植被指数特征分析［J］．东北林业大学学报，2012，40（5）：98—101.

[29] 邓文洪．栖息地破碎化与鸟类生存［J］．生态学报，2009，29（6）：3181—3187.

[30] 邓文洪，赵匠，高玮．破碎化次生林斑块面积及栖息地质量对繁殖鸟类群落结构的影响［J］．生态学报，2003，23（6）：1087—1093.

[31] 姜广顺，张明海，马建章．黑龙江省完达山地区马鹿生境破碎化及其影响因子［J］．生态学报，2005，25（7）：1691—1698.

[32] 刘红玉，李兆富，李晓民．湿地景观破碎化对东方白鹳栖息地的影响——以三江平原东北部区域为例［J］．自然资源学报，2007，27（5）：817—823.

[33] 曹长雷，高玮．温带次生林破碎化对白眉姬鹟繁殖的影响［J］．四川动物，2008，27（2）：183—188.

[34] 陈利顶，刘雪华，傅伯杰．卧龙自然保护区大熊猫生境破碎化研究［J］．生态学报，1999，19（3）：291—297.

[35] 肖宇，姜海瑞，等．陕西凤县林麝生境破碎化及其景观指数评估［J］．浙江林学院学报，2008，25（3）：331—335.

［36］唐博雅．辽宁双台河口自然保护区景观破碎化研究［J］．湿地科学与管理，2012，8（2）：32—36.

［37］王兆杰，刘金福，等．格氏栲自然保护区景观格局分析及破碎化评价［J］．福建林学院学报，2007，27（1）：30—34.

［38］吴计生，刘惠清，等．周边区域景观破碎化对铜鼓岭国家自然保护区的压力分析［J］．生态学杂志，2006，25（4）：405—409.

［39］马严，徐宝根．城市绿地的破碎化分析［J］．湖州师范学院学报，2002，24（3）：53—56.

［40］郑淑颖，管东生．广州城市绿地斑块的破碎化分析［J］．中山大学学报（自然科学版），2000，39（2）：109—113.

［41］任引，王大睿．厦门城市森林景观破碎化时空演变特征分析［J］．福建林学院学报，2012，32（3）：213—219.

［42］刘常富，张幄芳．不同建筑密度下城市森林景观逆破碎化趋势［J］．西北林学院学报，2012，27（5）：266—271.

［43］戎慧，李明诗．急剧城市化背景下森林破碎化模式分析——以浙江余杭区为例［J］．西北林学院学报，2012，27（1）：173—178.

［44］王立红，付伟，张慧．济南市南部近郊区景观破碎化研究［J］．安徽农业科学，2012，40（1）：244—245，260.

［45］仇江啸，王效科．城市景观破碎化格局与城市化及社会经济发展水平的关系——以北京城区为例［J］．生态学报，2012，32（9）：2662—2668.

［46］张明娟，刘茂松．南京市区景观破碎化过程中的斑块规模结构动态［J］．生态学杂志，2006，25（11）：1358—1363.

［47］伍第政，王婧静．东莞市土地景观格局破碎化分析［J］．安徽农业科学，2011，39（25）：15521—15522.

［48］朱泽民，张林琦．基于GIS的广州市番禺区土地景观格局破碎化分析［J］．湖北农业科学，2012，51（18）：3984—3986.

［49］梁美霞，黄义雄．区域土地利用的景观破碎化分析［C］．第二届全

国复合生态与循环经济学术讨论会，2005，（06）：100—104.

[50] 王丹，齐伟，等. 山东省潍坊市寒亭区土地经营破碎化评价及驱动力分析 [J]. 国土资源科技管理，2011，28（4）：48—52.

[51] 梁振明，曾勇. 内蒙古棋盘井工业区景观破碎化预测 [J]. 水土保持研究，2008，15（5）：49—56.

[52] 李小利，刘国彬，等. 黄土丘陵油田开发区景观破碎化分析 [J]. 中国水土保持科学，2008，6（3）：53—58.

[53] 刘佳妮，李伟强，包志毅. 道路网络理论在景观破碎化效应研究中的运用——以浙江省公路网络为例 [J]. 生态学报，2008，28（9）：4552—4361.

[54] 李双成，许月，等. 中国道路网与生态系统破碎化关系统计分析 [J]. 地理科学进展，2004，23（5）：78—85.

[55] 孙永萍，李春干. 南宁市青秀山风景区景观破碎化分析 [J]. 广西科学院学报，2005，21（2）：71—75.

[56] 何小弟，徐玮玮，等. 扬州古运河风光带生态林景观破碎化分析 [J]. 中国城市林业，2006，4（2）：32—34.

[57] 吴祥艳，付军. 美国历史景观保护理论和实践浅析 [J]. 中国园林，2003（12）：70—73.

[58] Arnold R. Alanen，宋力，郝菲，译. 审视平凡——美国风土景观保护 [J]. 中国园林，2005（9）：45—50.

[59] 王云才，陈田，郭焕成. 江南水乡区域景观体系特征与整体保护机制 [J]. 长江流域资源与环境，2006，15（6）：708—712.

[60] 朱强，李伟. 遗产区域：一种大尺度文化景观保护的新方法 [J]. 中国人口·资源与环境，2007（1）：50—55.

[61] 阮仪三，邵甬. 精益求精、返璞归真——周庄古镇保护规划 [J]. 城市规划，1999，23（7）：54—57.

[62] 王云才，杨丽，郭焕成. 北京市郊区传统村落价值评价及可持续利用模式探讨——以北京门头沟区传统村落的调查研究为例 [J]. 地

理科学，2006（6）：735—742.

［63］朱桃杏，陆林．传统村镇旅游规划与开发模式探讨——以黟县西递古村落为例［J］．石家庄铁道学院学报，2007，20（1）：88—92.

［64］马晓京．民族旅游保护性开发的新思路［J］．贵州民族研究，2002，22（2）：23—28.

［65］杨振之．前台、帷幕、后台——民族文化保护与旅游开发的新模式探索［J］．民族研究，2006（2）：39—46.

［66］蒋盈盈，王红．浅谈贵州民族村落文化景观保护与利用——以花溪镇山布依族村寨为案例［J］．贵州工业大学学报（自然科学版），2008，37（5）：182—184.

［67］阮仪三，刘浩．苏州平江历史街区保护规划的战略思想及理论探索［J］．规划师，1999，15（1）：47—53.

［68］谭佳音．我国历史文化街区动态保护模式的比较研究［J］．安徽建筑工业学院学报（自然科学版），2007，15（5）：69—73.

［69］郑力鹏．佛山福贤路历史街区保护与更新研究［J］．城市规划，2001（10）：37—40.

［70］袁奇峰，等．广州市沙面历史街区保护的危机与应对［J］．建筑学报，2001（6）：57—60.

［71］张曦，葛昕．历史街区的生活方式保护与文化传承——看苏州古街坊改造［J］．规划师，2003，19（6）：15—19.

［72］李和平，张睿，等．重庆历史街区分类保护策略［J］．城市规划，2010，34（1）：80—83.

［73］顾红男．旧城改造中历史建筑的保护与新老建筑的结合——以中国人民银行重庆分行危改扩建工程为例［J］．华中建筑，1998，16（3）：99—102.

［74］吕海平，王鹤．城市景观建设中历史建筑的保护与开发模式［J］．沈阳建筑工程学院学报（自然科学版），2003，（19）2：101—103.

［75］周彤．历史建筑的有机保护［J］．湖北美术学院学报，2001（3）：

58—60.

[76] 张松. 福建土楼文化景观的保护探索 [J]. 中国文化遗产, 2008 (3): 64—71.

[77] 潘一婷, 李浈. 发现、整合和表达——芜湖古城肖家巷历史建筑的保护再生设计探讨 [J]. 华中建筑, 2010 (4): 36—41.

[78] 吴美萍, 朱光亚. 建筑遗产的预防性保护研究初探 [J]. 建筑学报, 2010 (6): 37—39.

[79] 牛实为. 人文生态学 [M]. 北京: 中国和平出版社, 1995: 16.

[80] 王云才. 景观生态规划原理 [M]. 北京: 中国建筑工业出版社, 2007: 114.

[81] 周尚意, 孔翔, 朱竑, 等. 文化地理学 [M]. 北京: 高等教育出版社, 2004: 19.

[82] 汤茂林, 金其铭. 文化景观研究的历史和发展趋向 [J]. 人文地理, 1998, 13 (2): 41—45.

[83] 王恩涌, 赵荣, 等. 人文地理学 [M]. 北京: 高等教育出版社, 2000.

[84] 李旭旦. 人文地理学 [M]. 上海: 中国大百科全书出版社, 1984.

[85] 俞孔坚, 李迪华. 城乡与区域规划的景观生态模式 [J]. 国外城市规划, 1997 (3): 27—31.

[86] 何萍, 史培军, 等. 过程与格局的关系及其在区域景观生态规划中的应用 [J]. 热带地理, 2007, 27 (5): 390—394.

[87] 俞孔坚, 李迪华. 景观设计: 专业、学科与教育 [M]. 北京: 中国建筑工业出版社, 2003: 70—92.

[88] 陈文波, 肖笃宁, 李秀珍. 景观指数分类、应用及构建研究 [J]. 应用生态学报, 2002, 13 (1): 121—125.

[89] 潘伟, 朴永吉, 岳子义. AHP 层次分析法分析道观园林道教特色评价指标 [J]. 现代园林, 2011 (3): 25—29.

[90] 于洪军. 深圳住宅小区物业管理服务质量评价体系构建

及分析［D］．杭州：浙江大学，2009.

［91］邱玲．居住区室外环境景观评价［D］．咸阳：西北农林科技大学，2006.

［92］冯敏敏．基于AHP—模糊综合评价模型的园林植物景观美感评价［J］．杭州师范学院学报（自然科学版），2007，6（5）：373—378.

［93］章俊华．规划设计学中的调查分析法——AHP法［J］．中国园林，2003（4）：37—40.

［94］Chen S. Y., Liu Y. L., Chen C. R. Evaluation of land-use efficiency based on regional scale［J］. Journal of China University of Mining & Technology, 2007, 17 (2): 215 –219.

［95］刘勇，吴次芳，岳文泽．土地整理项目区的景观格局及其生态效应［J］．生态学报，2008，28（5）：2261—2269.

［96］王庆海，袁小环，武菊英等．观赏草景观效果评价指标体系及其模糊综合评判［J］．应用生态学报，2008，19（2）：381—386.

［97］Li X. M., Min M., Tan C. R. The functional assessment of agricultural ecosystems in Hubei Province, China［J］. Ecological Modeling, 2005.

［98］肖笃宁，李秀珍，高峻，等．景观生态学．［M］．北京：科学出版社，2010：67.

［99］许树柏．层次分析法原理［M］．天津：天津大学出版社，1988.

［100］罗婧，姚亦锋，盛鸣，等．基于GIS的陇南灾区建设用地适宜性评价［J］．长江流域资源与环境，2009，18（6）：540—544.

［101］董冬，何云核，周志翔．基于AHP和FSE的九华山风景区古树名木景观价值评价［J］．长江流域资源与环境，2010，19（9）：1003—1009.

［102］王云才，史欣．传统地域文化景观空间特征及形成机理［J］．同济大学学报（社会科学版），2010，21（1）：31—38.

［103］C. H. KirK Patrick, The Industrialization of Less Developed Countries［M］. Editors Manchester University Press, 1983. 2.

[104] 史清琪. 中国产业发展与新型工业化 [A]. 国家经贸委综合司. 专家谈走新型工业化道路 [C]. 北京：经济科学出版社，2003.

[105] 周心琴. 城市化进程中乡村景观变迁研究——以苏南地区为例 [D]. 南京：南京师范大学，2006.

[106] 扬州新闻网，http：//www. yznews. com. cn/yzwzt/2008 – 12/08/content_ 2325804. htm.

[107] 扬州市平山乡人民政府网，http：//www. yzec. cn/yzps/index6. htm.

[108] 昆山新闻网，http：//www. ksnews. cn/a/zt/2010/1214/68543 _ 2. html.

[109] 珠海新闻网，http：//www. zhuhaidaily. com. cn/text. php？ ud_ key = 14947&ud_ date =.

[110] 王云才. 基于景观破碎度分析的传统文化景观空间保护模式——以诸暨直埠镇为例 [J]. 地理研究，2011 (1)：10—22.

[111] 中国昆山政府网，http：//www. ks. gov. cn/rdzt/82002 _ 834 _ view. html.

[112] 苏州政府官网，http：//www. suzhou. gov. cn/asite/asp/gzjd/show. asp？ id = 245606. http：//www. suzhou. gov. cn/asite/asp/gzjd/show. asp？ id = 246301.

[113] 洪俊，宁越敏. 城市地理论 [M]. 合肥：安徽科技出版社，1983：18—19.

[114] 薛力城市化背景下的"空心村"现象及其对策探讨——以江苏省为例 [J]. 城市规划，2001，25 (6)：8—13.

[115] 威廉·A. 哈维兰. 当代人类学 [M]. 王铭铭译. 上海：上海人民出版社，1987：575—585.

[116] 中国县域社会经济网，http：//www. xyshjj. cn/bz/xyjj/qb/201011/46401. html.

[117] 吴金明. 农家空间拓展与农业现代化 [J]. 农业现代化研究，1995，16 (5)：282—285.

[118] 新华网江苏频道，http：//www. js. xinhuanet. com/2012 - 10/24/
c_ 113474868. htm.

[119] 朱竑，戴光全，保继刚. 历史文化名城苏州旅游产品的创新和发
展 [J]. 世界地理研究，2004（4）：94—101.

[120] 汪黎明. 我国古村镇旅游业可持续发展探析 [J]. 国土论坛，2004
（11）：30—33.

[121] Anne Whiston Spirn. The Language of Landscape [M]. New Haven
and London：Yale University Press, 1998：121 - 132..

[122] Jhon Tillman Lyle. Design for Human Ecosystem：Landscape, Land Use,
and Natural Resources [M]. Washington：Island Press, 1999：
125 - 160.

[123] 罗长海，彭震伟. 中国传统古村落保护与发展的机制探析 [J].
上海城市规划，2010，90（1）：37—41.

[124] 肖佑兴，李悦，等. 旅游地文化传承模式研究——以贵州省黔东南
州为例 [J]. 江苏商论，2011（4）：137—139.

[125] 刘焱. 政府在古镇旅游开发中的角色探析 [J]. 百家争鸣，2011
（6）：86—87.

[126] 韦浩明. 古镇旅游资源开发与社区和谐机制的构建——以广西贺州
市黄姚古镇为例 [J]. 桂林师范高等专科学校学报，2009，23
（1）：67—70.

[127] 陈易. 公众参与中的若干问题 [J]. 城市问题，2002，105（1）：
61—64.

[128] 罗小龙，张京祥. 管治理念与中国城市规划的公众参与 [J]. 城
市规划会刊，2000，132（2）：59—62.

[129] 何丹，赵民. 论城市规划中公众参与的政治经济基础及制度安
排 [J]. 城市规划会刊，1999（5）：31—34.

[130] 刘琼. 历史街区保护机制初探 [D]. 重庆：重庆大学，2003：
67—69.

[131] 刘超，胡伟. 政府社会管理中的公众参与：模式、经验与启示 [J]. 吉首大学学报（社会科学版），2007，28（1）：139—142.

[132] 曹萍. 新型工业化、新型城市化与城乡统筹发展 [J]. 当代经济研究，2004（6）：58—60.

[133] 冉启秀，周兵. 新型工业化和新型城镇化协调发展研究 [J]. 重庆工商大学学报（西部论坛），2008，18（2）：39—45.

[134] 周顺奎. 新型工业化模式下的产业结构优化策略分析 [J]. 特区经济，2012（1）：221—223.

[135] 孙莹，李振兴. 新型城镇化背景下旅游古镇的保护与复兴 [J]. 技术与市场，2012，19（10）：211—213.

[136] 王云才，吕东. 基于破碎化分析的区域传统乡村景观空间保护规划——以无锡市西部地区为例 [J]. 风景园林，2013（4）：81—90.

[137] 朱晓明. 古村落保护发展的理论与实践 [D]. 上海：同济大学，2000.

[138] 俞孔坚，李伟，李迪华. 快速城市化地区遗产廊道适宜性分析方法探讨——以台州市为例 [J]. 地理研究，2005，24（1）：69—75.

[139] 王海珍，张利权. 基于 GIS 景观格局和网络分析法的厦门本岛生态网络 [J]. 植物生态学报，2005，29（1）：144—152.

[140] Vos W., H. Meekes. Trends in European cultural landscape development: perspectives for a sustainable future [J]. Landscape and Urban Planning, 1993 (46): 3–14.

[141] Forman R. T. T. Land mosaics: the ecology of landscape and region [M]. Cambridge: Cambridge University Press, 1995.

[142] 薛力. 城市化进程中的乡村聚落发展探讨 [D]. 南京：东南大学，2001.

[143] 薛力. 城市化背景下"空心村"现象及其对策探讨——以江苏省为

例 [J]．城市规划，2001，25（6）：8—13．

[144] 许抄军，刘沛林，周晓君．古村落民居保护与开发的产权分析 [J]．衡阳师范学院学报．2003，24（4）：19—23．

[145] 谢花林，刘黎明，李蕾．乡村景观规划设计的相关问题探讨 [J]．中国园林，2003，19（3）：39—41．

[146] 王云才，石忆邵，陈田．江南古镇商业化倾向及其可持续发展对策——以浙北三镇为例 [J]．同济大学学报（社会科学版），2007，18（2）：49—54．

[147] 林坚，杨志成．香港的旧城改造及其启示 [J]．城市规划，2000，24（7）：50—53．

[148] 王云才．江南六镇旅游发展模式的比较及持续利用对策 [J]．华中师范大学学报（自然科学版），2006，40（1）：104—109．

[149] 王云才，陈田，石忆邵．文化遗址的景观敏感度评价及可持续利用——以新疆塔什库尔干石头城为例 [J]．地理研究，2006（3）：517—525．

[150] 王成新．中国农村聚落空心化问题实证研究 [J]．地理科学，2005，25（3）：257—262．

[151] 汪森强．宏村文化遗产保护体制创新的几点思路 [J]．小城镇建设，2002（8）：51—53．

[152] 汪森强．历史与现代的共生——宏村保护与利用的综合分析 [J]．小城镇建设，2003（8）：49—53．

[153] 吴文智．旅游地的保护与开发研究——安徽古村落（西递、宏村）实证分析 [J]．旅游学刊，2002，17（6）：49—53．

[154] 吴承照，肖建莉．古村落可持续发展的文化生态策略——以高迁古村落为例 [J]．城市规划汇刊，2003（5）：56—60．

[155] 张成渝，谢凝高．"真实性和完整性"原则与世界遗产保护 [J]．北京大学学报（哲学社会科学版），2003，40（2）：62—68．

[156] 赵勇，张捷，等．我国历史文化村镇保护的内容与方法研究 [J]．

人文地理, 2005 (1): 69—73.

[157] 赵勇, 张捷, 秦中. 我国历史文化村镇研究进展 [J]. 城市规划学刊, 2005 (2): 59—64.

[158] 邹统钎. 古城、古镇与古村旅游开发经典案例 [M]. 北京: 旅游教育出版社, 2005.

[159] 周心琴. 城市化进程中乡村景观变迁研究 [D]. 南京师范大学, 2006.

[160] 周年兴, 俞孔坚, 黄震方. 关注遗产保护的新动向: 文化景观 [J]. 人文地理, 2006 (5): 61—65.

[161] 周尚意, 孔翔, 朱竑. 文化地理学 [M]. 北京: 高等教育出版社, 2004.

[162] 周晓光. 徽州传统学术文化地理研究 [D]. 上海: 复旦大学, 2005.

[163] 宗晓莲. 旅游开发与文化变迁——以云南省丽江纳西族纳西文化为例 [D]. 广州: 中山大学, 2004.

[164] 杨振之. 前台、帷幕、后台——民族文化保护与旅游开发的新模式探索 [J]. 民族研究, 2006 (2): 39—46.

[165] 阳建强, 冷嘉伟, 王承慧. 文化遗产推陈出新——江南水乡古镇同里保护与发展的探索研究 [J]. 城市规划, 2001, 25 (5): 50—55.

[166] 朱光亚, 黄滋. 古村落的保护与发展问题 [J]. 建筑学报, 1999 (4): 56—57.

[167] 齐康. 建筑·空间·形态 [J]. 东南大学学报, 2000, 30 (1): 1—9.

[168] 齐学栋. 古村落与传统民居旅游开发模式刍议 [J]. 学术交流, 2006 (10): 131—134.

[169] 阮仪三, 黄海晨, 程俐骢. 江南水乡古镇保护与规划 [J]. 建筑学报, 1996 (9): 22—25.

[170] 阮仪三,肖建莉. 寻求遗产保护和旅游发展的"双赢"之路 [J]. 城市规划, 2003, 27 (6): 85—90.

[171] 阮仪三. 历史环境保护的理论与实践 [M]. 上海: 上海科学技术出版社, 2000.

[172] 阮仪三,邵甬,林林. 江南水乡城镇的特色、价值及保护 [J]. 城市规划汇刊, 2002 (1): 1—4.

[173] 刘忠伟,王仰麟,彭建,等. 区域文化景观旅游持续开发的景观生态视角——以绍兴市为例 [J]. 北京大学学报 (自然科学版), 2002, 38 (6): 801—808.

[174] 刘源,李晓峰. 旅游开发与传统聚落保护的现状与思考 [J]. 新建筑, 2003 (2): 29—31.

[175] 李旭旦. 人文地理学论丛 [M]. 北京: 人民教育出版社, 1985.

[176] 李宏等,邓良基,吴金涛. 成都平原县域景观格局时空变异与驱动因子分析 [J]. 资源科学, 2005, 27 (2): 147—152.

[177] 李凡,金忠民. 旅游对皖南古村落影响的比较研究——以西递、宏村和南屏为例 [J]. 人文地理, 2002, 17 (5): 17—20.

[178] 李锦. 聚落生态系统变迁对民族文化的影响——对泸沽湖周边聚落的研究 [J]. 思想战线, 2004, 30 (2): 98—102.

[179] 李艳英. 福建南靖县石桥古村落保护和发展策略研究 [J]. 建筑学报, 2004, 50 (12): 54—56.

[180] 李伟,俞孔坚. 世界文化遗产保护的新动向——文化线路 [J]. 城市问题, 2005 (4): 7—42.

[181] 罗德启. 中国贵州民族村镇保护和利用 [J]. 建筑学报, 2004 (6): 7—10.

[182] 马晓京. 民族旅游保护性开发的新思路 [J]. 贵州民族研究, 2002, 22 (2): 23—28.

[183] 闵庆文,孙业红,成升魁,等. 全球重要农业文化遗产的旅游资源特征与开发 [J]. 经济地理, 2007, 27 (5): 856—859.

［184］欧阳奎，杨载田．试论中国的乡村古聚落文化旅游资源［J］．人文地理，1993，8（4）：57—63.

［185］欧维新，杨桂山，李恒鹏，等．苏北盐城海岸带景观格局时空变化及驱动力分析［J］．地理科学，2004，24（5）：610—615.

［187］彭松．西递古村落空间构成模式研究［J］．规划师，2004，20（3）：85—87.

［188］Brian Stone. Assessing the visual quality of rural landscape［J］. Landscape and urban planning, 2004（67）：121 – 128.

［189］B. K. Roberts. Landscapes of Settlement：Prehistory to the Present［M］. London：Kutledge，1996.

［190］Christian Stock, Ian D. Bishop, Ray Green. Exploring landscape changes using an envisioning system in rural community workshops［J］. Landscape and Urban Planning, 2007（79）：229 – 239.

［191］Egoz Shelley. Israel's citrus grove landscape-an opportunity to balance urbanization with culture values［J］. Landscape and Urban Planning, 1996，36：183 – 196.

［192］Ewa Skowronek, Renata Krukowska, Andrzej Swieca, Andrzej Tucki. The evolution of rural landscapes in mid-eastern Polandas exemplified by selected villages［J］. Landscape andUrban Planning, 2005（70）：45 – 56.

［193］Fowler P. J. World Heritage Cultural Landscapes 1992—2002［M］. Paris：UNESCO，2003.

［194］Han F. Cross-Cultural Misconception：Application of World Heritage Concepts in Scenic and Historic Interest Areas in China［C］//The 7th US/ICOMOS Symposium, Natchitoches, Louisiana. USA：US/ICOMOS，2004.

［195］Inskeep, E. Tourism Planning an Integratedand Sustainable Development Approach［M］. VanNostrand Reinhold, 1991：342 – 345.

[196] Isabelle Poudevigne, Sabine van Rooij, Pierre Morin, Didier Alard. Dynamics of rural landscapes and their main driving factors: A case study in the SeineValley, Normandy, France [J]. Landscape and Urban Planning, 1997 (38): 93 – 103.

[197] Jason J. Taylo, Daniel G. Brown, Larissa Larsen. Preserving natural features: A GIS-based evaluation of a local open-space ordinance [J]. Landscape and Urban Planning, 2007 (82): 1 – 16.

[198] Jacob H. P., van der Vaart. Towards a new rural landscape: consequences of non-agriculturalre-use of redundant farm buildings in Friesland [J]. Landscape and Urban Planning, 2005 (70): 143 – 152.

[199] Lice Saugeres. The cultural representation of the farming landscape: masculinity, power and nature [J]. Journalof Rural Studies, 2002 (18): 373 – 384.

[200] Marc Antrop. Landscape change and the urbanization process in Europe [J]. Landscape and Urban Planning, 2004 (67): 9 – 26.

[201] Gru Newald, R. de A. Tourism and Cultural Revival [J]. Annals of Tourism Research. 2002, 29 (4): 1004 – 1021.

[202] Gy Ruda. Rural buildings and environment [J]. Landscape and Urban Planning, 1998 (41): 93 – 97.

[203] Hannes Palang, Staffan Helmfrid, Marc Antrop, Helen Alumäe. Rural Landscapes: past processes and future strategies [J]. Landscape and Urban Planning, 2005 (70): 3 – 8.

[204] Kong F., Yin H., Nakagoshi N., et al. Urban green space network development for biodiversity conservation: Identification based on graph theory and gravity modeling [J]. Landscape and Urban Planning, 2010, 95: 16 – 27.

[205] LaRue M., Nielsen C. Modelling potential dispersal corridors for cougars in Midwestern North America using least cost path methods [J]. Eco-

logical Modelling, 2008, 212: 372 – 381.

[206] Mathieson, A. , Wall, G. Tourism: Economic, Physical and Social Impact [M] . New York: Longman Group Limited, 1979.

[207] Moscardo G. Chapterl: Cultural and Heritage Tourism: The Great Debates [M] . In B. Faulkner, G. Moscardo, E. Law (eds) . Tourism in the 21st Century: Lessons from experience [C] . London: Continuum, 2001: 13 – 16.

[208] Norgrove L. , Hauser S. Yield of plantain grown under different tree densities and "slash and mulch" versus "slash and burn" management in an agrisilvicultural system in southern Cameroon [J] . Field Crops Research, 2002 (78): 185 – 195.

[209] Philips A. Cultural Landscape: IUCN's Changing Vision of Protected Areas [M] . UNESCO World Heritage Centre, 2003.

[210] Prentice R. Tourism and Heritage Attraction [M] . London: Routledge, 1993: 39.

[211] Poria Y. R. , Butler, D. Airey. Clarifying heritage tourism [J] . Annals of Tourism Research, 2001 (28): 1047 – 1049.

[212] Sauer Carl O. The morphology of Landscape [J] . University of CaliforniaPublictions in Geography, 1925 (2): 19 – 54.

[213] Sylvain Paquette, Gerald Domon. Trends in rural landscape development and socio-demographic recomposition in southern Quebec (Canada) [J] . Landscape and Urban Planning, 2001 (55): 215 – 238.

[214] Theano S. Terkenli. Towards a theory of the landscape: the Aegean landscape as a cultural image [J] . Landscape and Urban Planning. 2001 (57): 197 – 208.

[215] T. Nagaike, T. Kamitani. Factors affecting changes in landscape diversity in ruralareas of the Fagus crenata forest region of central Japan [J] . Landscape and Urban Planning, 1999 (43): 209 – 216.

[216] Teresa Pinto-Correia. Futuredevelopment in Portuguese rural areas: how-tomanage agricultural support for landscape conservation? [J]. Landscape and Urban Planning, 2000 (50): 95 – 106.

[217] Taylor K. The Cultural Landscape Concept in Asia: The Challenge for Conservation [C]. //ICOMOS Thailand 2006 Annual Meeting. Udon Thani Province, Thailand, 2006.

[218] Teo P., B. Yeoh. Remarking local heritage for tourism [J]. Annals of Tourism Research, 1997 (24): 102 – 213.

[219] UÈlo Mander, Rob H. G. Jongman. Human impact on rural landscapes in central and northern Europe [J]. Landscape and Urban Planning, 1998 (41): 149 – 153.

[220] Martinho da Silva, Isabel. Historic anthropogenic factors shaping the rural landscape of Portugal's Interior Alentejo [D]. Ph. D. paper of The University of Arizona, 2002.

[221] Means, Mary C. Heritage Area as an Approach to Regional Planning [M]. Donald Watson, Alan Plattus, Robert G. Shibley, eds. Time-Saver Standards for Urban Design [C]. New York: McGraw-Hill Companies, Inc., 2003.

[222] Harrison, Blake Andrew. Tourism and the reworking of rural Vermont, 1880s – 1970s [D]. Ph. D. paper of The University of Wisconsin-Madison, 2003.

[223] Teng M., Wu C., Zhou Z., et al. Multipurpose greenway planning for changing cities: A framework integrating priorities and a least-cost path model. Landscape and Urban Planning, 2011 (103): 1 – 14.

[224] 阳建强. 现代城市更新 [M]. 南京: 东南大学出版社, 1998: 120—122.

[225] 周年兴, 俞孔坚, 黄震方. 绿道及其研究进展 [J]. 生态学报, 2006, 26 (9): 3108—3116.

［226］Ahern J. Greenways as a planning strategy ［J］. Landscape and Urban Planning, 1995 (33): 131 - 155.

［227］John Fraser. The Rural Landscape ［D］. Baltimore: The Johns Hopkins University Press, 1998: 80 - 123.

［228］王俊. 传统文化景观空间空间特征及其保护——以诸暨直埠镇及周边地区为例 ［D］. 上海: 同济大学建筑与城市规划学院, 2010.

［229］黄孝文. 传统文化景观空间空间特征与保护研究——以临安市及周边地区为例 ［D］. 上海: 同济大学建筑与城市规划学院, 2010.

［230］史欣. 传统文化景观空间的空间特征与保护研究——以无锡钱桥及周边地区为例 ［D］. 上海: 同济大学建筑与城市规划学院, 2010.

［231］杨恋. 传统文化景观空间空间特征及保护研究——以昆山千灯—张浦为例 ［D］. 上海: 同济大学建筑与城市规划学院, 2010.

［232］孙瑜. 传统文化景观空间破碎化空间研究——以沪宁杭地区为例 ［D］. 上海: 同济大学建筑与城市规划学院, 2011.

［233］张迎霞. 传统文化景观空间孤岛化空间模式研究 ［D］. 上海: 同济大学建筑与城市规划学院, 2011.